신탁부동산 NPL
실전투자 비법

신탁부동산 NPL 실전투자 비법

오수근, 박수호 지음

두드림미디어

　이 책은 신탁부동산 NPL의 기초부터 심층적인 내용까지 모두 담은 최초의 시도로, 분량이 많아 총 2권으로 나누어 출간하게 되었습니다.

　신탁부동산 NPL은 소유자가 부동산의 소유권을 수탁자에게 이전하고 수탁자가 우선수익권 증서를 발행했을 때, 금융기관 등 채권자가 우선수익권을 담보로 취득 후 실행한 대출(우선수익권의 피담보채권)이 3개월 이상 연체되었을 시에, 이 대출채권을 신탁부동산의 우선수익권부 NPL(Non-Performing-Loan, 3개월 이상 연체된 대출채권)이라고 칭합니다.

　신탁부동산 NPL에 관한 지식은 여기저기 흩어져 있었고, 체계적으로 정리한 책이 없어 투자자들이 접근하는 데 어려움이 많았습니다. 또한 리스크 분석을 제대로 할 수 없어 현재까지는 일반 근저당권부 NPL에 비해 상대적으로 신탁부동산 NPL 투자자가 적은 편입니다. 신탁부동산 NPL의 모든 것을 담은 이 책이 신탁부동산 NPL 투자의 길잡이가 되어 투자가 더욱 활성화되기를 바랍니다.

　신탁부동산 NPL 투자의 장점은 취득 후 수탁자인 신탁회사의 공매

절차(보통 낙찰까지 1~2개월 소요)를 거쳐 빠른 환가로 투자금을 바로 회수할 수 있다는 점입니다. 그리고 인터넷 전자 입찰시스템인 온비드에서 전자입찰을 할 수 있어, 법원 경매와 달리 전국 어디서나 편리하게 전자 시스템을 통해 NPL 투자자가 유입취득 등을 위한 입찰 참여를 할 수 있습니다. 반면 단점은 불법 점유자 등이 존재하는 신탁부동산의 경우 유입취득 낙찰 후 명도소송으로 낙찰 부동산의 인수가 지연될 수 있다는 점이 있습니다.

현재 신탁부동산 NPL 시장은 제2금융권 등의 부동산담보신탁대출의 연체율이 급증하면서 NPL도 함께 쌓이고 있는 상황입니다. 따라서 지금이 NPL 할인매입 투자 등을 시작하기에 적기입니다. 특히 부동산 호황기에 제2금융권에서 동일인 대출한도 제한 등으로 인해 여러 기관의 협약을 통해 부동산 PF대출 등을 많이 실행했는데, 이후 부동산 경기 침체로 이들 기관에 NPL이 다수 발생하고 있습니다.

또한 신탁대출은 부동산의 담보 여력에서 임차인의 소액 보증금을 차감하지 않아서 일반 근저당권부 대출보다 대출한도를 높여 대출해주었고, 결과적으로 채무자의 상대적인 대출이자 부담도 과중하게 되어 연체에 더 취약한 상태에 놓여 있습니다.

1. 신탁부동산을 공매 절차로 취득하는 방법은?

신탁부동산을 공매로 취득하는 다양한 방법에는 우선수익권부 NPL을 할인매입(또는 할인 없이 매입) 하는 방법 또는 대위변제 후 상계에 의한 대금 납부로 유입취득하는 방법, 공매로 낙찰받거나 수회 유찰 후 저가로 매수하는 방법 등이 있습니다.

2. 신탁부동산을 공매 이외의 절차로 취득하는 방법도 있는가?

신탁부동산의 처분 특약에 따른 우선수익자 측의 수의계약을 통한 우선매수 방법이 있습니다. 구체적으로 우선수익자가 자신 명의로 우선매수하는 경우, 우선수익자가 지정한 매수인에게 매각하는 방법과 우선수익자가 지정하는 방법 등을 통해 임의로 매각하는 다양한 방법이 있습니다.

또한 저자가 만든 신탁대출 완제 또는 대위변제 및 신탁계약 해지 조건부 매수 방법, 채무 인수 및 위탁자 지위 이전 매수 방법(신탁부동산 할인매수 방법, 사기 매매 방지 방법), 담보채무 인수 조건부 매수 방법(채무 인수·위탁자 지위 이전·신탁계약 해지 방법) 등 다양한 방법이 있습니다.

3. 신탁부동산 공매 시에도 말소기준등기가 있는가?

신탁등기 전에 설정된 근저당권, 가압류 또는 압류등기 등은 원칙적으로 모두 공매 낙찰자에게 인수되는 부담(등기)입니다. 이러한 인수등기의 존재 시 그 인수금액을 수탁자 등에게 확인 후 예상 낙찰가에서 차감한 금액을 한도로 NPL의 매입가격을 산정해야 합니다.

4. 신탁부동산 NPL 관련 배당정산 순위는 어떻게 되는가?

부동산담보신탁계약으로 신탁부동산의 처분대금에 대한 배당정산 순위를 다음과 같이 약정하고 있습니다.

① **제1순위 배당정산** : 신탁채권(신탁비용 및 보수)의 수익채권에 대한 선순위 배당정산
② **제2순위, 제3순위, 제4순위 배당정산** : 수탁자가 승계하거나 수탁자와 체결한 임대차의 임차인 또는 신탁등기 전 설정된 근저당권자 등에게 1순위 다음 순위로 배당
③ **제5순위 배당정산** : 이후 남은 배당재단에서 제5순위로 우선수익자(NPL채권자)에게 배당
④ **제6순위 배당정산** : 우선수익자보다 후순위의 수익자에게 배당
⑤ **제7순위 배당정산** : 최종 잉여 배당정산금은 위탁자에게 배당
등의 순서로 배당됩니다.

5. 신탁부동산의 위탁자, 수탁자 및 수익자 등이 부담하는 세금은 어떠한 것이 있는가?

위탁자는 소득세, 재산세 및 종합부동산세 등의 납부 의무가 있고, 위탁자의 지위를 이전받은 신 위탁자는 취득세 납부 의무가 있습니다.

수탁자는 법인세, 부가가치세 등의 납부 의무가 있고, 보충적 2차 물적 납세 의무로서 재산세 및 종합부동산세의 납부 의무가 있습니다.

수익자는 실질과세 원칙에 따라 증여세, 상속세 등의 납부 의무를 부담하는 경우가 있고, 보충적 제2차 납세 의무로서 부가가치세 납부 의무가 있습니다.

6. 무단점유자에 대해 신탁부동산의 낙찰자는 어떠한 법적 조치를 취할 수 있는가?

신탁부동산의 낙찰자는 수탁자로부터 임대차 동의를 받지 못한 임차인 및 권원 없는 점유자 등에 대한 부동산 점유이전금지 가처분 신청 및 불법 점유로 인한 임료 상당의 부당이득반환 청구를 할 수 있습니다.

낙찰자는 앞선 가처분 결정 고지 후, 반드시 2주 이내에 가처분 집행 신청을 해야 합니다. 이후 가처분의 본집행을 위한 본안의 부동산 인도 청구의 소 제기를 하고, 승소 판결 시 집행관에게 강제집행 신청을 통해 낙찰 부동산의 불법 점유자를 현실적으로 강제 퇴거시켜야 합니다.

7. 신탁부동산 NPL 투자자들이 어떠한 경우에 손해를 입는가?

신탁부동산 NPL 투자자가 채권양수나 임의 대위변제로 우선수익권부 NPL 취득 시 NPL 및 추가로 우선수익권 등 2건의 채권 모두에 대해 승계 이전 조치를 해야 하나, 이 중 NPL만 이전한 경우 수탁자에게 우선수익금 청구를 할 수 없습니다. 또한 우선수익권에 대한 양도 및 우선수익권에 질권설정 시 반드시 수탁자로부터 양도나 질권설정 승낙을 받아야 수탁자에게 공매 배당정산금을 청구할 수 있고, 수탁자의 동의가 없는 경우 배당정산을 받지 못하게 됩니다.

8. 신탁부동산의 주요 이슈는 어떤 것이 있는가?

신탁부동산의 매매나 전세 사기가 빈발하고 있습니다. 부동산담보신탁계약에 따라 수탁자에게 소유권이 이전등기 시, 수탁자가 대내외적으로 완전한 소유자이므로 수탁자와 부동산 임대차나 매매계약을 체결해야 하나, 무권리자인 위탁자와 전세나 매매계약을 체결하는 사례가 빈발하고 있습니다. 이에 따라 여기에 가담한 공인중개사 및 위탁자들은 민사상 손해배상책임 및 형사상 사기죄로 처벌받는 사례도 많이 발생하고 있습니다.

부동산담보신탁계약으로 수탁자로 이전된 부동산에 대해 부득이 위탁자와 전세계약 또는 매매계약을 체결 시, 임차인 또는 매수인은 매수대금 등을 우선수익자의 계좌로 지급해서 신탁대출 변제에 충당되도록 해야 할 것입니다.

또는 매수인이 신탁대출채무 인수 및 위탁자 지위 이전 약정을 기존 위탁자와 체결하고, 매매대금에서 채무인수금액을 차감한 차액을 위탁자에게 지급하는 방법으로 신탁부동산의 사기 매매를 예방할 수 있습니다. 임차인은 부동산 임대 관리 신탁된 부동산에 수탁자와 전세계약 체결로 입주하는 방법 등으로 전세 사기를 예방해야 할 것입니다.

신탁부동산의 매매나 전세 사기 사건이 발생한 경우 매수인 등이 위탁자에 대한 손해배상 청구권 등 채권 보전 방법으로는 장래 위탁자에게로 신탁재산 귀속 등에 따른 소유권이전등기 청구권에 대한 가압류 신청, 공매 등에 따른 위탁자의 잉여 수익금 채권에 대한 가압류 신청, 위탁자가 제3자인 채무자를 위해서 부동산을 신탁 담보로 제공 후 공매로 소유권 상실 시 채무자에게 가지는 구상권 및 대위권을 가압류 신청하는 방법 등이 있습니다.

9. 독자 여러분께 진심으로 감사드립니다

NPL 수강생 및 독자 여러분들의 신탁부동산 NPL 질문 등을 접하면서 필자들은 그 해답을 찾기 위해서 강제로 공부하고 연구할 수밖에 없었습니다. 그 답변 및 연구와 소송 등의 산물이 강의 자료가 되고 책이 되었습니다. 앞으로도 신탁부동산 NPL 강의를 진행하면서 더 많은 자료가 쌓이고 축적될 것입니다. 이는 강의 과정에서 필자들과 수강생들 간의 상호 선순환이 이루어진 결과입니다. 여러분께 진심으로 감사드립니다.

| 차례 |

PART 01 신탁부동산을 공매로 **취득하는 다양한 방법**

| PART 06 | 비동의 임차인 등에 대한
부동산 점유이전금지 가처분 신청 |

부동산 인도 청구의 소
제기 절차

PART 11 주요 신탁 제도의 **활용 방법**

PART

01

신탁부동산을 공매로
취득하는 다양한 방법

1

우선수익권부 NPL 할인매입(또는 할인 없이 매입) 후 상계에 의한 대금 납부로 유입취득 하는 방법

이는 부동산 공매 시에 유찰이 많은 부동산을 선정해서 금융감독원 등록 대부법인이 수익권부 NPL을 할인매입(우선수익권 양수 포함) 후, 할인 전 채권액까지 고가로 입찰가격을 써서 1순위로 낙찰받아 상계로 낙찰 대금을 납부하는 방법이다. 남들보다 할인된 금액만큼을 더한 입찰가 격을 쓸 수 있어, 1순위 낙찰자가 될 가능성이 높다는 특징이 있다. 물론 할인 없이 NPL을 매입 후 입찰에 참여할 경우에는 낙찰된다는 보장이 없다.

개인이 금융감독원 등록 대부법인 명의로 NPL을 매입하더라도 매입 NPL의 1순위 질권자는 금융기관이다. 따라서 개인이 2순위가 되어 질권설정 후 공매 입찰에 참가해서 낙찰받고, 2순위 질권자로서 배당 받을 채권과 대금 납부 채무를 일부 상계하고, 나머지 금액은 경락잔 금 대출로 납부해서 소유권을 이전받으면 된다. 공매 대금은 1순위 및 2순위 질권자의 질권대출에 배당 충당되고, 남은 배당금은 대부법인에 게 배당되는데, 동 대부법인의 배당금은 실제 투자자가 대부법인과 투 자 약정을 체결해서 회수하면 될 것이다.

이와 같이 상계 시에 정산 이의제기가 들어오면 이의금액만큼이 상계에서 제외되므로, 낙찰자는 이의금액 상당액을 별도로 준비해서 낙찰대금으로 납부하면서 나머지는 상계로 납부하면 된다.

정산 이의 시 수탁자는 채권자 불확지 변제공탁을 하고, 이후 정산이의 당사자 간 공탁금 출급 청구권 확인 청구소송을 거쳐, 우선수익권부 NPL의 양수인 겸 낙찰자가 승소 시에 이를 수령하면 된다.

2

우선수익권부 NPL 대위변제 후 상계에 의한 대금 납부로 유입취득 하는 방법

금융기관 채권을 양수할 수 없는 개인이 수익권부 NPL을 대위변제 해서(우선수익권 이전 포함) 취득할 수 있다. 이 경우 100% 배당되는 수익 권부 NPL을 대위변제 후, 대위변제자가 신탁부동산의 공매 입찰에 참 여하면 낙찰에 있어 대위변제자가 유리한 조건 없이 남들과 똑같은 조 건으로 입찰에 참여하게 되므로, NPL 대위변제자에게 낙찰된다는 보장 이 없다.

NPL 대위변제자가 낙찰받은 경우 대금은 상계로 납부하되, 정산 이의 제기가 들어오면 이의금액만큼을 추가로 준비해서 납부해야 할 것이다.

3

공매로 낙찰받거나 수회 유찰 후 수의계약으로 취득하는 방법

공매 입찰 참여자가 보유 NPL 없이 신탁부동산의 일반 공개경쟁 입찰(공매)에 참여해서 다른 사람들과 경쟁을 통해 낙찰받거나, 수회 유찰 후 수의계약으로 취득하는 방법이 있다.

가. 신탁부동산 공매 매매계약서(안)
- 매수인의 명의변경 불가 특약 없는 경우

공매부동산 매매계약서

매도인(甲) 우리자산신탁 주식회사
매수인(乙) ○○○○

공 매 부 동 산 매 매 계 약 서

본 공매부동산은 2023년 12월 22일 온비드(Onbid)에 공매 공고되어 실시한 공매
에서 제○○회차 낙찰된 바 아래와 같이 매매계약을 체결한다.

  매도인(甲) : 서울특별시 강남구 테헤란로 301, 13층(역삼동)
        우리자산신탁 주식회사
        대표이사 이○근 (지배인 : 최○기)

  매수인(을) :

■ 부동산의 표시

물건번호	소재지	지번	지목	면적(㎡)	비고
1	경상북도 경주시 시래동	945-xxx	하천	73	765분의 566
		945-xxx	하천	2,460	

- 아 래 -

제1조 (매매대금) ① 甲은 위 표시 부동산을 일금 원정(₩-)에 乙에게 매도한다.

제2조 (계약금) 乙은 계약금으로 일금 원정(₩-)을 甲에게 지급하기로 한다.

제3조 (대금 지급 방법 등) ① 매매대금은 다음과 같이 각각 지급하기로 한다.

구분	공급가격	지급일자
계약금	일금 원정 (₩-)	-
잔금	일금 원정 (₩-)	-
합계	일금 원정 (₩-)	VAT 없음

② 乙이 제1항에서 정한 기일에 대금을 지급하지 아니할 때에는 별도의 통보 없이 계약을 해제하기로 하고, 기납부한 계약금(예금이자 포함)은 甲에게 귀속한다.

③ 매매대금 잔금의 지급장소는 반드시 아래 지정계좌에 현금으로 송금하기로 한다.

[지정계좌 : □□□ - □□□ - □□□ - □□□ / ○○은행 /

예금주 : 우리자산신탁(주)]

제4조 (소유권 이전) ① 乙이 제1조에서 정한 매매대금을 완납하였을 때에는 乙은 甲의 소유권 이전 및 신탁등기(말소)에 필요한 서류작성에 즉각 협조하여야 하며, 이를 지연하므로 인하여 발생하는 책임(권리제한사항 등)은 乙이 부담한다.

② 소유권 이전절차에 관한 등록세, 인지대 등 일체의 비용은 乙의 부담으로 한다.

③ 입찰일 기준으로 입찰일로부터 소유권이전등기 완료일까지 공매부동산의 제한 권리는 乙의 책임으로 말소하여야 하고 이를 말소하지 못하는 경우 乙이 이를 인수한 것으로 본다.

④ 공매부동산 소유권 취득 및 처분과 관련된 사항은 乙의 책임으로 관계법령 및 관계기관에 확인하여야 한다.

제5조 (하자 담보책임 및 위험부담) ① 乙은 매매목적물의 권리와 현 상태 및 사용

에 관한 제반사항에 관하여 상세히 조사 검토한 후 이 계약을 체결한 것으로 하며 甲은 다음 각 호의 사항에 관하여는 책임을 지지 아니한다.

1. 공부 및 지적상의 흠결이나 환지로 인한 감평, 미등기 건물, 행정상의 규제 등으로 인한 구조, 수량의 차이
2. 권리가 타인에게 속하므로 인하여 받는 권리의 제한
3. 등기부상 표시내용과 현상의 차이
4. 기타 제3자의 권리

② 본 계약 체결 이후에 공매부동산의 공용징수, 도시계획의 변경, 건축제한, 도로 편입 등 일체의 공법상의 부담이 부과되었을 경우 이에 따른 모든 책임을 乙의 부담으로 한다.

③ 제1항 및 제2항과 관련하여 乙은 하자담보책임, 매도인의 담보책임, 기타 손해 배상 등 일체의 민·형사상 책임을 甲에게 묻지 않는다.

④ 소유권이전 시까지 공매부동산에 대한 제한권리(근저당, 가처분, 전세권, 지상 권, 가압류, 압류, 유치권 등)의 말소 등 모든 법률적 사실적 제한사항 및 권리관 계는 乙이 인지하고, 매매계약서상 乙의 부담으로 처리하여야 하며, 乙은 이를 이유로 일체의 이의나 민원을 제기하지 않는다.

제6조 (명도 또는 인도책임) ① 명도 또는 인도책임은 乙이 부담하기로 한다.

② 乙은 제1항의 명도 및 인도책임조건에 대하여 甲에게 이의를 제기하지 않기로 한다.

③ 공매부동산에 표시되지 않은 물건(건물, 공작물 및 동산 등 일체)과 제3자가 시 설한 물건 또는 변경사항 등이 있을 때에는 그에 대한 명도, 철거, 수거, 인도책 임 및 비용부담은 乙이 한다.

④ 본 계약 체결 이후 공매부동산과 관련하여 기존 이해관계자들과의 분쟁 및 민원 사항 등은 乙의 책임으로 해결토록 하여야 하며, 그 정리결과를 이유로 甲에게 어떠한 권리주장이나 요구(대금 지급의 조정 등)를 할 수 없다.

제7조 (제세금 등) 공매부동산에 발생되는 제세공과금 및 전기료 등 각종 부담금 비용 일체(연체료 포함)는 소유권이전과 관계없이 乙이 부담하기로 한다. 단, 아래 각 목의 경우는 기재된 내용에 따른다.

1. 특히 매매대금 완납일 전후를 불문하고 매도인(당사)은 공매부동산의 관리비, 수도, 가스, 전기비를 책임지지 않으며 매수인이 현황대로 인수(승계)하여 매수 자의 부담으로 책임지고 처리하는 조건의 매매임.

2. 공매부동산에 대한 甲을 납부 의무자로 하는 재산세, 종합부동산세, 교통유발부담금은 소유권 이전일을 기준으로 그 이전 재산세, 종합부동산세, 교통유발부담금은 매도인(당사)이 매매대금에서 정산 납부하기로 한다.[단, 2021년 이후 부과되는 재산세 및 종합부동산세는 甲에게 지급 책임이 없으며, 乙의 책임으로 한다. 甲이 부담하는 재산세 및 종합부동산세가 2021년 이후 부과되는 재산세 및 종합부동산세일 경우, 甲은 지방세법 및 종합부동산세법에 따라 관할관공서가 甲에게 서면으로 납부요청을 하여 甲에게 물적납부 의무가 발생한 경우에만 신탁재산의 범위에서 지급하기로 한다.]

제8조 (계약의 해제) ① 甲 또는 乙이 매매계약을 위반하였을 때에는 각 상대방은 이 계약을 해제할 수 있다.

② 甲의 고의나 중대한 과실이 없이 공매 공고 등의 중대한 오류가 있는 경우에는 체결된 매매계약은 무효로 한다.

③ 입찰일로부터 소유권이전등기 완료일까지 추가적인 제3자의 권리침해(가압류, 가처분, 소유권이전등기말소 소송 등)로 인하여 매매계약의 이행 또는 소유권이전이 불가능하다고 甲이 판단하는 경우, 매매계약은 무효로 하고 甲은 乙이 기납부한 매매대금을 이자 없이 원금만 반환하며 이에 대하여 乙은 甲에게 민·형사상 일체의 이의를 제기하지 못한다.

④ 본 조 제1항 및 제2항과 관련하여 甲의 위약으로 이 계약이 해제될 경우에는 甲은 지급받은 매매대금(이자 없이 원금)만을 乙에게 반환하고 乙의 위약으로 계약이 해제될 경우에는 계약금은 위약금으로 甲에게 귀속된다.

⑤ 제1항 내지 제3항의 계약의 해제(무효)는 손해배상에 영향을 미치지 아니한다.

제9조 (변경사항의 신고) 乙은 이 계약 체결 이후 乙의 상호 및 주소 등이 변경된 때에는 지체 없이 甲에게 신고하기로 한다. 乙이 신고를 하지 아니하여 발생한 손해에 대하여는 乙의 부담으로 한다.

제10조 (부동산거래의 신고) 부동산 거래신고에 관한 법률(시행령, 시행규칙)에 따라, 乙은 매매계약 체결 후 30일 이내에 관할 시, 군, 구청에 부동산거래 신고를 책임지고 해야 하며, 미신고 또는 불성실신고에 따른 과태료 처분 등 모든 책임은 乙이 지기로 한다.

제11조 (기타사항) ① 이 계약의 해석에 대하여 甲, 乙 간에 이견이 있거나 명시되지 않은 사항은 甲, 乙 쌍방 합의로 결정하고, 합의가 성립되지 않을 경우에는 민법

기타 관계 법령 규정 또는 상관례에 따른다.

② 본 부동산의 甲을 채무자(또는 제3채무자)로 하는 권리제한사항(가압류, 가처분, 압류 등)이 발생 시에는 乙이 책임지고 처리키로 한다.

③ 입찰참가자 준수규칙, 공매 공고 내용은 계약의 일부가 된다.

④ 甲, 乙 쌍방 간에 분쟁 발생 시 **서울중앙지방법원을 제1심 관할법원**으로 한다.

제12조 (권리제한 사항의 부담) ① 공매목적 부동산에 점유권, 임차권, 유치권, 영업권, 사용권 등 일체의 권리제한사항이 있더라도 권리제한사항 해결 및 소멸에 필요한 일체의 책임 및 비용은 입찰자(낙찰자, 매수인) 부담으로 합니다.

② 공매목적 부동산 위 지상에 타인 소유의 건물(당초 당사 소유에서 강제경매로 인하여 제3자에 매각되어 이전등기된 건물임)이 존재하며, 위 지상 타인 소유의 건물로 인하여 공매목적부동산의 개별 소유권 행사 제한 및 사용상의 제한, 법정지상권 문제 등의 문제가 발생하여도 해당 문제는 전부 입찰자(낙찰자, 매수인)가 입찰자(낙찰자, 매수인)의 책임과 비용으로 해결하여야 하며, 우리자산신탁(주)는 이에 대하여 민·형사상 일체의 책임과 비용을 부담하지 아니합니다.

③ 공매목적 부동산에 아래 표와 같이 부동산압류가 결정된바, 공매목적 부동산이 지방세징수법에 의거 공매처분 될 수 있음을 알려드리며, 부동산압류로 인해 발생하는 문제 일체는 입찰자(낙찰자, 매수인)가 입찰자(낙찰자, 매수인)의 책임과 비용으로 부담합니다.[공매목적 부동산에 대한 매도자를 납부 의무자로 하는 재산세, 종합부동산세, 교통유발부담금은 소유권 이전일을 기준으로 그 이전 재산세, 종합부동산세, 교통유발부담금은 매도인(당사)이 매매대금에서 정산 납부하기로 합니다. 단, 2021년 이후 부과되는 재산세 및 종합부동산세는 매도인에게 지급 책임이 없으며, 입찰자(낙찰자, 매수인)의 책임으로 합니다. 매도인(당사)이 부담하는 재산세 및 종합부동산세가 2021년 이후 부과되는 재산세 및 종합부동산세일 경우, 매도인(당사)은 지방세법 및 종합부동산세법에 따라 관할관공서가 매도인(당사)에게 서면으로 납부요청을 하여 매도인(당사)에게 물적납부의무가 발행한 경우에만 신탁재산의 범위에서 지급합니다.]

구분	등기목적	접수정보	주요등기사항	비고
945-xxx	압류	2020년 4월 17일 제1805x호	권리자 경주시	

④ 위 ①항 내지 ③항의 권리제한사항을 입찰자(낙찰자, 매수인)는 충분히 인지하고 응찰하여야 하며 해당 권리제한사항으로 인하여 입찰자(낙찰자, 매수인)에

게 손해가 발생하여도 입찰자(낙찰자, 매수인)는 우리자산신탁(주)에 민·형사상 일체의 이의 및 민원을 제기할 수 없으며, 입찰자(낙찰자, 매수인)는 상기 권리 제한사항과 관련하여 우리자산신탁(주)에게 매매계약 해제 또는 매매대금 감액 및 매매대금 납부기한 연장 등 민·형사상 일체의 이의 및 민원을 제기하지 못합니다.

매수인은 본 계약 내용을 충분히 숙지하고 확인함
매수인　　　　　　(인)

이 계약을 증명하기 위하여 계약서를 2통 작성하여 서명 날인하고 각 1통씩 보관하기로 한다.

20　　년　　월　　일

매도인(甲) : 서울특별시 강남구 테헤란로 301, 13층(역삼동)
　　　　　　우리자산신탁 주식회사
　　　　　　대표이사 이○근 (지배인 : 최○기) (인)

매수인(乙) :　　　　　　　　　**(인)**

나. 신탁부동산 공매 매매계약서(안)
- 매수인의 명의변경 및 권리 의무 승계 불가 특약이 있는 경우

(담보)부동산 매매계약서(표준안)

본 부동산 매매계약(이하 "매매계약"이라 한다)은 신영부동산신탁 주식회사(이하 "수탁자" 또는 "매도인"이라 한다)와 [   ](이하 "매수인"이라 한다) 사이에 계약서 말미 기재 일자에 체결되었다.

- 다　음 -

제1조(매매목적물)
매매목적물은 별지 목록 기재와 같다.

제2조(매매대금)
매매대금은 부가가치세(VAT)를 포함하여 금[ ]원(₩000,000-)이고, 세부내역은 다음과 같다.

구 분	금 액	비 고
대지가액	금 원(₩000,000-)	
건물가액	금 원(₩000,000-)	
부가가치세액	금 원(₩000,000-)	
총매매대금	금 원(₩000,000-)	

제3조(매매대금 지급방법)
① 매매대금은 다음 표와 같이 지급하기로 하되, 반드시 지정된 매도인명의의 계좌번호로 무통장 입금방식으로 납부하여야 하며, 무통장 입금표상의 입금자란에 예와 같이 계약자 성명과 동호수를 기입한다(예 : 홍길동_101). 본 조항에서 정하여진 사항을 위반함으로 인하여 발생하는 모든 불이익은 매수인이 부담한다. 단, 매매계약이 입찰절차에 의하여 체결되는 경우 계약보증금은 입찰참여 시 현

금 또는 자기앞수표로 납부할 수 있다.

구분	비율(%)	금액	지급일	계좌번호	비고
계약금	10	₩00,000,000-	. . .		
중도금	[ ]	₩00,000,000-	. . .		
잔금	[ ]	₩00,000,000-	. . .	[○○은행 예금주:신영부동산 신탁 계좌번호 : - -]	
합 계	100	₩00,000,000-			

② 매수인이 매매대금을 제1항 표 기재 이외의 방법으로 매매대금을 납부할 경우
에는 매매대금이 납부되지 않은 것으로 간주한다.

③ 매수인이 제1항에서 정한 기일에 대금을 지급하지 아니한 때에는 매수인은 매
도인에게 미지급된 금원 및 이에 대한 연18%의 비율에 의한 지연손해금을 지
급하여야 한다.

④ 매수인이 제1항에서 정한 기일에 대금을 지급하지 아니한 때에는 매도인은 제
10조에 따라 계약을 해제할 수 있다.

⑤ 매매목적물은 (우선)수익자의 계산으로 공급되는 것이므로 수탁자는 공급자로
서의 세금계산서를 매수인에게 교부할 의무를 부담하지 아니한다. 다만, '부가
가치세법' 등 관련 법령에 따라 수탁자를 공급자로 보는 경우에는 수탁자가 위
의무를 부담한다.

제4조(소유권이전)
① 매수인이 제3조에서 정한 매매대금을 완납하였을 때에는 매도인은 매도인 본점
소재지에서 매수인에게 매매목적물의 소유권이전등기에 필요한 서류를 교부한
다. 오해의 소지를 없애기 위하여 부연하면, 매수인은 제3조에서 정한 매매대금
을 매도인에게 완납한 이후에 매도인으로부터 매도인 본점 소재지에서 소유권
이전등기에 필요한 서류를 교부 받는다.

② 매수인은 제1항의 서류를 교부 받은 때에는 서류 교부일로부터 3영업일 내에 매
매목적물에 관한 소유권이전등기를 완료하여야 하며, 이를 지연함으로서 발생
하는 모든 책임은 매수인이 부담한다.

③ 매매목적물의 소유권 이전에 소요되는 등록세, 인지대, 법무사 수수료 등 일체
의 비용은 매수인이 부담하며 법무사 선정은 매도인의 권한으로 한다.

제5조(제세공과금 및 관리비)

① 매매목적물에 관한 소유권이전등기일 현재 매매목적물에 관하여 이미 발생하였거나 장래에 발생할 제세공과금(특별히 중과될 수 있는 제세공과금, 종합부동산세 누진액 등을 포함하되, 매매목적물에 관한 신탁계약에 의하여 신탁재산에서 납부가 예정되어 있고, 실제로 수탁자에 의해 신탁재산에서 납부된 제세공과금은 제외함), 준조세, 각종 부담금 기타 이와 유사한 금원, 관리비 및 매매목적물에 대한 소유권 및 점유를 매수인이 이전받을 때까지 발생하는 매매목적물의 보전을 위한 비용은 매도인에게 부과된 것이라도 매수인이 부담한다.

② 제1항과 별도로 매수인은 본건 매매계약으로 매매대금이 완납될 때까지 발생하였거나 부과된 매매목적물의 관리에 필요한 모든 비용(수도, 전기, 가스료, 상하수도료, 관리비 등을 포함하되 이에 한정되지 않음)의 납부채무를 인수하는 것으로 한다.

제6조(토지거래계약허가, 부동산거래 및 주택거래의 신고 등)

① 매수인이 본 계약과 관련하여 관계법규에 의하여 매수인의 명의로 허가, 인가, 신고, 승인 등(이하 "허가 등")을 받아야 할 경우에는 매수인은 자신의 책임과 비용으로 이를 득하여야 한다.

② 3조에 따라 매수인은 자신의 책임과 비용으로 본 계약에 관한 부동산거래 신고를 하여야 하며(위 신고에 매도인의 협조가 필요한 경우, 그에 대한 협조를 요청하는 것을 포함함), 신고 미이행에 따른 제반 비용과 손해는 매수인이 부담한다.

③ 본 조의 절차와 관련하여 매도인은 매수인에게 적극적으로 협조하며 매수인은 본 계약과 관련한 허가 등을 득한 즉시 매도인에게 그 사실을 서면으로 통지한다.

제7조(매매목적물의 하자 또는 장애에 대한 책임)

① 매수인은 매매목적물의 현 권리와 상태 등 제반 사항에 관하여 상세히 조사 검토한 후 본 계약을 체결하는 것임과 본 계약은 소유권이전등기 당시에 매매목적물의 법률적, 사실적 상태 그대로의 매매계약임을 확인하고 이에 대하여 동의한다.

② 매수인은 수탁자가 등기부상 최초 1회에 한하여 소유권이전등기 업무만을 수행하고 이를 제외한 매매계약과 관련한 매도인으로서의 일체의 의무 및 책임(매매목적물의 모든 법률적·사실적 하자 또는 장애에 대한 매도인으로서의 의무 및 책임, 불법행위책임, 채무불이행책임 및 하자담보책임을 포함하되 이에 한정되지 않음)을 부담하지 않는다는 점을 인지하고 있으며 이에 관하여 동의한다.

제8조(진술 및 보증)

매수인은 본 계약을 체결할 수 있는 모든 권한 및 권리를 가지고 있고, 본 계약을 체결하고 그 계약상의 의무를 이행함에 있어 필요한 정관 기타 내부 규정 및 관계 법령에 정한 절차를 모두 이행하였음을 진술하고 보증하며, 위 절차를 이행하였음을 증명하기 위한 관련 서류 전부(본 계약의 체결을 승인하는 이사회 의사록 등)를 매도인에게 제공한다.

제9조(임대차 등)

① 매수인은 매매목적물 내 임대차계약(임대인이 매도인이거나, 임대인이 매도인이 아닌 경우 모두 포함) 및 점유현황, 근저당권, 지상권 등 권리제한사항 등에 대해 충분히 인지하고 본 매매계약을 체결한다.

② 매수인은 매매목적물 내 임대차계약의 임대인의 지위(전세금 및 임대보증금 반환, 전세권설정자 및 임대인의 책임과 의무 등 임대인의 모든 지위를 의미하며 이에 한정되지 아니한다)를 면책적으로 포괄 승계한다.

③ 매매목적물에 대한 명도 또는 인도 책임은 매수인이 부담하는 것으로 하며, 매수인은 매도인에게 매매목적물의 명도와 관련한 일체의 청구를 할 수 없다.

④ 매수인은 매매목적물의 소유권이전 후 본 조 제1항 내지 제3항과 관련하여 매도인을 상대로 소송, 보전처분, 기타 민원(임차보증금 반환 요청, 임대인의 의무사항 이행 등 이에 한정되지 아니한다) 등이 발생할 경우 매수인의 책임과 비용으로 이를 해결하여야 하고, 매도인에게 손해가 발생하는 경우 매수인은 그 손해를 배상하여야 한다.

제10조(계약의 해제)

① 매수인이 제6조 제1항 기재 허가 등을 얻지 못하여 본 계약의 효력이 발생하지 않거나 매매목적물에 대한 소유권이전등기를 할 수 없는 경우 당사자들은 본 계약을 해제하기로 하며, 이때 매도인은 매수인으로부터 위 불허가 등의 처분사실을 통보받은 날로부터 10일 이내에 기수령한 매매대금을 매수인에게 반환하여야 한다(매수인은 매도인이 보관 중에 발생한 매매대금에 대한 이자금은 청구하지 못한다). 다만, 위 매매대금 반환의무 외에 본 항에 따른 본 계약의 해제와 관련하여 당사자들 간에 부담하는 권리의무 관계는 없는 것으로 한다.

② 매도인 또는 매수인 일방이 다음 각 호의 어느 하나에 해당할 때에는 상대방에게 계약의 이행을 7일의 기간을 두어 서면으로 최고한 후 1개월 이상 위 계약의 이행이 되지 아니하였을 경우 본 계약을 해제할 수 있다. 이때 매수인의 귀책사

유로 본 계약이 해제될 경우 총 매매대금의 10%는 위약금으로 매도인에게 귀속되며, 매도인의 귀책사유로 본 계약이 해제될 경우에는 매도인은 본 계약이 해제된 날로부터 10일 이내에 매수인에게 매수인이 기지불한 금액(매매대금에 대한 이자금은 제외)을 반환하여야 한다.

1.매도인 또는 매수인이 본 계약을 위반하였을 경우

2.매수인이 제3조 제1항 기재 지급일까지 매매대금을 납부하지 아니하는 경우

제11조(명의변경 및 권리의무승계)
본 계약상 매수인의 명의변경 및 권리의무 승계는 불가한 것으로 한다.

제12조(매매완결 장애사유 발생 시 처리)
매도인과 매수인 간에 매매목적물에 관하여 매매계약이 체결된 후 잔금이 지급되기 전까지 위탁자(또는 채무자)가 우선수익자에 대한 채무를 변제하거나 위탁자에게 '기업구조조정촉진법'에 따른 채무유예 결정(워크아웃 개시)이 있거나 매매목적물에 관한 처분금지가처분 결정이 있는 경우 및 기타 매매완결에 장애가 될 수 있는 사유(매매완결에 장애가 될지 여부가 불분명한 경우를 포함함)가 발생한 경우 매도인은 매수인이 기지급한 매매대금(이자금을 제외한다)의 반환 이외에 매수인에게 별도의 손해배상 또는 비용의 지급 없이 본 계약을 해제할 수 있으며, 매수인은 이에 대하여 동의하며 이와 관련하여 이의를 제기하지 않기로 한다.

제13조(변경사항의 신고)
매수인은 본 계약 체결 이후 매수인의 성명(상호), 주소 및 연락처 등이 변경된 때에는 지체 없이 매도인에게 신고하기로 한다. 매수인이 신고를 하지 아니하여 발생하는 모든 불이익은 매수인이 부담한다(즉, 매도인은 매도인에게 기신고된 매수인의 성명 등, 주소 및 연락처로 통지서를 발송하거나 연락을 취하면 위 통지서가 송달이 되지 않거나 연락이 되지 않더라도 통지 등과 관련하여 본 계약상 정하여진 매도인의 의무는 이행한 것으로 간주한다).

제14조(비밀유지)
① 당사자들은 해당 감독 기관에서 요청하거나 정당한 법률적 절차를 위하여 요구되는 경우를 제외하고, 본 계약의 체결이나 본 계약과 관련한 여하한 정보도 공개하여서는 아니 된다. 다만, 본 계약과 관련된 합리적인 범위의 조력자들에 대하여는 본 조에 따른 비밀유지 의무를 준수한다는 전제하에서 공개할 수 있다.

② 본 조에 따른 당사자들의 의무는 본 계약이 종료된 경우에도 1년간 유효하게 존속한다.

제15조(일부무효 등의 처리)
본 계약서에 명시된 한 개 또는 수 개의 조항이 법령에 따라 무효, 위법 또는 집행불능으로 되더라도 본 계약서에 명시된 나머지 조항은 유효하며, 매매계약의 적법성 및 집행가능성은 그로 인하여 아무런 영향을 받지 아니한다.

제16조(해석)
본 계약서에 명시되지 않은 사항 중 매도인이 매수인에게 미리 고지한 사항(매매목적물과 관련한 공매 공고, 신탁재산 공매 입찰참가자 준수규칙을 포함한다)은 본 계약서를 보충하며, 그 이외에는 부동산 매매에 관한 일반관례를 따름을 원칙으로 한다. 만약 당사자들 간에 본 계약서에 대한 해석상의 이의가 있거나 본 계약서에서 정하지 아니한 사항에 대하여는 당해 사항과 관련된 당사자들이 협의하여 정한다.

제17조(분쟁의 해결)
본 계약과 관련하여 분쟁이 발생할 경우, 분쟁 당사자들 상호 간에 신의와 성실로써 당해 분쟁을 해결하도록 노력하며, 위 분쟁 해결 노력에도 불구하고 당해 분쟁이 해결되지 않는 경우 서울중앙지방법원을 제1심 관할법원으로 하여 해결하는 것으로 한다.

제18조(특약)
① [   ](이하 "위탁자"라 한다)는 [   ].[   ].[   ]. 위탁자 소유의 별지 목록 기재 부동산(이하 "매매목적물"이라 한다)에 관하여 수탁자와 부동산담보신탁계약(이하 "신탁계약"이라 한다)을 체결하였다.
② 수탁자는 신탁계약에서 정한 바에 따라 (우선)수익자의 계산으로 매매목적물에 관한 매매(공매를 포함한다. 이하 같다) 절차를 진행하는바, 매도인은 매수인에게 매매목적물을 매도하고 매수인은 매도인으로부터 매매목적물을 매수하고자 한다.
③ 당사자들은 등기부상 소유권 이전에 협조할 업무를 제외한 신탁에 기한 수탁자의 모든 행위, 권리, 의무 및 매매계약과 관련한 매도인으로서의 모든 의무 및 책임(법정책임, 매매목적물의 모든 법률적·사실적 하자 또는 장애에 대한 매도

인으로서의 의무 및 책임, 불법행위책임, 채무불이행책임 및 하자담보책임을 포함하되 이에 한정되지 않음)은 매매계약의 실질적인 매도인인 위탁자 또는 수익자에게 있다는 점과 수탁자는 매매계약의 형식적 당사자(매도인)로서 참여하는 바 위 등기부상 소유권 이전에 협조할 업무 외에 신탁 및 매매계약과 관련하여 어떠한 책임 또는 의무도 부담하지 않는다는 점을 인지하고 있으며 이에 관하여 동의하였다.

제19조(확인사항)

① 본 계약은 명칭을 불문하고 그 체결 이전에 당사자들 사이에 존재하였던 일체의 구두 또는 서면의 합의, 확약, 양해 또는 약정을 대체하며, 당사자들 모두의 서면에 의한 합의로서만 수정, 변경될 수 있다.

② 매도인과 매수인은 본 계약의 준비와 작성, 제안에 있어 상호 대등한 지위에서 각각 중대하고 필수적인 역할을 한 뒤 개별적인 상호교섭을 통하여 본 계약 각 조항의 내용이 합의되었음을 확인하고, 본 계약의 확인을 통해 본 계약의 체결에 있어 매도인과 매수인 사이에 개별교섭이 있었다는 점에 대한 상호확인을 갈음하기로 한다.

■ 매수인은 위 조항에 대한 충분한 설명을 듣고 이해하였습니다.	(인)
■ 매수인인은 본 계약에 대한 상호교섭을 하였음을 확인합니다.	(인)

당사자들은 본 계약의 체결을 증명하기 위하여 본 계약서 2부를 작성하여 각 기명날인한 후 각 당사자가 1부씩 보관한다.

20 년 월 일

수탁자 겸 매도인
주소 : 서울특별시 영등포구 국제금융로8길 16, 8층(여의도동)
상호 및 대표자 : 신영부동산신탁 주식회사 대표이사 박○○ (인)
법인등록번호 : 110111-7126xxx

매수인
주소 :
성명(상호 및 대표자) :
주민(법인)등록번호 :

매매대상 부동산 목록

출처 : 신영부동산신탁

다. 부당특약 부존재 상호 확인서

계약명	

매도인 한국자산신탁 주식회사 및 매수인 _____ 는 상기 매매계약(본건 매매계약의 본문 및 특약사항을 모두 포함하며, 이하 "본 계약"이라 한다)의 작성·확정에 있어 상호 동등한 지위에서 개별교섭의 과정을 거쳤고, 그 결과 특약사항에는 부당한 조항이 부존재함을 다음과 같이 상호 확인합니다.

- 다 음 -

• 특약사항의 모든 조항은 각 당사자가 협의한 내용을 바탕으로 작성·확정하였음을 확인함.
• 특약사항의 모든 조항의 작성·확정은, 일방 당사자의 제안이 아니라 본 계약의 목적 달성을 위하여 매도인과 매수인이 동등한 지위에서 개별교섭 과정에 의한 것임을 재확인함.
• 본 계약 본문 각 조항에 관하여 수탁자가 설명하였음을 확인함.
• 특약사항에는 어느 일방에 부당하게 불리한 조항, 거래형태 등 제반 사정에 비추어 예상하기 어려운 조항, 본질적인 권리를 제한하는 조항이 부존재함을 확인함.
• 특약사항에는 어느 일방을 부당하게 면책시키는 조항, 어느 일방의 위험을 다른 당사자에게 전가하는 조항, 상당한 이유 없이 담보책임을 배제 또는 제한하는 조항이 부존재함을 확인함.
• 특약사항에는 어느 일방에게 부당하게 과중한 손해배상 의무를 부담시키거나 계약의 해제·해지를 통제하는 조항이 부존재함을 확인함.
• 특약사항에는 상당한 이유 없이 일방 당사자가 다른 당사자에게 급부의 내용을 일방적으로 결정하거나 변경할 수 있도록 권한을 부여한 내용이 없고 일방 당사자의 항변권 및 상계권 등의 권리(의사표시의 의제에 관한 사항, 제소에 관한 사항 등 포함)를 제한하는 조항이 부존재함을 확인함.

20 . . .

매도인("甲")
서울특별시 강남구 테헤란로 306 (카이트타워)
한국자산신탁 주식회사(110111-2196xxx)
대표이사 김○○ (인)

매수인("乙")

출처 : 한국자산신탁

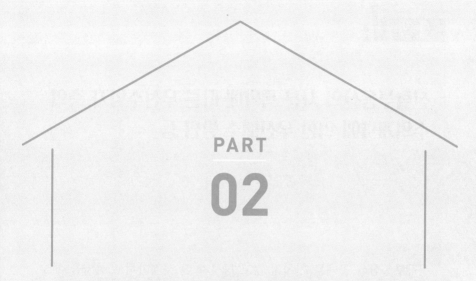

PART

02

신탁부동산을 공매 이외의
절차로 다채롭게
취득하는 방법

신탁부동산의 처분 특약에 따른 우선수익자 측의 수의계약에 의한 우선매수 방법 등

신탁부동산은 공매를 거치지 않고 당사자 간 사적자치로 특약을 체결해서 다양한 방식으로 매각·취득할 수 있다. 여기서는 신탁부동산의 처분 특약에 따른 우선수익자 측의 수의계약에 의한 우선매수 방법 등을 알아보자.

⚖ 관련 판례

다음의 수의계약 처분 특례는 아시아신탁 주식회사의 부동산담보신탁계약서의 특약사항으로써(예시) 우선수익자가 수의계약으로 처분할 수 있는 약정 사유에 해당될 경우 우선수익자는 사실상 신탁부동산의 준소유자로서 이를 독자적으로 수의계약으로 매각하여 채권을 신속하게 회수할 수 있도록 하였다(서울중앙지방법원 2017. 4. 27. 선고 2015가단5298272 건물명도 판결 참조).

제8조[수의계약에 의한 처분 특례]
① 우선수익자는 위탁자에 대한 다음 각 호의 사유로 본 사업의 정상적인 진행이 곤란하거나 대출된 자금의 회부가 불가능하다고 판단되는 경우 수탁자에게 처분을 요청할 수 있으며, 수탁자는 우선수익자 전원의 요청에 의하여 처분할 수 있다. 이에 대하여 위탁자는 일체의 이의를 제기치 아니하고 수탁자의 처분 업무에 적극 협조하여야 한다.

1. 위탁자의 이자지급 불능, 신탁계약 위반 등으로 판단되는 경우
2. 위탁자의 부도, 청산신청, 파산신청 또는 채무자회생 및 파산에 관한 법률상 보전처분 또는 이에 준하는 상황이 발생될 위험이 있거나 또는 발생으로 인하여 위탁자가 본 사업을 수행할 수 없거나 사업진행에 막대한 차질이 발생하는 경우 기타 이하 동일시할 수 있다고 판단되는 경우
3. 우선수익자가 위탁자 및 채무자와 체결한 여신거래 약정이나 채권채무 관련 약정에서 채무불이행이나 기한의 이익 상실의 사유로 정한 사유, 기타 이와 동일시할 수 있다고 우선수익자가 판단하는 사유
4. 기타 업무 약정에서 정한 사유가 발생하여 우선수익자가 요청하는 경우

② **신탁부동산의 처분은** 본 계약의 본문 제18조 내지 제21조에 불구하고 수탁자와 **우선수익자가 협의하여 정할 수 있으며, 특히 우선수익자가 요구할 경우 신탁부동산은 우선수익자 또는 우선수익자가 지정하는 자에게 직접 소유권이전등기를 경료함과 동시에 신탁등기를 말소할 수 있고** 위탁자는 이에 일체의 이의를 제기치 아니한다.

📖 우선수익자의 우선매수 특약과 우선수익자가 지정하는 방법(수의계약 포함)의 매각 약정 예시

제14조(신탁부동산의 처분)

③ 제1항 및 제2항의 처분 방법은 우선수익자의 선택에 따라 ㉮ 乙의 내규(부동산담보신탁규정 등)에 의한 공매처분, ㉯ 우선수익자가 지정하는 방법(수의계약이나 기타 가격, 시기, 조건 등을 임의로 정하여 매각하는 것을 포함하며 이에 한정되지 아니한다)으로 처분하기로 한다.

④ 신탁계약의 각 처분 조항에도 불구하고 乙은 우선수익자와 협의하는 방법으로 신탁부동산을 처분하거나 우선수익자가 요청에 따라 매도인의 담보책임을 부담하지 않는 조건으로 우선수익자 또는 우선수익자가 지정하는 자에게 직접 신탁부동산의 소유권이전등기를 경료함과 동시에 신탁등기를 말소할 수 있다.

출처 : 우리자산신탁 주식회사의 부동산담보신탁 특약 중 발췌

가. 우선수익자가 자신 명의로 우선매수 하는 방법

(1) 우선수익자의 우선매수 특약

신탁계약에는 '각 처분 조항에도 불구하고 수탁자는 우선수익자와 협의하는 방법으로 신탁부동산을 처분하거나(① 우선수익자의 협의 처분권) 우선수익자의 요청에 따라 매도인의 담보책임을 부담하지 않는 조건으로 ② 우선수익자 또는 ③ 우선수익자가 지정하는 자에게 직접 신탁부동산의 소유권이전등기를 경료함과 동시에 신탁등기를 말소할 수 있다'라는 특약이 존재하는 경우가 있다.

이와 같이 신탁부동산의 처분 특약에 따라 신탁부동산에 대한 우선수익자의 협의 처분권 및 우선매수 청구권을 인정함으로써, 마치 민사집행법상 무잉여 기각 예상 시 경매 신청 채권자에게 매수통지를 해서 채권자가 매수하게 하는 것과 유사한 방법을 이용하는 것이다.

⚖️ 관련 판례

> **수원지방법원 평택지원 2020. 11. 19. 선고 2020가합9932, 2020가합12068 판결 [소유권말소등기 · 건물인도]**
>
> 한편 이 사건 담보신탁계약 제22조 제2항, 특약사항 제10조의 내용은 '신탁부동산의 처분을 용이하게 하기 위하여 처분대금 납부기한을 연장하여 분할납부하게 할 수 있다. 신탁부동산의 처분사유가 발생한 경우 수탁자와 우선수익자가 협의하여 처분방법 및 처분가격을 정할 수 있고 그 가격은 공매를 위한 감정평가 금액 이상으로 한다'는 것으로, 신탁부동산의 처분이 쉽게 이루어지도록 하는 처분대금 납부기한의 연장이나, 수탁자와 우선수익자의 협의에 따른 감정평가금액 이상의 처분이 원고에게 불리하다고 보기도 어렵다.

(2) 신탁부동산의 공매 시 공유 지분권자의 우선매수 청구권은 없으나, 신탁계약에서 우선수익자의 우선매수 청구권을 약정할 수 있다

신탁부동산 공매 시 공유자의 우선매수권은 매각조건으로 공시하지 않는 한 우선매수권의 근거 법률이 없고, 신탁계약상 우선수익자의 우선매수 청구권을 특약할 수는 있다. 한편 법원 경매 및 체납세금 압류 공매 시에는 공유자의 우선매수 청구권을 인정하고 있다.

민사집행법 제140조에 규정된 공유자의 우선매수권 제도는 우리나라에 특유한 것으로서, 공유자는 공유물 전체를 이용·관리하는 데 있어서 다른 공유자와 협의해야 하고(민법 제265조), 그 밖에 다른 공유자와 인적인 유대관계를 유지할 필요가 있기 때문에, 공유지분의 매각으로 인해 새로운 사람이 공유자가 되는 것보다는 기존의 공유자에게 우선권을 부여해서 그 공유지분을 매수할 수 있는 기회를 주는 것이 타당하다는 데 그 입법 취지가 있다.

더불어 체납세금 압류 공매 절차에서도 공유자의 우선매수권을 인정하고 있다(국세징수법 제79조 제1항, 지방세 징수법 제89조 제1항). 다만 공유자의 우선매수권 제도는 다른 매수신고인들의 희생을 전제로 하는 것이므로 그 입법 취지를 감안하더라도 가급적 제한적으로 운용할 필요가 있다(대결 2006. 3. 13. 2005마1078). 실무에서는 공유자의 우선매수권(민사집행법 제140조) 행사에 따른 매수신고가 매수보증금의 미납으로 실효되는 경우, 그 공유자의 우선매수권 행사를 제한하는 특별매각조건을 다는 경우가 많다.

민사집행법 제140조(공유자의 우선매수권)

① **공유자는** 매각기일까지 제113조에 따른 보증을 제공하고 최고 매수신고 가격과 같은 가격으로 채무자의 지분을 **우선매수하겠다는 신고**를 할 수 있다.

② 제1항의 경우에 법원은 최고가 매수신고가 있더라도 그 공유자에게 매각을 허가하여야 한다.

③ 여러 사람의 공유자가 우선매수하겠다는 신고를 하고 제2항의 절차를 마친 때에는 특별한 협의가 없으면 공유지분의 비율에 따라 채무자의 지분을 매수하게 한다.

④ 제1항의 규정에 따라 공유자가 우선매수신고를 한 경우에는 최고가 매수신고인을 제114조의 차순위 매수신고인으로 본다.

국세징수법 제79조(공유자·배우자의 우선매수권)

① **공유자는** 공매재산이 공유물의 지분인 경우 매각결정기일 전까지 공매보증을 제공하고 다음 각 호의 구분에 따른 가격으로 공매재산을 **우선매수**하겠다는 **신청**을 할 수 있다.

   1. 최고가 매수신청인이 있는 경우 : 최고가 매수신청가격

   2. 최고가 매수신청인이 없는 경우 : 공매예정가격

② **체납자의 배우자는** 공매재산이 제48조 제4항에 따라 압류한 부부공유의 동산 또는 유가증권인 경우 제1항을 준용하여 **공매재산을 우선매수하겠다는 신청**을 할 수 있다.

③ 관할 세무서장은 제1항 또는 제2항에 따른 우선매수 신청이 있는 경우 제82조 제3항 및 제87조 제1항 제1호에도 불구하고 그 공유자 또는 체납자의 배우자에게 매각결정을 하여야 한다.

④ 관할 세무서장은 여러 사람의 공유자가 우선매수 신청을 하고 제3항의 절차를 마친 경우 공유자 간의 특별한 협의가 없으면 공유지분의 비율에 따라 공매재산을 매수하게 한다.

⑤ 관할 세무서장은 제3항에 따른 매각결정 후 매수인이 매수대금을 납부하지 아니한 경우 최고가 매수신청인에게 다시 매각결정을 할 수 있다.

지방세징수법 제89조(공유자ㆍ배우자의 우선매수권)

① 공매재산이 공유물의 지분인 경우 **공유자는** 매각결정 기일 전까지 제76조에 따른 공매보증금을 제공하고 매각예정가격 이상인 최고 입찰가격과 같은 가격으로 공매재산을 **우선매수하겠다는 신고**를 할 수 있다.

② **체납자의 배우자는** 공매재산이 제48조 제2항에 따라 압류된 부부공유의 동산 또는 유가증권인 경우 제1항을 준용하여 공매재산을 **우선매수하겠다는 신고**를 할 수 있다. 〈개정 2020.12.29〉

③ 지방자치단체의 장은 제1항 또는 제2항에 따른 우선매수신고가 있는 경우 제88조 제3항ㆍ제4항 및 제91조 제1항에도 불구하고 그 공유자 또는 체납자의 배우자에게 매각한다는 결정을 하여야 한다. 〈신설 2020.12.29〉

④ 지방자치단체의 장은 여러 사람의 공유자가 우선매수신고를 하고 제2항의 절차를 마쳤을 때에는 특별한 협의가 없으면 공유지분의 비율에 따라 공매재산을 매수하게 한다. 〈개정 2020.12.29〉

⑤ 지방자치단체의 장은 제2항에 따른 매각결정 후 매수인이 매각대금을 납부하지 아니하였을 때에는 매각예정가격 이상의 최고액 입찰자에게 다시 매각결정을 할 수 있다. 〈개정 2020.12.29.〉

[제목개정 2020.12.29]

나. 우선수익자가 지정한 매수인에게 매각하는 방법

또한 처분 특약에 따라 우선수익권부 NPL의 양수인은 신탁부동산의 매수인을 지정해서 신탁부동산을 수의계약으로 매각할 수 있다. 그런데 처분 특약이 없어도 NPL 양수인이 실수요자를 직접 구한 후, NPL 할인매입 금액보다 높게 수의계약을 체결하게 하는 방법으로 NPL의 할인 차익을 얻기도 한다.

다. 우선수익자가 지정하는 방법으로 임의 매각 방법

앞선 내용과 같은 처분 특약이 있는 경우, 우선수익자가 지정하는 방법으로 임의로 매각할 수 있다. 다음의 매수 방법은 필자가 만든 것이다.

신탁대출 완제 또는 대위변제 및
신탁계약 해지 조건부 매수 방법

위탁자가 신탁대출을 완제하거나 매수인이 신탁대출을 대위변제함과 동시에, 신탁계약의 해지 당사자인 위탁자 및 수탁자뿐만 아니라 우선수익자 및 수익자 등 당사자 전원의 동의를 얻어 신탁계약을 해지 및 말소하고 위탁자에게 신탁부동산의 소유권을 이전 귀속시킨 후 대위변제자가 이를 매수하는 방법이다. 이때는 소유권이전등기(대위변제 구상권과 매수대금 납부 채무를 대등액에서 상계 처리하고, 매매대금 부족 차액은 위탁자에게 별도 지급)를 받으면 될 것이다.

3

채무 인수 및 위탁자 지위 이전 매수 방법
(신탁부동산 할인매수 방법, 사기 매매 방지 방법)

가. 업무 처리 절차

위탁자 측(위탁자의 부도, 파산 시 우선수익자 내지 시공사가 위탁자의 지위를 승계하는 약정이 존재 시 동 승계인 포함)의 채무 중 일부 면제(탕감) 또는 면제 없이 면책적 채무 인수 약정을 기존 채무자, 채권자 및 채무인수인 간 3자가 체결한다.

이후 신탁계약 당사자 전원(수탁자, 우선수익자 및 수익자, 공동 위탁자)의 동의를 얻은 후, 기존 위탁자와 신 위탁자 간에 위탁자 지위 이전 약정을 체결함으로써 기존 위탁자를 신 위탁자로 교체한다(신탁법 제10조 제2항). 신탁부동산의 감정가격에서 신 채무자(신 위탁자)의 채무인수금액을 차감한 잔액 상당을 기존 위탁자(구 소유자)에게 지급하는 조건으로 위탁자 지위 이전 약정을 체결하면 된다. 이때 신 위탁자는 부동산의 취득세를 부담해야 하고, 실질 소유자로서 재산세 및 종합부동산세를 부담하게 된다.

이후 신탁대출채무를 대환대출 등으로 완제하면 신 위탁자에게 신탁 재산의 귀속을 원인으로 소유권이전등기가 된다. 근저당권부 NPL이 있는 부동산에 대해서 채무 인수 조건으로 부동산을 낙찰받는 것과 유사한 방식이다.

이는 신탁계약 당사자 및 관련자 전원의 동의를 얻어야 가능한 방식이지만, 경쟁 없이 사실상 수의계약으로 신탁부동산을 취득하는 결과가 된다. 이 방식은 공매 절차를 거치지 않으므로 신탁계약 당사자의 공매 진행중지 가처분 신청이나 정산 이의제기 관련 공탁금 출급 청구권 확인 청구의 소 제기 등 법적 분쟁으로 인한 장기 환가처분 지연 등을 피할 수 있다.

나. 신탁부동산 할인매수 방법 및 사기매매 방지 방법으로 활용 가능

위탁자 지위 이전을 통한 미분양 등 신탁부동산의 할인매수를 위해, 우선 위탁자와 매수인 간 신탁부동산에 대해서 저가로 할인 매매계약을 체결한다.

이후 위탁자와 체결한 신탁부동산 할인매매 가격(예시 : 실거래가의 60%)에서 채무인수액(예시 : 실거래가의 50%)을 차감한 잔액(예시 : 10% = 60% - 50%)을 위탁자에게 지급함과 동시에 위탁자 지위 이전 계약 체결, 면책적 채무 인수 약정 체결, 신 위탁자가 후취 담보조건부 대환대출로 인수 채무 완제, 신 위탁자 겸 매수인에게 신탁재산의 귀속으로 소유권이전등기, 대환대출에 대한 후취 담보권(근저당권) 설정등기 등의 순서로 신탁부동산이 할인매수인에게 안전하게 이전등기 된다.

이러한 위탁자 지위 이전 약정 없이 무권리자인 위탁자와 매매계약 체결 후 신탁부동산이 공매로 제3자에게 이전될 경우, 위탁자와 매매계약을 체결한 자는 사기를 당한다. 따라서 신탁부동산의 매수인이 상기 위탁자 지위 이전 약정 방법을 활용하는 것은 사기를 피하고 안전하게 소유권을 이전받을 수 있는 방법이다.

앞선 위탁자 지위 이전 방법과 함께 우선수익자에게 신탁부동산의 매수대금을 납부하는 방법 등으로 신탁부동산의 매매 사기를 예방할 수 있을 것이다.

4

담보채무 인수 조건부 매수 방법
(채무 인수·위탁자 지위 이전·신탁계약 해지 방법)

채무 인수 조건부 가볍고 쉬운 매각을 예정한 중첩적 담보설정(동일한 채무를 담보하기 위한 근저당권 및 우선수익권 설정)으로 사전에 신탁 설계함으로써 미분양 신탁부동산 등을 빠르게 매각하는 방법이다. 다음의 사례를 통해 자세한 절차를 알아보자.

사실관계

2. 우선수익자는 신탁부동산에 근저당권(근저당권설정자 : ○○스트개발, 근저당권자 : ○○증권(주), 설정금액 : 1,365억 원의 130%인 1,774.5억 원)을 설정하였으며, [1,365억 원의 130%인 1,774.5억 원] 범위를 초과하여 근저당권 및 우선수익권을 행사할 수 없다. 부연설명하면, 우선수익자는 근저당권을 실행하여 채권을 회수한 경우(근저당권 설정 한도 내를 말함) 본 신탁계약의 우선수익자로서의 권리 행사는 하지 않기로 한다. 또한, 우선수익자는 본 신탁계약의 우선수익권의 권리를 행사하여 채권을 회수한 경우(우선수익권한도액 범위 내를 말함), 근저당권의 권리를 행사하지 않으며, 즉시 말소하기로 한다.

출처 : 모 자산신탁 주식회사의 부동산담보신탁 특약 중 발췌

신탁대출 채권자는 신탁등기 전에 1순위 근저당권을 설정하고, 신탁등기 후 1순위 근저당권과 동일한 채권을 담보하기 위해서 중첩적으로 1순위로 우선수익권을 설정(우선수익권의 채권 최고액은 원금 1,365억 원의 130%인 177,450,000,000원)함으로써 신탁대출 채권자는 1순위 근저당권자 겸 1순위 우선수익자의 지위를 겸유하여 가지고 있다. 그리고 이 중 1건의 담보로 먼저 채권을 회수한 경우 다른 담보는 행사하지 않는 조건으로 약정하였다.

이때 이 신탁부동산을 공매를 거치지 않고 채무 인수 조건 등으로 취득하는 절차는 다음과 같다(한편 이 건은 우선수익권부 NPL의 (할인)매입 후 공매 절차를 거쳐 낙찰받고 상계로 납부하고 유입·취득하는 방법도 있는데 이는 후술한다).

1단계 : 우선수익자와 채무 인수 약정 중복 체결

기존 위탁자 겸 채무자의 신탁대출채무(중첩한 근저당권부 대출채무 포함)의 채무 일부 면제(탕감) 또는 면제 없이 우선수익자인 채권자, 채무자, 채무 인수인 간 면책적 채무 인수 약정을 체결한다.

신탁등기 전 설정된 근저당권부 채무에 대한 채무 인수 약정 체결(채무자 변경등기 필요) 및 신탁등기 후 동일한 채권을 담보하기 위해 중복해서 설정한 우선수익권부 신탁대출채무도 동시에 채무 인수 약정을 체결한다.

2단계 : 위탁자와 위탁자 지위 이전 약정 체결

신탁계약의 모든 당사자가 동의하는 조건으로 기존 위탁자와 위탁자 지위 이전 약정을 체결한다. 이때 적정 감정가에서 채무인수금액을 차감한 차액이 있으면 이를 기존 위탁자에게 지급하고, 위탁자의 지위를 신 위탁자로 변경하며 신 위탁자가 부동산 취득세를 부담한다.

3단계 : 수탁자와 신탁해지 약정 체결(수익자 및 이해관계인 동의 조건)

신 위탁자와 수탁자 간 신탁해지 약정을 체결하되, 모든 수익자(수익권 압류권자, 가압류채권자 포함) 및 질권자의 동의 조건으로 신탁계약 해지 합의를 한다. 이의 해지로 신탁관계의 틀을 걷어내는 단계를 거쳐 신탁등기를 말소하고, 신 위탁자 명의로 소유권이전등기를 하면 기존 근저당권부 대출채무자가 채무 인수인 명의로 변경된 채 신 위탁자에게 소유권이전등기가 완료된다.

> 2. 甲, 乙, 丙, 丁의 신탁계약의 해지에 상호 동의한 경우

신탁계약을 해지할 수 있는지 살펴본다. 신탁계약 이후에는 신탁을 바탕으로 새로운 법률관계가 발생되어 이해관계자들의 이익을 보호하기 위해서 신탁계약 해지가 제한될 수 있다.

통상 신탁계약서에 의하면 신탁계약은 원칙적으로 해지할 수 없으나 위탁자, 수익자, 우선수익자, 신탁회사 등 신탁계약 관련자의 전원 동의가 있는 경우에는 해지할 수 있다. 즉 신탁을 해지하려면 신탁 해지 신청서, 이해관계인 동의서를 제출하고 신탁회사와 신탁 해지 증서를 작성해서 신탁 말소등기를 하면 된다.

신탁계약의 중도해지는 신탁계약서에 명시된 경우에만 가능하며, 위탁자는 신탁 해지 시 발생되는 해지 보수나 등기절차에 따른 비용을 부담해야 한다. 또한 위탁자는 위탁자의 신탁 해지로 인해 신탁회사에 손해가 발생된 경우에도 책임이 있다.

이때 신탁부동산의 매수인은 이 건 미분양 아파트의 적정 감정가를 한도로 채무 인수 약정을 체결하고, 감정가와 채무 인수액의 차액이 있으면 이를 기존 위탁자에게 지급하는 방식으로 이 건 미분양 아파트를 취득하는 것이다.

미분양 아파트의 가치가 하락해서 기존 대출채무액이 부동산 가치보다 더 크다면, 신 위탁자는 채무 일부 면제를 받은 후 차액 지급 없이 채무 인수만 한다. 그러나 반대로 기존 대출채무보다 아파트의 가치가 크다면 그 가치 차액을 기존 위탁자에게 지급하는 방법으로 위탁자의 지위를 이전받아야 할 것이다.

결국 이 방법의 최대 장점은 신 위탁자 겸 신 소유자는 기존 거액의

근저당권부 채무를 인수하면서, 차액만 기존 위탁자에게 지급해 소유권을 취득하므로 신탁부동산의 매수 시 자금 부담이 매우 적다는 점이다.

이는 신탁부동산을 민법상 채무 인수 조건부로 매수하는 것으로서, 민사집행법상 NPL의 회수 방식인 채무 인수 조건부 낙찰 방식과 실질적으로 같다.

앞선 사례의 신탁대출채권자는 신용 상태가 악화된 기존 위탁자(채무자 겸 원소유자)를 신용이 우량한 신 위탁자(채무 인수인 겸 신 소유자)로 교체해서 연체채무를 우량채무로 대체해 채권을 무리 없이 회수하는 방법을 이용한 것이며, 이 같은 일련의 절차는 이러한 방식을 설계한 수탁자가 중심이 되어 추진될 수 있다.

이후 신 소유자는 기존 담보채무를 금리가 낮은 다른 금융기관의 담보대출로 대환하고 기존 근저당권을 말소하면 되고, 취득한 미분양 아파트는 일반 매각 후 그 매각대금으로 채무를 변제하면 될 것이다. 이 같은 방법 중 어느 것이 세금 부담에서 유리한지는 세무 전문가의 자문이 필요하다.

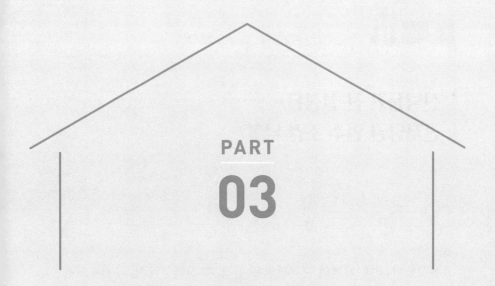

PART

03

공매 대금 납부 시
자기 자금 부담 최소화 방법

1

신탁등기 전 설정된
근저당권 인수 조건 낙찰

신탁등기 전에 거액의 근저당권을 설정 후 신탁등기 및 우선수익권으로 중첩적인 담보를 확보해서 대출하는 경우가 있다. 이후 신탁부동산 공매에서 거액의 근저당 채권을 인수 조건으로 낙찰 시, 낙찰자는 매각금액에서 인수한 근저당권부 채무를 차감한 잔액만 납부하면 되므로 낙찰자는 자기 자금이 최소로 투입된다.

2

수탁자와 계약한 임차보증금이 큰 임차권 인수 조건 낙찰

전액 배당받는 임차인과 재계약 체결로 임차보증금을 수령해서 낙찰 잔금 납부, 공매부동산의 기존 임차인과 재계약 시 임차보증금 수령을 기존 임차보증금 배당정산 채권양수로 대체 후 상계 납부 낙찰, 수탁사가 승계 또는 계약한 임차인의 임차보증금을 수탁사의 동의를 얻어 정산조건에서 인수조건으로 변경 후 낙찰 등의 방법을 통해 공매 낙찰자는 자기자본 투입금액을 최소화할 수 있다.

3

공매 낙찰 후 부동산담보신탁대출로 소액 임차보증금 차감 없이 최대한도로 낙찰 잔금대출을 받는 방법

낙찰자가 공매 낙찰 후 부동산담보신탁대출을 받을 경우, 담보 여력에서 소액 임차보증금의 차감 없이 낙찰 잔금대출을 최대로 받을 수 있어 자기자본의 투입이 최소화된다. 낙찰자는 공매를 진행하는 수탁자에게 우선수익권 발행 조건부 부동산담보신탁대출(낙찰 잔금대출)을 부탁해도 좋다. 이 경우 수탁자의 입장에서는 대출의 담보물은 동일하고, 기존 위탁자 겸 차주가 신용 상태가 우량한 낙찰자로 교체되는 결과가 된다.

공매 낙찰에 따른 매매계약 후 임차인을 구해서 임차보증금으로 매매잔금을 납부하는 방법

낙찰자가 공매 낙찰에 따른 매매계약 후 임차인을 구해서 임차보증금으로 매매잔금 납부 시에도 자기자본 투입액은 최소화된다.

5

MCI로 소액 임차보증금 차감 없이
최대한도로 대출받아 낙찰대금 납부

가. MCI란?

MCI(Mortgage Credit Insurance)는 모기지(Mortgage) 신용보험으로 주택담보대출 시 담보여력에서 차감되는 소액 임차보증금만큼을 보증서 발급기관인 서울보증보험에 가입 후, 소액 임차보증금 차감 없이 대출 한도를 높이는 제도다. 이는 대출 금융기관이 장래 소액 임차보증금 배당으로 입을 손해를 보험사에서 보증해주는 기능을 한다.

만약 보험사가 보험금을 대출 금융기관에 지급한 경우 보험사는 차주(소유자 겸 임대인)를 상대로 구상권 및 대위권을 행사해서 보험금으로 지급한 소액 임차보증금을 회수하게 된다(서울중앙지방법원 2017. 4. 5. 선고 2016나31700 구상금 판결).

나. 보험금 지급 후 구상권 행사 판례

서울중앙지방법원 2016나31700 구상금 청구 사건
원고, 피항소인 서○보증보험 주식회사

피고, 항소인 A

1. 인정사실
가. 농○협동중앙회와 원고 사이의 모기지 신용보험 운용 업무협약

농○협동조합중앙회(변경 후 상호 '농○은행', 이하 '농○중앙회'라고 한다)는 2005년 6월경 원고와 사이에 모기지 신용보험 운용에 관한 업무협약(이하 '이 사건 업무협약'이라 한다)을 체결하였는데, 그 업무협약의 주요 내용은 '① 농○중앙회가 부동산 근저당권의 설정을 조건으로 대출거래약정을 체결하면서 그 대출채무의 담보를 위해 원고의 모기지 신용보험에 가입한 경우, 대출채무가 이행되지 않아 농○중앙회가 입은 손해를 보상하고, ② 원고가 보험금을 지급하면 농○중앙회가 원고에게 별도의 채권 양도·양수 계약 없이 보험금에 해당하는 권리를 양도한다'는 것이다.

이에 따라 농○중앙회가 대출채무의 불이행 등 보험사고가 발생하고 담보부동산에 대한 담보권이 실행되어 법원으로부터 배당을 받아 대출채무에 충당한 후에도 손실이 있는 경우, 그 손실의 한도에서 원고를 상대로 보험금을 청구할 수 있게 된다.

나. 피고의 대출 및 모기지 신용보험 계약 체결

1) 피고는 2011. 9. 30. 농○중앙회로부터 3억 3,500만 원을 10년 거치 30년 만기로 하는 대출(다음에서는 '이 사건 대출'이라고 한다)을 받으면서 그 담보로 ① 고양시 일산서구 C건물 제417동 제1503호에 관하여 채권최고액 4억 200만 원인 근저당권을 설정하는 외에, ② 보험기간을 2011. 9. 30.부터 2014. 9. 30.까지, 보험가입금액을 3,260만 원으로 하는 모기지 신용보험 계약 가입에 따른 추가약정(이하 '이 사건 신용보험 계약'이라 한다)을 체결하였다.

2) 이 사건 신용보험 계약에 의하면, 원고가 위 보험계약에 따라 보험금을 지급할 경우 피고는 농○중앙회의 피고에 대한 권리가 원고에게 양도되는 것을

승낙하고, 지급보험금 및 이에 대한 지급일 다음 날부터 다 갚는 날까지 원고가 정하는 지연손해금율에 의한 지연손해금을 지급하기로 되어 있다.

3) 한편 원고가 정한 지연손해금율은 보험금 지급일 다음 날부터 30일까지는 연 6%, 그다음 날부터 60일까지는 연 9%, 그다음 날부터는 연 15%이다.

다. 피고의 기한이익 상실 및 원고의 보험금 지급 등
1) 피고가 2013. 6. 1. 대출채무를 연체하는 등으로 기한의 이익을 상실하게 되자, 농○중앙회는 위 대출금채권을 피담보채권으로 하는 위 근저당권에 기하여 피고 소유 위 아파트에 관하여 의정부지방법원 고양지원 B로 임의경매를 신청하였고, 2013. 11. 25. 임의경매절차가 개시되었다. 그 후 농○중앙회는 2013. 12. 26. 농○협동조합자산관리회사에 피고에 대한 이 사건 대출채권을 양도하였다.
2) 이 사건 대출금 채무는 2014. 7. 1. 기준 원금 335,000,000원과 이자 43,402,239원이었는데, 농○협동조합자산관리회사가 2014. 7. 1. 위 임의경매절차에서 원금 335,000,000원과 이자 12,475,304원 등을 배당받아, 이자 30,944,935원이 남게 되었다.
3) 농○협동조합자산관리회사는 2014. 7. 25. 원고에게 위 채무불이행 등을 보험사고로 하여 보험금으로 미회수 이자 30,944,935원을 청구하였고, 원고는 2014. 10. 27. 농○협동조합자산관리회사에 27,913,726원을 지급하였다.
4) 2015. 1. 26. 현재 원고의 피고에 대한 채권은 위 지급보험금 27,913,726원과 지연손해금 550,626원 등 합계 28,464,352원이다.
【인정근거】갑 제1 내지 7호증, 을 제3호증의1의 각 기재, 당심법원의 농○은행, 농○협동조합자산관리회사에 대한 각 금융거래정보제출명령결과, 변론 전체의 취지

2. 원고의 주장에 관한 판단

위 인정사실에 의하면, 달리 특별한 사정이 없는 한, 피고는 피고의 농○중앙회 등에 대한 연체이자 27,913,726원을 지급하고 이 사건 업무협약과 신용보험 계약에 따라 이 사건 대출금 채권 중 해당 부분을 양수한 원고에게 원리금 28,464,352원과 그중 원금 27,913,726원에 대하여 2015. 1. 27.부터 다 갚는 날까지 약정 지연배상금율인 연 15%의 비율로 계산한 지연손해금을 지급할 의무가 있다.

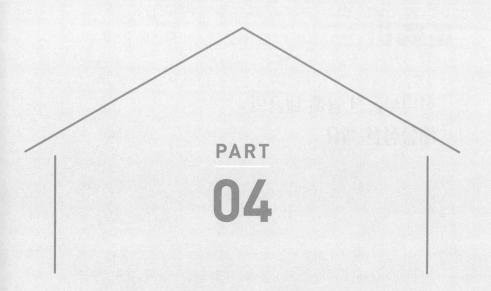

PART

04

신탁부동산 NPL 관련
배당정산 절차

1

신탁부동산 공매 대금의
배당정산 개요

수탁자가 승계나 계약한 임차인 및 NPL채권자 등의 경우 신탁부동산 공매 배당정산금의 배당 순위와 체납처분 압류 공매 및 법원 경매와는 다른 특이한 점을 살펴본다. 부동산 매각대금을 순위에 따라 채권자들에게 분배 시 사용하는 용어도 서로 다르다.

법원 경매 시 민사집행법(제145조)은 매각대금의 배당 규정으로 '배당금', 체납압류 부동산 공매 시 국세징수법(제76조)은 배분 요구의 규정을 두어 '배분금', 그리고 신탁부동산 공매 시에는 처분대금의 정산(부동산 담보신탁계약서 안 제22조)이라고 해서 '정산금'이라는 용어를 사용한다. 따라서 신탁부동산 공매 대금을 분배하는 것은 정산금이라고 칭해야 타당하지만, 편의상 정산금을 배당정산금 등으로 혼용한다.

신탁부동산 처분대금 배당정산일은 처분잔대금 수납 이후로 하는데, 수탁자 자신이 승계 또는 계약한 임차인, 선순위 근저당채권자, 우선수익자 등에게 배당받을 입증서류를 첨부한 후 채권계산서를 제출토록 요청해서 채권자들의 채권액을 확인한다.

한편 우선수익권부 NPL채권자 등에게 배당할 배당정산 재원은 ① 신탁부동산 환가 공매 처분대금 및 이에 대한 납부 지연손해금, 신탁부동산의 물상대위로 취득한 재산, 손실보험금, ② 매매계약 해제 시 몰수한 계약보증금, ③ 수탁자가 수령한 임대차보증금, ④ 매매계약금 및 신탁재산 등 금융기관 예치금의 운용수익금 등이다(부동산담보신탁계약서 안 제4조 및 제5조).

그리고 수탁자는 자신이 선순위로 수령할 신탁비용 명세표를 작성하는데, 여기에는 수탁자의 보수 및 신탁부동산의 관리·처분에 소요된 제 비용을 적시한다. 처분대금 정산표에 신탁비용 명세를 자세히 적시할 수도 있다. 처분대금 정산표에 제 비용을 적시한 경우 신탁비용 명세표의 작성을 생략할 수도 있다.

또한 수탁자는 배당정산 재원인 공매 대금으로 채권자들의 배당정산 순위에 따라 처분대금 배당정산표를 작성하는데, 공매 낙찰자가 임차권 등 선순위 채권을 승계하는 경우에는 임대차 내역 등을 별지로 작성해 첨부한다. 이때 정산대금은 제출한 계좌로 지급한다.

신탁의 이해관계인은 수탁자나 신탁재산 관리인에게 신탁의 재산목록 등 신탁사무의 계산에 관한 장부 및 그 밖의 서류의 열람 또는 복사를 청구할 수 있다(신탁법 제40조 제2항). 이에 이해관계인 및 우선수익자 등 신탁관계인은 신탁비용 명세표 및 처분대금 배당정산표의 사본을 수탁자에게 청구할 수 있고, 동 금액에 대해 이의제기 및 법원에 신탁보수 감액 신청도 할 수 있다.

수탁자는 배당정산금 교부 시 채권자들로부터 채권 서류 원본을 회수해야 하는데, 여기서는 우선수익자로부터 채권을 입증하는 대출약정서 및 수익권증서 등을 회수한다. 다만 우선수익자 등의 채권이 전액 배당정산이 되지 않는 경우 우선수익자 등의 채권 원인 서류는 다시 돌려준다.

특히 근저당권자의 동의로 근저당권자에게 배당정산 시 채권 원인 서류(차용금 신청서 및 금전소비대차 약정서, 약속어음 등)를 회수하고, 근저당권 설정등기의 말소에 필요한 서류를 교부받아야 한다. 그런데 담보채권 중 일부만 배당정산을 받은 경우 잔여채권의 존재로 근저당권설정등기는 말소할 수 없다.

신탁부동산의 낙찰 전 점유자로서 배당정산 받을 임차인이나 잉여 배당정산금을 수령할 위탁자에게는 공매 낙찰자가 인감증명서를 첨부해서 발급한 인수(이사, 명도) 확인서를 받고, 배당정산금을 임차인 또는 위탁자에게 지급한다.

한편 신탁부동산에 신탁등기 전에 설정된 근저당권, 가압류, 세금 체납압류 등을 원인으로 법원 경매 또는 세금 압류 공매 실행으로 배당(배분)된 신탁부동산의 처분대금 중 전부 또는 일부를 수탁자가 수령하거나 신탁부동산의 수용 보상금, 신탁부동산의 멸실, 훼손에 따른 손실 보험금 등 신탁재산에 관한 물상대위권에 기해서 수탁자가 금전을 수령한 경우에는 신탁 약정상 배당정산 순위에 따라 우선수익자 등에게 배당정산 한다.

2

신탁부동산 NPL 관련
배당정산 순위

부동산담보신탁계약서(안) 제22조(처분대금 정산 방법)
① 수탁자인 乙은 처분대금 등에서 환가절차에 따른 정산 순서는 다음과 같이 한다.

《신탁부동산 정산(배당) 순위》
1순위 : 신탁계약과 관련된 비용 및 보수
> **가. 비용** : 전기·수도·관리비·보험료·신문공고료 등 (처분잔대금, 수납 약정일까지 수탁자인 乙 명의로 고지된 재산세 등 조세 공과금)
> **나. 보수** : 수탁자인 乙에게 지급하여야 하는 재산처분 수수료 및 미지급 재산관리 수수료
2순위 : 신탁등기 전 소액임대차보증금(주택임대차보호법 제8조, 상가건물 임대차보호법 제14조)
3순위 : 신탁등기 전 임대차보증금(주택임대차보호법 제3조의 2, 상가건물 임대차보호법 제5조), **근저당권**(채권최고액 범위 내), **전세권, 등기된 임차권 등의 피담보채권.** 단, 이들 간의 순위는 민법의 규정에 따른다.
4순위 : 수탁자인 乙에게 반환의무 있는 임대차보증금 중 제2호 및 제3호에 해당하지 않는 것
5순위 : 우선수익자의 채권(NPL채권자에게 배당)
6순위 : 일반 수익자
7순위 : 위 6순위까지 순차 변제하고 남는 잔여분(잉여금)은 위탁자인 甲에게 지급

② 처분대금 정산 시기는 처분잔대금 수납 이후로 한다.

③ 신탁부동산 처분과 관련하여 乙이 받는 계약금(계약해제분 포함) 등은 이해관계인에게 지급할 때까지 乙이 관리하며 그 운용수익금은 제1항의 정산대금에 포함한다.

④ 제1항 제6호 및 제3항의 금액은 甲이 양수인에게 신탁부동산을 인도한 후에 양수인의 인수확인서를 乙에게 제시하였을 때 지급한다.

3

신탁부동산 NPL 관련
배당정산 순위에 대한 구체적인 설명

가. 제1순위 배당정산 : 신탁채권(신탁비용 및 보수)의 수익채권에 대한 선순위 배당정산

(1) 제1순위 배당정산 개요

수탁자의 신탁사무 처리상 발생한 채권을 신탁채권이라고 하는데, 신탁채권은 신탁법 제62조에 따라 신탁수익권자의 권리에 항상 우선하도록 규정하고 있다. 즉 신탁채권은 수익자가 수탁자에게 신탁재산에 속한 재산의 인도와 그 밖에 신탁재산에 기한 급부를 요구하는 청구권인 수익채권보다 우선해 수탁자가 신탁재산에서 회수할 수 있다(신탁법 제62조). 이처럼 수탁자의 권리가 수익자의 권리보다 우선하며, 나아가 수탁자인 신탁채권자는 신탁재산에 대해서도 강제집행을 할 수 있다.

구체적으로 수탁자의 신탁채권은 신탁계약에 있어서 수탁자가 위탁자 또는 수익자에게 청구할 수 있는 신탁비용(전기·수도·관리비·보험료·신문공고료, 처분잔대금 수납 약정일까지 수탁자 명의로 고지된 재산세 등 조세 공과금) 및 신탁보수(재산처분 수수료 및 미지급 재산관리 수수료)가 있어, 이러한 신탁채권을 법률의 취지에 맞게 제1순위로 배당(정산)한다.

한편 부동산 회사에서 채무자가 미리 채무의 담보에 제공할 목적으로 신탁한 부동산을 담보로 발행하는 채권인 부동산 신탁채권(不動産 信託債券)은 유가증권으로서 앞선 청구권인 신탁채권과 내용이 다르다.

📖 관련 법률

> **신탁법 제62조(수익채권과 신탁채권의 관계)**
> 신탁채권은 수익자가 수탁자에게 신탁재산에 속한 재산의 인도와 그 밖에 신탁재산에 기한 급부를 요구하는 청구권(이하 "수익채권"이라 한다)보다 우선한다.

이와 같이 수탁자는 신탁재산의 운용과정에서 발생한 비용과 보수를 신탁채권으로 해 위탁자 또는 수익자에게 청구할 수 있다.

가) 수탁자의 비용상환 청구권

① 신탁재산으로부터의 상환 : 수탁자는 신탁사무의 처리에 관해 필요한 비용을 신탁재산에서 지출할 수 있다(신탁법 제46조 제1항). 수탁자가 신탁사무의 처리에 관해 필요한 비용을 고유재산에서 지출한 경우에는 지출한 비용과 지출한 날 이후의 이자를 신탁재산에서 상환(償還)받을 수 있다(신탁법 제46조 제2항). 수탁자가 신탁사무의 처리를 위해 자기의 과실 없이 채무를 부담하거나 손해를 입은 경우에도 신탁재산에서 지출하거나 상환받을 수 있다(신탁법 제46조 제3항).

② 수익자로부터의 상환 : 수탁자는 신탁재산이 신탁사무의 처리에 관해 필요한 비용을 충당하기에 부족하게 될 우려가 있는 때에는 수익자에게 그가 얻은 이익의 범위에서 그 비용을 청구하거나 그에 상당하는 담보의 제공을 요구할 수 있다. 다만, 수익자가 특정

되어 있지 않거나 존재하지 않는 경우 또는 수익자가 수익권을 포기한 경우에는 그렇지 아니하다(신탁법 제46조 제4항).

수탁자가 신탁사무의 처리를 위해 자기의 과실 없이 입은 손해를 전보(塡補)하기에 신탁재산이 부족할 시에도 또한 같다(신탁법 제46조 제5항). 이러한 비용상환 청구에 관해 신탁행위로 달리 정한 사항이 있으면 그에 따른다(신탁법 제46조 제6항).

③ 비용상환 청구권의 우선변제권 등

수탁자는 신탁재산에 대한 민사집행 절차 또는 국세징수법에 따른 공매 절차에서 수익자나 그 밖의 채권자보다 우선하여 신탁의 목적에 따라 신탁재산의 보존, 개량을 위하여 지출한 필요비 또는 유익비(有益費)의 우선변제를 받을 권리가 있다(신탁법 제48조 제1항).

수탁자는 신탁재산을 매각하여 비용상환 청구권(신탁법 제46조) 또는 보수 청구권(신탁법 제47조)에 기한 채권의 변제에 충당할 수 있다. 다만, 그 신탁재산의 매각해서 신탁의 목적을 달성할 수 없게 되거나 그 밖의 상당한 이유가 있는 경우에는 그렇지 아니하다(신탁법 제48조 제2항).

나) 수탁자의 보수 청구권

수탁자는 신탁행위에 정함이 있는 경우에만 보수를 받을 수 있다. 다만, 신탁을 영업으로 하는 수탁자의 경우에는 신탁행위에 정함이 없는 경우에도 보수를 받을 수 있다(신탁법 제47조 제1항). 보수의 금액 또는 산정 방법을 정하지 않은 경우 수탁자는 신탁사무의 성질과 내용에 비추어 적당한 금액의 보수를 지급받을 수 있다(신탁법 제47조 제2항).

이러한 보수가 사정의 변경으로 신탁사무의 성질 및 내용에 비추어 적당하지 않게 된 경우 법원은 위탁자, 수익자 또는 수탁자의 청구에 따라 수탁자의 보수를 증액하거나 감액할 수 있다(신탁법 제47조 제3항).

수탁자는 신탁재산이 수탁자의 보수를 충당하기에 부족하게 될 우려가 있는 때에는 수익자에게 그가 얻은 이익의 범위에서 보수를 청구하거나 그에 상당하는 담보의 제공을 요구할 수 있다. 다만, 신탁행위로 달리 정한 사항이 있으면 그에 따른다(신탁법 제47조 제4항 및 제46조 제4항 준용).

수탁자는 신탁법 제43조 및 제44조에 따른 원상회복의무 등을 이행한 후가 아니면 비용상환 청구권(신탁법 제46조) 또는 보수 청구권(신탁법 제47조)에 따른 권리를 행사할 수 없다(신탁법 제49조).

(2) 수탁자(신탁회사)의 필요비, 유익비에 대한 최우선배당 판결을 살펴보자

다음의 판례에서 법원은 수탁자가 수탁한 부동산의 보존·개량을 위해서 필수적으로 투입한 비용(보험료, 전기료, 가스료, 수도료, 시설 관리비, 취·등록세)은 필요비로써 법원 경매에서 최우선변제(배당)권을 인정했다. 그러나 채무변제금, 소송비용, 수분양자 반환금, 건물 투입비의 부지에 대한 유익비 및 지출 비용에 대한 지연손해금 등은 필요비로 인정하지 않았다.

⚖️ 관련 판례

서울고등법원 2020. 12. 24. 선고 2018나2056337 판결 [배당이의]
대법원 2021. 6. 24. 2021다218281호(심리불속행 기각)
(원고 : 엔에이○ 투자 증권외 1명, 피고 : 한○자산신탁 주식회사, 의정부시)

피고 C(한○자산신탁 주식회사)가 이 사건 신탁계약에 따라 2005. 6. 30. I와 사이에 체결된 공사도급계약의 도급인 지위를 승계하였고, **원고 B(엔에이○ 투자증권)** 와 소외 주식회사 J를 공동 **1순위 우선수익자로**, 시공인 I를 2순위 우선수익자로하여 각 우선수익권 증서를 발행하여 교부하였다.

나. 원고 B와 E 사이의 대출계약 체결 및 대출금채권 양도, 원고 A 주식회사의 질

권설정

1) E는 2005. 6. 24. 원고 B로부터 이 사건 사업의 자금 조달을 목적으로 다음과 같은 각 대출계약을 체결하였다.

한편, I는 서울고등법원 2013. 7. 11. 선고 2012나29634호 판결로써 공사잔대금 채권 중 58,083,750,478원 및 이에 대한 지연손해금 채권에 대한 집행권원을 얻게 되자, 2014. 11. 17. 의정부지방법원에 위 공사대금 채권을 청구채권으로 하여 별지2 부동산목록(순번 1 ~ 626번, 이하 '이 사건 경매대상 부동산'이라 한다)의 이 사건 건물의 부지 및 제반 시설 등에 대한 강제경매를 신청하여 2014. 12. 1. 이 사건 경매대상 부동산에 대하여 **강제경매 개시 결정이 내려졌다(의정부지방법원 D, 이하 '이 사건 경매절차'라 한다).**

2) **피고 C는** 이 사건 경매절차에서 이 사건 신탁사무를 처리하면서 고유재산에서 지출한 **신탁사무처리비용 11,336,693,209원** 및 그 이자 3,515,643,287원, 신탁사무처리를 위하여 부담하게 된 채무 2,034,677,669원 및 이에 대한 이자 459,173,789원, 신탁보수 7,882,945,205원, 총 합계액 25,229,133,159원(= 11,336,693,209원 + 3,515,643,287원 + 2,034,677,669원 + 459,173,789원 + 7,882,945,205원)의 **배당을 요구하였다.**

2) 판단

가) 신탁법은 수탁자가 신탁사무의 처리에 관하여 필요한 비용을 고유재산에서 지출한 경우에는 지출한 비용과 지출한 날 이후의 이자를 신탁재산에서 상환받을 수 있도록 함으로써 수탁자의 비용상환 청구권을 인정하고 있고(신탁법 제46조 제2항), 수탁자가 신탁재산에 대한 민사집행절차 또는 국세징수법에 따른 공매절차에서 수익자나 그 밖의 채권자보다 우선하여 신탁의 목적에 따라 신탁재산의 보존, 개량을 위하여 지출한 필요비 또는 유익비에 관하여 우선변제를 받게 함으로써 수탁자의 필요비·유익비에 관한 우선변제권을 인정하고 있다(신탁법 제48조 제1항).

나) 이 사건에 관하여 신탁법 제48조의 '비용상환 청구권의 우선변제권'의 범위가 문제되므로 살피건대, 우선 신탁법 제46조의 '비용상환 청구권'이 신탁법 제48조 제1항에 의하여 우선변제가 인정되는지에 관하여 ① 신탁법 제46조의 비용상환 청구권은 신탁사무의 처리에 관하여 필요한 비용을 그 대상으로 삼고 있지만, 신탁법 제48조 제1항의 우선변제권은 그중에서도 신탁재산의 객관적 가치 증대에 기여하여 공익적인 성격을 갖고 있다고 할 수 있는 '필요비'와 '유익비'에 한정하고 있는 점,

② 특정한 채권의 우선변제권은 위와 같이 공익적 성격을 지닌 비용에 관하여 예외적으로 우선변제권을 인정하는 것으로 담보물권자 등 다른 이해관계인의 이해관계에 중대한 영향을 미칠 수 있는 만큼 엄격하게 해석되어야 하는데, 막대한 비용이 소요되는 신탁사업의 특성상 소요비용을 쉽사리 예측하기 어렵고 소요비용의 성격 및 범위에 관하여 이해관계인들의 다툼이 있을 것이 예상되는 상황에서 수탁자가 '신탁사무의 처리에 관하여 지출한 비용' 전부에 관하여 우선변제권을 인정하는 것은 신탁계약의 취지에 맞지 않는 점, ③ 신탁법의 조문체계 및 문언상으로도 제48조 제1항은 '필요비, 유익비'에 한정적으로 우선변제권이 인정됨을 명시하고 있고, 제46조의 '비용상환 청구권'과 별도로 규정하고 있는 점 등을 고려하면, **신탁법 제48조 제1항에 의하여 우선변제권이 인정되는 비용은 수탁자가 신탁사무에 관하여 지출한 비용 중 공익적 성격이 인정되는 '필요비·유익비'에 한정하여 인정하는 개념으로 보는 것이 타당하다.**
신탁법 제48조 제1항의 '필요비·유익비'는 민법상 '필요비·유익비'의 해석과 마찬가지로 '수탁자가 신탁사무의 처리에 관하여 지출한 비용' 중 '수탁자가 신탁재산의 보존·관리를 위하여 지출한 비용'은 '필요비'로 '수탁자가 신탁재산을 개량하기 위하여 지출한 금액'은 '유익비'로 해석하는 것이 타당하다.

나) 한편, 필요비·유익비로 지출한 비용의 지출일 이후의 이자 내지 지연손해금이 우선변제권이 인정되는지 여부에 관하여 보건대, 민법상 필요비·유익비가 경매절차에서 배당요구를 하거나 상대방이 인도 청구를 할 때 비로소 변제기가 도래하는 것에 비추어보면, 신탁법상의 필요비·유익비 역시 수탁자가 경매절차에서 배당요구를 하는 경우 비로소 변제기에 도달한다고 할 것이므로, 수탁자가 필요비로 인정되는 항목의 비용을 지출하였다고 하더라도 **지출한 비용에 대한 지출일 이후의 이자 내지 지연손해금은 필요비로 인정될 수 없다.**

다. 건물에 대하여 투입한 비용이 그 부지에 대한 유익비인지 여부

우리 민법은 건물과 토지를 별도의 물건으로 취급하고 있으므로 토지에 건축비용을 지출하여 건물을 신축하더라도 이를 수탁자가 신탁재산을 개량하기 위하여 지출한 금액으로 볼 수 없고 단지 **건물에 대하여 별도의 소유권이 성립할 뿐이다.**

라. 피고 C(한○자산신탁)가 이미 지출한 구체적인 항목들이 필요비에 해당하는지 여부

1) 피고 C의 주장

피고 C는 배당기일인 2016. 10. 28. 기준으로 이 사건 경매대상 부동산의 보존·개량을 위하여 ① 보험료, ② 소송비용, ③ 수분양자 반환금, ④ 전기료 등 공과금과 시설관리비, ⑤ 취·등록세 등, ⑥ 채무변제금으로 합계 11,336,693,209원을 지출하였고 위 항목은 **모두 필요비에 해당하므로 우선변제권이 인정되어야 한다고 주장한다.**

2) 판단

가) 보험료(O)

보험료는 예측불가능한 보험사고로부터 신탁재산을 보호하기 위하여 수탁자가 지출한 비용으로 신탁재산의 보존·관리를 위하여 지출한 공익적 비용이므로 신탁법상 **필요비에 해당**한다고 봄이 상당하다.

나) 소송비용(X)

'신탁재산 자체의 보존·관리'에 대하여 지출한 공익적 비용이라기보다는 피고 C의 사무처리 과정에서 체결한 계약 및 그에 따른 채무부담과 관련하여 지출한 비용이고, **필요비에 해당하지 아니하여…**.

다) 수분양자 반환금(X)

피고 C가 지출한 수분양자반환금은 신탁재산 자체의 보존을 위하여 지출한 비용이 아니고, 이 사건 신탁계약에 따른 사업 수행의 과정에서 일어난 권리귀속 문제를 해결하기 위한 비용에 불과하여 **필요비의 범위에 속하지 않을 뿐만 아니라,** 이에 관하여 우선변제권을 인정하는 경우 수분양자반환금이 우선변제권이 없는 일반채권에 불과함에도 수탁자가 이를 대신하여 변제한 경우에는 이에 관하여 우선변제권을 인정하게 되어 담보물권자의 채권보다 우선하는 순위를 인정하는 불합리한 결과를 초래한다.

라) 전기료 등 공과금과 시설관리비

(1) 전기료(O)

(나) 사후적으로 보아 신탁 목적을 달성하지 못하였고, 실제 전기를 사용하지 않았거나 한정적으로 사용했더라도 이 사건 건물에 아무런 하

자가 발생하지 않았을 가능성이 있었다 하더라도, 피고 C가 건물의 용도대로 사용된 전기 사용량에 대하여 실제 부과된 전기료를 납부한 이상 위 **납부 전기료는 건물의 보존을 위해 지출된 필요비로 보아야 하고,** 그와 달리 피고 C가 위 납부한 전기료에 해당하는 전력을 사용하지 않으면 건물에 실제로 하자가 발생한다는 것까지 증명해야 한다거나 해당 전력이 건물을 유지하는 데 필요한 최소한의 전력이라는 사정까지 증명해야 한다고 볼 수는 없다.

(2) 가스료(O)

위 인정사실과 위 (1)항에서 살핀 바와 같은 대형 리조트시설로서의 규모와 설비, 복합적 영업시설로서의 성격에 따른 비용지출의 필요성, 필요비 입증의 정도를 종합하면, 피고 C가 가스료로 지출한 255,985,260원은 모두 이 사건 건물의 **동파방지 등 보존·관리를 위한 필요비라 함이 상당하다.**

(3) 수도료(O)

위 인정사실과 위 (1)항에서 살핀 바와 같은 대형 리조트시설로서의 규모와 설비, 복합적 영업시설로서의 성격에 따른 비용지출의 필요성, 필요비 입증의 정도를 종합하면, 피고 C가 수도료로 납부한 13,203,550원은 이 사건 건물의 동파방지 등 **보존·관리를 위한 필요비라 함이 상당하다.**

(4) 시설관리비(O)

위 인정사실과 위 (1)항에서 살핀 바와 같은 대형 리조트시설로서의 규모와 설비, 복합적 영업시설로서의 성격에 따른 비용지출의 필요성, 필요비 입증의 정도를 종합하면, 피고 C가 위와 같은 지출한 비용의 합계 32,762,320원(=6,545,500원+1,650,000원+5,830,000원+14,300,000원+4,436,820원)은 그 내역상 모두 이 사건 건물의 보존·관리를 위한 **필요비라 함이 상당하다.**

마) 취·등록세(O)

복합적 영업시설로서의 대형 리조트시설의 성격상 특정 건물에 관하여 발생한 취·등록세라 하더라도 다른 건물과 시설의 보존·관리와 밀접한 관련이 있다. 이상의 사정을 종합하면, 피고 C가 지출한 **취·등록세 납부액 500,198,143원은 필요비**라 함이 상당하다.

바) 채무변제금(X)

위 채무변제금 530,000,000원이 **필요비**에 해당한다는 사실을 인정하기에 부족하고, 달리 이를 인정할 **증거가 없다.**

마. 피고 C가 경매 당사자 간의 합의에 의하여 신탁계약상 최우선변제권을 주장할 수 있는지 여부

나) 그러나 앞선 신탁계약 조항 및 문서들의 내용과 작성 경위에 의할 때, **신탁계약의 임의적 이행 과정이 아닌 강제경매절차에서의 배당에 관하여까지** 법정 배당순위에도 불구하고 피고 C에게 비용과 손실에 대한 **최우선변제권을 부여한다는 취지의 합의로 해석하기는 어렵다.**

따라서 원고들과 피고 C 사이에 이 사건 경매절차에 있어서의 배당에 관한 합의가 성립되었다고 보기 어렵고, 위와 같은 신탁계약 내용이 **신탁원부에 공시되었다고 하여** 이 사건 경매절차에서 피고 C에게 위 특약에 따른 **최우선변제권이 있다고 보기는 어렵다.**

또한 민사집행법 제150조 제2항(배당기일에 출석한 이해관계인과 **배당을 요구한 채권자 사이의 합의**), 제152조 제2항(관계인이 채무자나 채권자의 배당표에 대한 이의를 정당하다고 인정하거나 **다른 방법으로 합의한 때**)의 요건을 충족하였음을 인정할 증거도 없다.

따라서 피고 C의 위 주장은 받아들이기 어렵다.

(3) 수탁자의 신탁채권과 수익자의 수익채권은 동시이행의 관계에 있다

신탁계약에 있어서 위탁자 또는 수익자가 부담하는 신탁비용 및 신탁보수 지급 의무(수탁자의 신탁채권)와 신탁 종료 시에 수탁자가 부담하는 신탁재산을 이전할 의무(수익자의 수익채권)가 동시 이행의 관계에 있다.

⚖️ 관련 판례

대법원 2006. 6. 9. 선고 2004다24557 소유권이전등기 등 판결

나. 이러한 법리와 아울러, 위탁자 또는 수익자가 부담하는 신탁비용 및 신탁보수 지급의무와 신탁종료 시에 수탁자가 신탁재산의 귀속권리자인 수익자나 위탁자 등에 대하여 부담하는 신탁재산을 이전할 의무는 모두 신탁관계에서 발생된 채무들일 뿐 아니라, 또한 **수탁자가 신탁종료 전에는 신탁법 제42조 제1항, 제43조에 의하여 비용 및 보수청구권에 관하여 신탁재산을 매각하여 그 매각대금으로 다른 권리자에 우선하여 변제에 충당할 수 있고, 신탁종료 후에 신탁재산이 수익자 등에게 귀속한 후라도 신탁법 제62조, 제49조에 의하여 비용보상청구권 또는 보수청구권에 기하여 신탁재산에 대하여 강제집행을 하거나 경매를 할 수 있고 이를 위하여 신탁재산을 유치할 수 있는 점에 비추어, 신탁비용 및 신탁보수 지급의무는 적어도 신탁관계를 청산하는 신탁재산의 반환시까지는 변제됨이 형평에 맞는다는 점을 참작하여 보면,** 위탁자 또는 수익자가 부담하는 신탁비용 및 신탁보수 지급의무와 신탁종료 시에 수탁자가 신탁재산의 귀속권리자인 수익자나 위탁자 등에 대하여 부담하는 신탁재산을 이전할 의무는 이행상 견련관계에 있다고 인정되고, 따라서 양자는 동시이행의 관계에 있다고 해석함이 공평의 관념 및 신의칙에 부합한다고 할 것이다.

다. 따라서 원심이, 2002. 12. 30. 이 사건 신탁관계가 종료되었음을 원인으로 하는 피고 ○이비의 이 사건 토지에 대한 소유권이전의무와 원고들의 피고 ○이비에 대한 신탁비용과 신탁보수 등의 지급의무가 서로 동시이행 관계에 있다고 본 것은 정당하고, 거기에 상고이유에서 주장하는 바와 같이 동시이행에 관한 법리를 오해한 위법이 있다고 할 수 없다.

나. 제2순위, 제3순위, 제4순위 배당정산 : 수탁자가 승계하거나 수탁자와 체결한 임대차의 임차인 또는 신탁등기 전 설정된 근저당권자 등에게 1순위 다음 순위로 배당

신탁등기 전 임차인으로서 수탁자가 승계하거나 신탁등기 후 수탁자와 직접 임대차계약을 체결한 대항력 있는 임차인이 존재하고, 낙찰자에게 임차보증금 승계 조건이 아닌 매각의 경우 공매 매각대금 중 선순위로 임차인에게 임차보증금 전액이 배당된다(소액보증금의 최우선배당 및 확정일자에 따른 우선(변제)배당, 잔여 일반 임차보증금 채권도 전액 배당됨).

상기 임대차보증금 전액을 우선수익자보다 선순위로 배당하는 이유는 수탁자에게 반환 의무가 있는 임차보증금을 수탁자가 임차인에게 지급 시 이는 수탁자의 비용으로서 수탁자가 신탁재산에서 우선변제를 받는 신탁채권으로 전환되므로 수익채권을 가지는 우선수익자보다 선순위로 배당되도록 약정해 공시한 것으로 볼 수 있다.

신탁등기 전 임차인(주택임대차보호법 제3조의 2, 상가건물 임대차보호법 제5조), 신탁등기 전 근저당권, 전세권 및 등기된 임차권 등의 피담보채권은 배당 참가에 동의 시(동의 시 등기 말소, 부동의 시 등기 존치) 우선수익자보다 선순위로 배당된다. 그러나 이들 선순위 채권자들이 계속 부동산의 사용수익을 누리기 위해서 배당에 부동의할 수도 있으므로 대부분의 공매 시 이들 선순위 채권은 낙찰자가 인수하는 조건으로 공고해서 공매를 진행한다. 이 경우 공매 낙찰자는 이들 선순위 부담금액(입찰 시까지의 근저당권의 피담보채권의 원리금 조회 및 인수되는 전세금 등 임차보증금액 사전 조사 필요)을 부동산의 감정가에서 차감 후 입찰가를 산정해야 한다. 반대로 신탁등기 전 근저당권자, 전세권자, 임차인 또는 등기된 임차권자 등 기득권자들이 공매 배당 참가 동의 시(공매 매각조건에 공시) 공매 낙찰자의 선순위 부담금액은 없게 되므로 공매 낙찰자는 선순위 채권을 포함한 가격으로 입찰가를 산정해야 한다.

 **여기서 잠깐!**

Q. 수탁자의 보수를 신탁등기 전에 설정된 근저당권자보다 우선순위로 배당하는 것은 상식상 불합리하지 않나요?

신탁등기 전 선순위 근저당권자는 당연히 신탁등기 후에도 우선적으로 보호되어야 하므로 최선순위로 배당받는 수탁자의 보수는 신탁등기 전 선순위 근저당권자보다 후순위로 배당되어야 타당하다. 따라서 수탁자의 보수 청구권을 신탁등기 전에 설정된 근저당권자보다 우선순위로 배당하는 것은 상식상 불합리하다는 의심이 들 수 있다.

이 논리대로면 신탁등기 전의 근저당채권을 후발적인 신탁보수의 과다 배당으로 인해 선순위 근저당채권의 배당손실이 발생될 수 있다. 그러나 선순위 근저당채권자의 배당손실이 예상되는데도 수탁자가 선순위 근저당채권자를 경매처럼 강제로 배당에 참여시키고 근저당권 설정등기를 강제로 말소시킬 아무런 권리가 없다. 담보신탁 제도는 어디까지나 위탁자, 수탁자 및 우선수익자(금융기관) 등 3자가 민사상 사적자치로 계약한 후 신탁계약(채권계약)에 따른 우선변제권을 창출한 것이기 때문에 신탁등기 전의 기득권자들의 권리를 사적자치의 신탁계약으로 침해할 수는 없다.

따라서 신탁보수가 과다해서 선순위 근저당채권자의 배당금에 손실이 예상되는 경우, 선순위 근저당채권자는 공매 배당 참가를 거부하고 기존 근저당권을 그대로 존치시키면 된다. 이에 기존 근저당채권자는 배당금의 손실이 없는 경우에만 공매 배당 참가 동의 및 근저당권 말소에 동의하게 된다. 그래서 기존 근저당채권자는 후발적인 신탁보수의 크기에 전혀 영향을 받지 않으며, 배당에서 유리하면 배당 참가 및 근저당권 말소등기에 동의하고, 반대로 불리하면 배당 거절 및 근저당권 말소등기 거절을 하면 된다.

한편 부동산 담보신탁 등기 절차는 신탁등기 전에 설정된 선순위 근저당채권 금액을 부동산의 감정가격에서 차감하고, 남은 환가가치 내에서 우선수익권을 설정하기 때문에 신탁등기 후에도 최우선배당 신탁보수 때문에 선순위 근저당채권의 배당 침해는 거의 발생히지 않는다.

더욱이 선순위 근저당권자는 신탁보수 때문에 배당금이 적을 것으로 예상되면 공매 배당 참가에 부동의하고 기존 근저당권을 계속 유지하면 되기 때문에, 어떠한 경우에도 신탁등기 전 기존 권리자의 권리는 신탁등기 후에도 불가침의 영역이 된다. 이때 입찰자는 인수되는 근저당채권만큼 예상 낙찰가에서 차감 후 입찰 금액을 정해야 하고, 근저당권 말소 조건이면 근저당권이 없는 것으로 보고 입찰 금액을 정상적으로 산정하면 된다.

이와 같이 공매 후 공매 대금에서 수탁자가 보수를 많이 차감해가서 신탁등기 전 기존 근저당채권자의 배당손실 발생이 예상되면, 근저당권자는 배당 거절 및 근저당권 말소에 부동의하고 그대로 버티면 그만이다. 물론 기존 근저당채권자의 배당손실 발생이 예상되는데도 근저당채권자가 급히 자금이 필요해서 스스로 배당손실을 감수하고 배당 동의 및 근저당권설정등기 말소 동의를 하는 것은 자유다.

이처럼 신탁등기 전에 설정된 임차권자, 압류권자, 근저당권자 등은 공매 후 수탁자의 과다 보수로 배당손실이 예상되면 공매 배당 참가를 거부하고, 근저당권, 임차권 또는 압류등기 등을 계속 유지할 것이다. 부동산 담보신탁 제도는 어디까지나 위탁자, 수탁자 및 우선수익자(금융기관) 등 3자가 부동산상에 이미 존재하는 기득권인 선순위 권리자들의 권리를 침해하지 않는 범위에서 사적자치로 운용되는 제도다.

한편 신탁등기 전에 설정된 선순위 근저당권 등을 말소하는 조건으로 수탁자는 신탁계약에 응하거나 부동산 담보신탁대출로 신탁등기 전에 설정된 근저당권부 대출을 대환(변제)하는 방법으로 담보신탁 제도를 운용하기도 한다.

다. 제5순위 배당정산 : 이후 남은 배당재단에서 제5순위로 우선수익자(NPL채권자)에게 배당

통상 부동산담보신탁계약서도 이를 명시하고 있으나, 이는 공매 낙찰자가 임차보증금을 승계하지 않는 매각조건이 존재하는 경우에만 임차인이 우선배당을 받는다. 결국 대항력 있는 임차인 또는 신탁등기 전 선순위 채권자가 존재 시, 언제나 배당에서 후순위인 우선수익권자의 배당금은 선순위 채권 및 임차보증금만큼 줄어들게 된다.

한편 신탁부동산에 대한 권리는 등기사항전부증명서(부동산등기부등본)에서 직접 확인이 불가능하고, 신탁등기 옆에 기재된 신탁원부 번호를 확인한 뒤 해당 신탁원부를 발급받아 확인해야 한다. 신탁원부에 첨부된 부동산담보신탁계약서도 신탁원부로 간주하는데, 신탁원부인 부동산담보신탁계약서는 등기 기록의 일부로 취급되어 부동산담보신탁계약서에 선순위가 기재되어 있다면 '등기된' 선순위권으로 간주한다. 신탁원부상 우선수익자가 설정되어 있다면 해당 채권최고액은 다른 특별사정이 없는 한, 후에 설정되는 전세보증금보다 순위가 앞선다.

그러나 수탁자가 승계하거나 수탁자와 체결한 임대차계약이 공매 낙찰자가 승계하지 않는 임대차계약일 경우, 대부분 공매 대금에서 임차인이 우선배당을 받고 후순위로 우선수익자가 배당받도록 처분대금의 정산순위를 신탁원부인 부동산담보신탁계약서로 공시하고 있다.

이는 선순위 우선수익자가 있는 상태에서 수탁자에게 보증금 반환 의무가 있는 임차인이 후에 전입했다고 하더라도, 수탁자는 끝까지 임차보증금 전액을 반환할 채무를 부담하므로 이처럼 임차인에게 우선수익자보다 공매 배당순위를 높게 설정한 것이다.

이와 관련해 수탁자는 신탁재산에 대한 선량한 관리자의 주의 의무를 부담하면서 담보가치의 보전 의무를 부담하므로, 이와 같은 수탁자에게 반환 의무가 있는 임차인이 전입할 경우 우선수익자가 후순위로 밀려 배당손실이 발생한다. 이 때문에 우선수익권 설정 후 임차인 전입 시 반드시 우선수익자의 동의를 받도록 공시한 것이며, 우선수익자도 동의 시 수령한 임차보증금으로 기존 우선수익권부 대출채권에 변제 충당하는 조건으로 동의하거나 부동산담보신탁계약에서 우선수익자의 대출채권에 우선변제 충당하도록 약정하고 있다.

이렇게 수탁자가 수령한 임차보증금을 우선수익자의 대출채권에 변제 충당해야, 추후 공매 대금에서 임차보증금이 선순위로 배당되어도 우선수익자의 잔존 대출금의 회수에 지장이 없다.

통상은 대항력 있는 임차권도 공매 낙찰자에게 승계 조건으로 매각하므로 동 임차보증금액을 현장 조사 및 탐문 등으로 철저하게 조사한 다음 해당 임차보증금만큼 감정가격에서 차감한 잔액 이내에서 공매 입찰가를 산정해야 하며, 임차권 승계 조건이 아닐 경우 수탁사에 확인하고 임차보증금을 포함한 가격으로 입찰 참가를 해야 한다.

수탁자의 동의 여부에 관계없이 위탁자와 임대차계약을 체결한 임차인은 당연히 임대인이 아닌 수탁자의 부동산 공매 대금으로부터 임차인으로서 어떠한 배당금 청구권도 없고, 수탁자에게 임차보증금 반환청구도 할 수 없다. 다만 공매 신청을 수탁자에게 요청한 NPL채권자 겸 우선수익자에게 선순위로 공매 대금이 배당되고, 남은 잉여 공매 대금이 수익자인 위탁자에게 배당될 경우 이를 가압류할 수는 있다.

라. 제6순위 배당정산 : 우선수익자보다 후순위의 수익자에게 배당

제1순위 우선수익자(겸 NPL채권자)에게 우선배당하고, 남은 재원이 있을 경우 제2순위 이하 우선수익자, 일반 수익자의 순서로 배당정산을 한다.

마. 제7순위 배당정산 : 최종 잉여 배당정산금은 위탁자에게 배당

우선수익자 다음 순위로 일반 수익자에게 배당하고, 남은 잉여금은 위탁자에게 배당한다.

4

배당정산 이의제기
절차 및 사례

우선수익자(수익자) 간 정산기일에 정산 이의제기, 수탁자는 정산 이의 금액의 정산(배당)을 유보 및 채권자 불확지로 변제공탁, 공탁금 출급 청구권 확인 청구의 소 제기를 한다.

예를 들면(서울중앙지방법원 2020. 11. 13. 선고 2020가합532343 판결) '정산 이의 대상인 피고를 상대로 청구취지를 수탁자가 2019. 11. 20. 서울 중앙지방법원 2019년 금 제28994호로 공탁한 금 287,712,942원에 대한 공탁금 출급 청구권이 원고에게 있음을 확인한다'라고 소 제기를 하고, 이후 승소자가 공탁금 출급을 하면 된다.

가. 공매 낙찰대금의 배당정산 이의제기 절차

신탁부동산 공매 낙찰대금 납부 후 배당정산기일에 1순위 우선수익자 간 정산 이의를 신청한다. 그리고 수탁자가 정산 이의 금액의 정산 유보 및 채권자 불확지 공탁을 하면, 공탁금 출급 청구권 확인 청구의 소를 제기하고, 승소자가 공탁금 출급해서 수령한다. 이미 배당정산금이 잘못 지급된 경우에는 수탁자를 상대로 손해배상 청구의 소 제기 등을 해야 한다.

나. 배당정산 이의제기 판례(공탁금 출급 청구권 확인 청구의 소)

(1) 서울중앙지방법원 2020. 11. 13. 선고 2020가합532343 판결
[공탁금 출급 청구권 확인]

수탁자 C는 위와 같이 제출받은 채권계산서를 근거로 2019. 11. 15. 아래와 같은 '신탁부동산 처분대금 정산표'를 작성하고, 이에 따라 아래의 1,977,799,000원을 배분하였다.

구분		배분대상금액	배분금액
신탁보수		11,488,995원	11,488,995원
신탁비용(조세공과금)		100,261,380원	100,261,380원
1순위 우선수익자 채권	1순위 원고 여신관리부	7,471,078,428원	520,577,809원
	1순위 피고 (H은행 여신관리부)	우선수익권 한도 19,309,539,939원	배분 1,057,757,874원
			유보 287,712,942원
			합계 1,345,470,816원
합계			1,977,799,000원

원고 여신관리부는 피고의 이 사건 대출채권 중 나머지 채권액이 9,776,917,548원이라고 주장하면서 피고가 **배분받을 금원 중 287,712,942원에 대하여 (정산) 이의를 제기**하였고, 이에 수탁자 C는 2019년 11월 20일 서울중앙지방법원 2019년 금 제28994호로 채권자가 원고 또는 피고 중에 누구인지 알지 못한다며 민법 제487조 후문에 따라 **287,712,942원을 채권자 불확지를 이유로 공탁**하였다. 이후 원고가 피고를 상대로 **공탁금 출급 청구권 확인 청구의 소 제기**를 하였다.

민법 제487조(변제공탁의 요건, 효과)
채권자가 변제를 받지 아니하거나 받을 수 없는 때에는 변제자는 채권자를 위하여 변제의 목적물을 공탁하여 그 채무를 면할 수 있다. **변제자가 과실 없이 채권자를 알 수 없는 경우에도 같다.**

(2) 서울중앙지방법원 2019. 2. 14. 선고 2018가단5069666 판결
[부당이득금]

가. 재산관리보수가 발생하지 않았음을 이유로 한 부당이득반환 청구 주장에 대한 판단

1) 원고의 주장

이 사건 신탁계약에 따른 재산관리보수는 특약사항 별표 2의 1에서 37,200,000원(우선수익 한도금액 × 0.12%)으로 구체적으로 명시되어 있고, 위 재산관리보수 37,200,000원은 이미 피고에게 지급되었으며, 달리 1년을 기준으로 재산관리보수를 정한 사실이 없으므로, 재산관리보수가 추가적으로 발생할 여지가 없다. 위 별표 2의 1 단서에 '신탁보수는 수익권증서 신규 발급 시마다 별개로 산정함'이라고 기재되어 있지만, 이 사건 신탁계약 특약사항 제2조 제3호에 의해 신탁계약이 연장된다면, 이는 새로운 신탁계약이 체결되는 것이 아니고, 기존의 신탁계약이 연장될 뿐으로, 수익권증서가 신규 발급되는 것이 아니기 때문에(실제로 신규 수익권증서가 발급되지도 않았다), 이 사안은 위 별표 2의 1 단서 조항이 적용되는 사안이 아니다. 따라서 피고는 법률상 원인 없이 재산관리보수 99,200,000원을 취득하였고, 이로 인해 이 사건 신탁부동산의 근저당권자의 지위에 있는 원고는 위 99,200,000원을 지급받지 못하였으므로, 피고는 원고에게 위 99,200,000원 및 이에 대한 지연손해금을 부당이득으로서 지급할 의무가 있다.

2) 판단

살피건대, 앞서 인정한 사실을 종합하여 보면, 피고가 이 사건 신탁계약의 수탁자로서 수령하는 **재산관리 보수는** 이 사건 신탁계약의 목적물인 별지 기재 부동산에 관하여 등기부등본상의 소유권관리와 우선수익자의 요청에 따른 소유권 이전업무를 주로 하는 신탁부동산의 보전관리 의무의 이행(특약사항 제6조 2항)에 대한 대가로서 지급되며 그러한 의무의 이행과 **대가의 지급은 이 신탁계약이 존속하는 기간으로 하고, 신탁기간이 연장되는 경우에도 또한 같으므로(본문 제9조 ⑤항),** 특약사항 별표 2의 1에서 삼천칠백이십만원(37,200,000)으로 재산관리보수액이 기재되어 있기는 하나 이는 최초의 신탁계약 체결 당시 예정하여 별표 1에 명시한 3년의 계약기간에 해당하는 재산관리보수(우선수익한도금액 × 0.12%)를 명기한 것일 뿐이고, A를 포함한 우선수익자들의 2017. 4. 28. 요청에 따라서 이 사건 신탁부동산을 2017. 6. 1. 공매 공고를 통해 매각하는 절차를 밟기까지 그 목적물인 이 사건 신탁부동산에 대한 이 사건 신탁계약은 최초의 신탁기간인 3년의 기간 만료 이후에도 우선수익자의 특별한 해지의 사표시가 없이 동일한 조건으로 1년씩 자동으로 연장되어(특약 제2조 3항) 유효하게 지속되어 왔다고 볼 수 밖에 없으며, 피고가 이 사건 신탁계약의 목적물인 별지 기재 부동산에 관하여 등기부등본상의 소유권관리를 하고 그중 매각이 이루어진 부동산에 관하여 우선수익자의 요청에 따른 소유권 이전업무를 하였음은 앞서 본 바와 같으므로, 피고는 수탁자로서 이 사건 신탁계약이 정한 바에 따라서 3년의 기간이 종료한 이후 **자동연장이 시작된 2010. 3. 7.부터** 피고가 원고에게 중간 정산 예정 통지를 발송하고 원고가 이를 받아들이지 않고 이 사건 소를 제기함으로써 더 이상 자동연장이 되지 않고 **기간의 만료로 종료된 2018. 3. 6.까지의 계약기간 동안의 재산관리보수를 지급받을 계약상의 권리가 있다고 할 것이다.**

피고가 앞의 8년의 기간 동안에 지급받을 재산관리보수는 피고가 스스로 위 정산 당시에 청구금액에 포함시키지 않은 것으로 보이는 1, 2, 3차 변경계약상 증액된 보수금액을 반영하지 않고 계산하더라도, **99,200,000원(= 37,200,000 / 3×8)이 된다.** 따라서 피고가 위 돈을 정산금액으로 지급받은 것은 정당한 재산관리보수액을 지급받은 것이어서 이를 법률상 원인 없이 지급받은 부당이득이라고 볼 수 없다. 원고의 앞의 주장은 이유 없다.

5

신탁 종료에 의한 수탁자의 최종 계산 및 정산 책임 면제(신탁법 제103조)

신탁법 제103조에는 신탁이 종료한 경우 수탁자는 지체 없이 신탁 사무에 관한 '최종의 계산을 제출'해야 하고, 수익자 및 귀속권리자의 승인(동의)을 받아야 하며, 수익자와 귀속권리자가 이러한 계산을 승인(신탁 정산내역표에 대한 배당정산에 수익자와 우선수익자가 이의제기 없이 동의하고 날인하는 것 등을 의미)한 경우에는 수탁자의 수익자와 귀속권리자에 대한 책임이 면제된다고 명시되어 있다.

이에 신탁부동산의 공매 대금에 대한 정산내역표의 배당정산에 이의가 있는 경우 반드시 이의제기 조건부로 정산금을 수령해야 하며, 아무런 이의제기 없이 수령하고 정산동의서에 날인한 경우 후에 수탁자를 상대로 손해배상 책임 또는 부당이득반환 책임 등을 물을 수 없게 된다.

즉 수익자와 귀속 권리자가 수탁자로부터 신탁사무에 관한 최종 계산의 승인을 요구받은 때부터 1개월 내에 이의를 제기하지 아니한 경우 수익자와 귀속 권리자는 수탁자의 최종 계산을 승인한 것으로 간주한다(신탁법 제103조 제3항).

신탁법 제103조(신탁 종료에 의한 계산)

① 신탁이 종료한 경우 수탁자는 지체 없이 신탁사무에 관한 최종의 계산을 하고, 수익자 및 귀속 권리자의 승인을 받아야 한다.

② **수익자와 귀속 권리자가** 제1항의 **계산을 승인한 경우 수탁자의 수익자와 귀속권리자에 대한 책임은 면제된 것으로 본다.** 다만, 수탁자의 직무수행에 부정행위가 있었던 경우에는 그러하지 아니하다.

③ 수익자와 귀속 권리자가 수탁자로부터 제1항의 계산 승인을 요구받은 때부터 **1개월 내에 이의를 제기**하지 아니한 경우 수익자와 귀속 권리자는 제1항의 계산을 승인한 것으로 본다.

서울중앙지방법원 2022. 7. 13. 2021가단5274727 판결 [지연이자 등]

또한 신탁법은 신탁이 종료한 경우 수탁자는 지체 없이 신탁사무에 관한 최종의 계산을 하여 수익자 및 귀속권리자의 승인을 받도록 하고, **수익자와 귀속권리자가 위 계산을 승인한 경우 수탁자의 수익자와 귀속 권리자에 대한 책임은 면제된 것으로 보도록 규정하고 있는바(신탁법 제103조)**, 앞서 든 증거들에 변론 전체의 취지를 종합하여 인정할 수 있는 다음과 같은 사정들, 즉

① 이 사건 신탁계약에 의하면 신탁부동산의 처분으로 양수인에게 소유권이전등기가 경료된 때 신탁계약은 종료되도록 규정하고 있으므로 피고가 원고 등 우선수익자들의 청구에 따라 **신탁부동산을 처분하고 낙찰자에게 소유권이전등기를 마쳐줌으로써 이 사건 신탁계약은 종료된 것으로 보이는 점,**

② 그 후 원고 등 **우선수익자들이** 피고가 2020. 4. 13. 제시한 **정산표에 동의하여 날인함으로써** 피고의 최종 계산을 승인한 것으로 볼 수 있는 점,

③ 원고도 위와 같이 정산금을 수령한 날로부터 이 사건 소 제기일까지 **1년 6개월 가량 이에 대해 아무런 이의를 제기하지 않았던 점**

등에 비추어 원고는 피고의 **책임을 면제하였다고 할 것이므로**, 이 점에서도 원고의 이 사건 청구는 이유 없다.

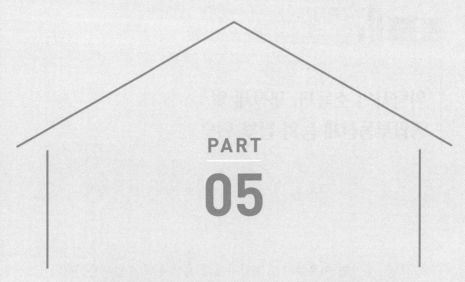

PART

05

신탁부동산의 위탁자,
수탁자 및 수익자 등의
세금 납부 의무

1

위탁자의 소득세, 재산세 및 종합부동산세 등의 납부 의무

2021년 6월 1일 이후부터는 위탁자에게 재산세 및 종합부동산세의 납부 의무가 있고, 위탁자 지위 이전 시 이전받은 신 위탁자는 부동산 취득세를 부담한다(이하 2023년 12월 15일 기준 법제처 생활법령정보 등 참조).

가. 위탁자인 개인의 소득세 납부 의무

신탁의 수익자가 특별히 정해지지 않거나 존재하지 않는 신탁 또는 위탁자가 신탁재산을 실질적으로 통제하는 등 다음 중 어느 하나의 요건을 충족하는 신탁의 경우에는 그 신탁재산에 귀속되는 소득은 위탁자에게 귀속되는 것으로 보아 위탁자가 소득세를 납부해야 한다(소득세법 제2조의3 제2항 및 소득세법 시행령 제4조의2 제4항).

📖 관련 법률

> **소득세법 시행령**
> **제4조의2 제4항**
> 1. **위탁자가** 신탁을 해지할 수 있는 권리, 수익자를 지정하거나 변경할 수 있는 권리, 신탁 종료 후 **잔여재산을 귀속 받을 권리를 보유**하는 등 신탁재산을 실질적으로 지배·통제할 것
> 2. 신탁재산 원본을 받을 권리에 대한 **수익자는 위탁자로**, 수익을 받을 권리에 대한 **수익자는 그 배우자 또는 같은 주소 또는 거소에서 생계를 같이 하는 직계존비속 (배우자의 직계존비속을 포함함)으로 설정했을 것**

※ 수익자의 특정 여부 또는 존재 여부는 신탁재산과 관련되는 수입 및 지출이 있는 때의 상황에 따른다(소득세법 시행령 제4조의2 제2항).

나. 위탁자인 법인의 법인세 납부 의무

신탁의 수익자가 특별히 정해지지 않거나 존재하지 않는 신탁 또는 위탁자가 신탁재산을 실질적으로 통제하는 등 다음 중 어느 하나의 요건을 충족하는 신탁의 경우에는 신탁재산에 귀속되는 소득에 대해 그 신탁의 위탁자가 법인세를 납부할 의무가 있다(법인세법 제5조 제3항 및 법인세법 시행령 제3조의2 제2항).

다. 위탁자의 부가가치세 납부 의무

다음의 어느 하나에 해당하는 경우에는 위탁자가 부가가치세를 납부할 의무가 있다(부가가치세법 제3조 제3항 및 부가가치세법 시행령 제5조의2 제1항).

- 신탁재산과 관련된 **재화 또는 용역을 위탁자 명의로 공급하는 경우**
- **위탁자가 신탁재산을 실질적으로 지배 · 통제하는 경우**로서 부가가치세법 시행령
  제5조의2 제2항에 해당하는 경우
- 그 밖에 신탁의 유형, 신탁 설정의 내용, 수탁자의 임무 및 신탁사무 범위 등을 고
  려해 부가가치세법 시행령으로 정하는 경우

라. 위탁자의 재산세 납부 의무

수탁자의 명의로 등기 등록된 신탁재산의 경우에는 수탁자가 재산을
사실상 소유하고 있다고 하더라도 위탁자(주택법 제2조 제11호 가목에 따른
지역주택조합 및 주택법 제2조 제11호 나목에 따른 직장주택조합이 조합원이 납부한 금
전으로 매수하여 소유하고 있는 신탁재산의 경우에는 해당 지역 주택 조합 및 직장 주택조
합을 말함. 이하 같음)가 재산세를 납부할 의무가 있으며, 이 경우 위탁자가
신탁재산을 소유한 것으로 본다(지방세법 제107조 제2항 제5호).

📖 관련 법률

지방세법 제107조(납세 의무자)
② 제1항에도 불구하고 재산세 과세기준일 현재 다음 각 호의 어느 하나에 해당하
는 자는 **재산세를 납부할 의무가 있다.** [개정 2020.12.29., 2021.12.28. 시행일
2022.1.1]

5. 신탁법 제2조에 따른 수탁자(이하 이 장에서 "수탁자"라 한다)의 명의로 등기 또
는 등록된 신탁재산의 경우에는 제1항에도 불구하고 같은 조에 따른 위탁사('주택
법' 제2조 제11호 가목에 따른 지역주택조합 및 같은 호 나목에 따른 직장주택조합
이 조합원이 납부한 금전으로 매수하여 소유하고 있는 신탁재산의 경우에는 해당
지역주택조합 및 직장주택조합을 말하며, 이하 이 장에서 **"위탁자"라 한다). 이 경
우 위탁자가 신탁재산을 소유한 것으로 본다.**

마. 위탁자의 종합부동산세 납부 의무

수탁자의 명의로 등기 또는 등록된 신탁재산으로서 주택(이하 "신탁주택"이라 함)의 경우에는 위탁자가 종합부동산세를 납부할 의무가 있으며, 이 경우 위탁자가 신탁주택을 소유한 것으로 본다(종합부동산세법 제7조 제2항).

📖 관련 법률

바. 위탁자의 지위를 이전받은 신 위탁자의 취득세 납부 의무

위탁자의 지위는 신탁계약에서 다른 약정이 없으면, 수탁자와 수익자의 동의를 받아 제3자에게 이전할 수 있다. 이 경우 위탁자가 여럿일 때에는 다른 위탁자의 동의도 받아야 한다(신탁법 제10조 제2항).

대부분의 신탁약정서(약관)에 위탁자 지위 이전의 조항이 없으므로 법률대로 당사자 전원 동의(수탁자와 우선수익자 및 수익자 전원 동의)로 위탁자 지위를 제3자에게 이전해야 한다.

한편 지방세법 제7조 제15항 본문에서 '신탁법 제10조에 따라 신탁재산의 위탁자 지위의 이전이 있는 경우에는 새로운 위탁자가 신탁재산을 취득한 것으로 본다'라고 규정하고 있으므로 원칙적으로 새로운 위탁자에게 취득세 납세 의무가 있다.

📖 **관련 법률**

지방세법 제7조(납세 의무자 등)

① **취득세는** 부동산, 차량, 기계장비, 항공기, 선박, 입목, 광업권, 어업권, 양식업권, 골프회원권, 승마회원권, 콘도미니엄 회원권, 종합체육시설 이용회원권 또

는 요트회원권(이하 이 장에서 **"부동산 등"**이라 한다)을 취득한 자에게 부과한다. 〈개정 2014. 1. 1, 2019. 8. 27〉

⑮ **신탁법 제10조에 따라 신탁재산의 위탁자 지위의 이전이 있는 경우에는 새로운 위탁자가 해당 신탁재산을 취득한 것으로 본다.** 다만, 위탁자 지위의 이전에도 불구하고 신탁재산에 대한 실질적인 소유권 변동이 있다고 보기 어려운 경우로서 대통령령으로 정하는 경우에는 그러하지 아니하다. 〈신설 2015. 12. 29〉

● **신탁법 제10조(위탁자 지위의 이전)**

① 위탁자의 지위는 신탁행위로 정한 방법에 따라 제3자에게 이전할 수 있다.

② 제1항에 따른 이전 방법이 정하여지지 아니한 경우 **위탁자의 지위는 수탁자와 수익자의 동의를 받아 제3자에게 이전할 수 있다. 이 경우 위탁자가 여럿일 때에는 다른 위탁자의 동의도 받아야 한다.**

③ 제3조 제1항 제2호에 따라 신탁이 설정된 경우 위탁자의 상속인은 위탁자의 지위를 승계하지 아니한다. 다만, 신탁행위로 달리 정한 경우에는 그에 따른다.

📖 **관련 판결**

의정부지방법원 2023. 12. 19. 선고 2022구합14952 판결 [취득세 등 부과처분 취소]

1. 처분의 경위

가. 주식회사 B(이하 'B'라고 한다)는 2021. 5. 13. C와 남양주시 D 소재 E아파트 F호 및 같은 아파트 G호(이하 '이 사건 각 부동산'이라고 한다)에 관하여 위탁자 겸 수익자를 B로, 수탁자를 C으로 하는 각 부동산 관리신탁계약(이하 '이 사건 각 신탁계약'이라고 한다)을 체결하고, 2021. 5. 25. C 앞으로 그 소유권이 전등기를 마쳐주었다.

나. B는 2021. 5. 14. 원고와 신탁법 제10조에 따라 이 사건 각 신탁계약상 위탁자 지위를 대금 10만 원에 원고에게 양도하는 내용의 각 위탁자 지위 변경계약(이하 '이 사건 각 변경계약'이라고 한다)을 체결하였고, 2021. 5. 25. 위탁자 명의를 B에서 원고로 변경하는 신탁원부 변경등기를 마쳤다.

다. 이 사건 각 신탁계약과 이 사건 각 변경계약의 주요내용은 신탁부동산 등에 관한 부분만을 제외하고는 각각 다음과 같이 동일하다.

[이 사건 각 신탁 계약]

부동산 신탁에 관하여 부동산 위탁자와 신탁자는 다음과 같이 부동산 관리신탁계약을 체결한다.

제1조(부동산 신탁 부동산 및 당사자)

6. 위탁자와 수익자가 서로 다른 경우 관련 법률의 적용시 위탁자만 할 수 있는 행위는 위탁자가 한 것으로 보고, 위탁자와 수익자가 선택적으로 할 수 있는 행위의 경우에는 수익자만 행위할 수 있는 것으로 보고 위탁자는 행위할 수 없는 것으로 보고 해석을 한다.

7. 신탁기간 : 2021. 5. 13.부터 2022. 5. 12.까지

제3조(관리행위)

3. 수탁자는 신탁부동산에 대한 여하한 담보설정 및 처분행위를 할 수 없다.

제6조(임대제공)

1. 수탁자는 부동산에 대한 임대제공 시 보증금을 수취하고 해당 보증금을 건물 임대기간이 만료시에 임차인에게 반환한다.

2. 임대 부동산에서 발생되는 그 밖의 매월 임대료는 수익자에게 지불한다.

〈위탁자 지위 이전의 신탁 변경 계약〉

[이 사건 각 변경계약]

당사자들은 신탁계약상의 위탁자 지위의 양도와 관련한 사항을 정하기 위하여 본 계약을 체결한다.

제2조(양수도 대상 권리)

① 양도인은 양수인에게 신탁계약상의 위탁자의 지위를 신탁법 제10조에 따라서 이전한다.

② 양수인은 제1항에 따른 신탁계약상의 수익자의 지위를 이전받지 않는다.

③ 양수인은 제1항에 따른 신탁계약의 내용을 검토하였으며, 양도인이 제1항에 따른 신탁계약에 따라 가지고 있는 권리와 의무를 그대로 승계함을 확인한다.

제3조(양수도 방법)

① 양도인과 양수인이 본 위탁자 지위 변경계약서에 기명날인함과 동시에 제2조 제1항에 따른 위탁자의 지위가 양도인으로부터 양수인에게 양도된 것으로 본다.

② 양도인은 제2조 제1항의 신탁계약의 수탁자와 수익자에게 별지의 서식에 따라 본 위탁자 지위 변경계약에 동의를 받아야 한다.

③ 양도인은 본 위탁자 지위 변경계약과 동시에 제2조 제1항에 따른 계약의 수탁자에게 관련 등기절차를 이행할 것을 지시하여야 한다.

제4조(양수도 대가)

양수인은 양도인에게 제2조 제1항의 신탁계약상의 위탁자의 지위를 양수하는 대가로 금 10만 원을 계약체결과 동시에 지급한다.

제5조(계약의 해제)

① 양도인은 언제든지 본 위탁자 지위 변경계약을 양수인에게 서면으로 통보하고 즉시 해제할 수 있다.

② 양도인은 제1항에 따라 본 위탁자 지위 변경계약을 해제한 경우 제4조에 따라 지급받은 위탁자 지위 변경의 대가를 양수인에게 반환하여야 한다.

③ 양수인은 제1항에 따라 본 위탁자 지위 변경계약이 해제된 경우 제2조 제1항의 신탁계약상의 위탁자의 지위를 양도인에게 원상회복시키는 등기 절차에 협조하여야 한다.

④ 양도인은 제1항에 따른 본 위탁자 지위 변경계약의 해제 및 그에 따른 권리 의무의 원상회복 절차에서 발생하는 모든 비용을 부담한다.

다. 판단

1) 구 지방세법 제7조 제15항 단서에 해당한다는 주장에 관한 판단

이 사건 각 변경계약으로 이 사건 각 부동산에 관한 **위탁자의 지위가 신탁법 제 10조에 따라 원고에게 각 이전되었음은 앞서 본 바와 같고**, 앞서 든 증거들과 변론 전체의 취지에 의하여 인정되는 다음과 같은 사정들을 종합하면, **새로운 위탁자인 원고가 이 사건 각 부동산을 취득한 것으로 보아** 이루어진 이 사건 각 처분은 구 지방세법 제7조 제15항 본문에 근거한 것으로 적법하다고 할 것이다. 따라서 이와 다른 전제에 있는 원고의 주장을 받아들이지 않는다.

가) 조세법률주의 원칙상 과세요건이나 비과세요건 또는 조세감면요건을 막론하고 조세법규의 해석은 특별한 사정이 없는 한 법문대로 해석할 것이고, 합리적 이유 없이 확장해석하거나 유추해석하는 것은 허용되지 않는다(대법원 2007. 10. 26. 선고 2007두9884 판결 등 참조). 구 지방세법 제7조 제1항에서는 '취득세는 부동산, 차량, 기계장비 등을 취득한 자에게 부과한다'라고 규정하고 있고, 구 **지방세법 제7조 제15항 본문에서는 '신탁법 제10조에 따라 신탁재산의 위탁자 지위의 이전이 있는 경우에는 새로운 위탁자가 신탁재산을 취득한 것으로 본다'라고 규정하고 있다.** 부동산을 신탁하여 수탁자 앞으로 소유권이전등기를 마치게 되면 그 소유권은 대내외적으로 수탁자에게 완전히 이전되고, 위탁자와의 내부관계에서조차 위탁자에게 유보되는 것은 아님에도 불구하고, 구 지방세법은 신탁법에 의하여 수탁자 명의로 등기된 신탁재산에 대하여는 위탁자가 신탁재산을 소유하고 있는 것으로 의제하여 위탁자 지위 이전이 있는 경우 새로운 위탁자에게 취득세 납세 의무가 있는 것으로 간주하고 있다. 따라서 신탁계약상 신탁재산에 대한 실질적 소유권이 수탁자 또는 수익자 등 위탁자 이외의 자에게 귀속된다 하더라도, **신탁재산에 대한 위탁자 지위 이전이 있는 경우 원칙적으로 새로운 위탁자에게 취득세 납세 의무가 있다**고 보는 것이 조세법률주의 원칙에 부합하는 해석이다.

수탁자의 법인세, 부가가치세 등의 납부 의무

가. 수탁자의 법인세 납부 의무

신탁재산에 귀속되는 소득에 대해서는 신탁의 이익을 받을 수익자가 납부해야 하지만(법인세법 제5조 제1항 참조), ① 목적신탁, ② 수익증권발행신탁, ③ 유한책임신탁 중 어느 하나에 해당하는 신탁으로서 다음의 요건을 충족하는 신탁(자본시장과 금융투자업에 관한 법률 제9조 제18항 제1호에 따른 투자신탁은 제외함)은 신탁재산에 귀속되는 소득에 대해 신탁계약에 따라 그 신탁의 수탁자(내국법인 또는 소득세법에 따른 거주자인 경우에 한정함)가 법인세를 납부할 수 있다. 이 경우 신탁재산별로 각각을 하나의 내국법인으로 본다(법인세법 제5조 제2항 및 법인세법 시행령 제3조의2 제1항).

> - 위탁자가 신탁을 해지할 수 있는 권리, 수익사를 지정하거나 변경할 수 있는 권리, 신탁 종료 후 잔여재산을 귀속 받을 권리를 보유하는 등 신탁재산을 실질적으로 지배·통제하지 않을 것
>
> - 신탁재산 원본의 수익자는 위탁자로, 수익을 받는 권리에 대한 수익자는 위탁자

의 발행주식 총수 또는 출자총액의 100분의 1 이상의 주식 또는 출자지분을 소
유한 지배주주 등의 배우자 또는 같은 주소 또는 거소에서 생계를 같이 하는 직계
존비속(배우자의 직계존비속 포함)으로 설정하지 않았을 것

– 법인 과세 수탁자는 법인 과세 신탁재산에 귀속되는 소득에 대하여 그 밖의 소득
과 구분하여 법인세를 납부해야 한다(법인세법 제75조의11 제1항).

나. 수탁자의 부가가치세 납부 의무
(보충적 2차 물적 납세 의무 포함)

신탁법 또는 다른 법률에 따른 신탁재산(해당 신탁재산의 관리, 처분 또는
운용 등을 통해 발생한 소득 및 재산을 포함함)과 관련된 재화 또는 용역을 공급
하는 때에는 수탁자가 신탁재산별로 각각 별도의 납세 의무자로서 부
가가치세를 납부할 의무가 있다(부가가치세법 제3조 제2항 및 부가가치세법 시행
령 제5조의2 제1항).

수탁자가 납세 의무자가 되는 신탁재산에 둘 이상의 수탁자(이하 "공
동수탁자"라 함)가 있는 경우 공동수탁자는 부가가치세를 연대해서 납부
할 의무가 있다. 이 경우 공동수탁자 중 신탁사무를 주로 처리하는 수
탁자가 부가가치세를 신고 · 납부해야 한다(부가가치세법 제3조 제4항).

부가가치세를 납부해야 하는 위탁자가 신탁 설정일 이후에 ① 국세
기본법 제35조 제2항에 따른 법정기일이 도래하는 부가가치세로서 해
당 신탁재산과 관련하여 발생한 것 또는 ② 이 금액에 대한 강제징수
과정에서 발생한 강제징수비(이하 "부가가치세 등"이라 함)를 체납한 경우로
서 그 위탁자의 다른 재산에 대해 강제징수를 해도 징수할 금액에 미치

치 못할 때에는 해당 신탁재산의 수탁자는 그 신탁재산으로써 위탁자의 부가가치세 등을 납부할 물적 납세 의무가 있다(부가가치세법 제3조의2 제2항).

다. 수탁자의 재산세 납부 의무(보충적 2차 물적 납세 의무)

재산세의 경우 원칙적으로 위탁자가 납부해야 하며, 위탁자가 신탁재산을 소유한 것으로 본다(지방세법 제107조 제2항 제5호 참조). 그러나 신탁재산의 위탁자가 다음의 어느 하나에 해당하는 재산세·가산금 또는 체납처분비(이하 "재산세 등"이라 함)를 체납한 경우로서 그 위탁자의 다른 재산에 대해 체납처분을 해도 징수할 금액에 미치지 못할 때에는 해당 신탁재산의 수탁자는 그 신탁재산으로써 위탁자의 재산세 등을 납부할 의무가 있다(지방세법 제119조의2 제1항).

지방세법 제119조의 2(신탁재산 수탁자의 물적납세 의무) 제1항
1. 신탁 설정일 이후에 '지방세기본법' 제71조 제1항에 따른 법정기일이 도래하는 재산세 또는 가산금(재산세에 대한 가산금으로 한정함)으로서 해당 신탁재산과 관련하여 발생한 것. 다만, '지방세법' 제113조 제1항 제1호 및 제2호에 따라 신탁재산과 다른 토지를 합산하여 과세하는 경우에는 신탁재산과 관련하여 발생한 재산세 등을 '지방세법' 제4조에 따른 신탁재산과 다른 토지의 시가표준액 비율로 안분계산한 부분 중 신탁재산 부분에 한정한다.
2. 제1호의 금액에 대한 체납처분 과정에서 발생한 체납처분비

라. 수탁자의 종합부동산세 납부 의무(보충적 2차 물적 납세 의무)

종합부동산세법 제7조의2(신탁주택 관련 수탁자의 물적납세의무)에 따라 신탁주택의 위탁자가 다음 각 호의 어느 하나에 해당하는 종합부동산세 또는 강제징수비(이하 "종합부동산세 등"이라 한다)를 체납한 경우로서 그 위탁자의 다른 재산에 대해 강제징수를 해도 징수할 금액에 미치지 못할 때에는 해당 신탁주택의 수탁자는 그 신탁주택으로써 위탁자의 종합부동산세 등을 납부할 의무가 있다. 한편 수탁자는 종합부동산세법 제12조의2에 따라 신탁토지 관련 수탁자의 물적 납세 의무도 있다.

> **종합부동산세법 제7조의2**(신탁주택 관련 수탁자의 물적납세의무)
> 신탁주택의 위탁자가 다음 각 호의 어느 하나에 해당하는 종합부동산세 또는 강제징수비(이하 "종합부동산세 등"이라 한다)를 체납한 경우로서 그 위탁자의 다른 재산에 대하여 강제징수를 하여도 징수할 금액에 미치지 못할 때에는 해당 신탁주택의 수탁자는 그 신탁주택으로써 위탁자의 종합부동산세 등을 납부할 의무가 있다.
> 1. 신탁 설정일 이후에 '국세기본법' 제35조 제2항에 따른 법정기일이 도래하는 종합부동산세로서 해당 신탁주택과 관련하여 발생한 것
> 2. 제1호의 금액에 대한 강제징수 과정에서 발생한 강제징수비
> [본 조 신설 2020. 12. 29. 2021년 1월 1일부터 시행]
>
> **제12조의2**(신탁토지 관련 수탁자의 물적납세의무)
> 신탁토지의 위탁자가 다음 각 호의 어느 하나에 해당하는 종합부동산세 등을 체납한 경우로서 그 위탁자의 다른 재산에 대하여 강제징수를 하여도 징수할 금액에 미치지 못할 때에는 해당 신탁토지의 수탁자는 그 신탁토지로써 위탁자의 종합부동산세 등을 납부할 의무가 있다.
> 1. 신탁 설정일 이후에 '국세기본법' 제35조 제2항에 따른 법정기일이 도래하는 종합부동산세로서 해당 신탁토지와 관련하여 발생한 것
> 2. 제1호의 금액에 대한 강제징수 과정에서 발생한 강제징수비
> [본 조 신설 2020. 12. 29.]

마. 수탁자의 취득세 납부 의무 면제

신탁(신탁법에 따른 신탁으로서 신탁등기가 병행되는 것만 해당함)으로 인한 신탁재산의 취득에서 다음의 경우에는 취득세를 부과하지 않는다. 다만, 신탁재산의 취득 중 주택조합 등과 조합원 간의 부동산 취득 및 주택조합 등의 비조합원용 부동산 취득은 취득세를 납부해야 한다(지방세법 제9조 제3항).

지방세법 제9조(비과세) 제3항
1. 위탁자로부터 수탁자에게 신탁재산을 이전하는 경우
2. 신탁의 종료로 인하여 수탁자로부터 위탁자에게 신탁재산을 이전하는 경우(신탁재산의 귀속)
3. 수탁자가 변경되어 신수탁자에게 신탁재산을 이전하는 경우

---

3 수익자의 실질과세 원칙에 따른 증여세, 상속세 등의 납부 의무

가. 개인 수익자의 소득세 납부 의무

위탁자가 신탁재산을 실질적으로 통제하고 있지 않다면, 신탁재산에 귀속되는 소득은 그 신탁의 이익을 받을 수익자(수익자가 사망하는 경우에는 그 상속인)에게 귀속되므로, 수익자가 소득세를 납부해야 한다(소득세법 제2조의3 참조).

나. 법인 수익자의 법인세 납부 의무

위탁자가 신탁재산을 실질적으로 통제하고 있지 않다면, 신탁재산에 귀속되는 소득에 대해서는 그 신탁의 이익을 받을 수익자가 그 신탁재산을 가진 것으로 보고 수익자가 법인세를 납부해야 한다(법인세법 제5조 제1항 및 제3항 참조).

다. 수익자의 증여세 납부 의무

신탁계약에 의해 위탁자가 타인을 신탁의 이익의 전부 또는 일부를 받을 수익자로 지정한 경우로서 ① 원본을 받을 권리를 소유하게 한 경우에는 수익자가 그 원본을 받은 경우, 또는 ② 수익을 받을 권리를 소유하게 한 경우에는 수익자가 그 수익을 받은 경우에는 원본(元本) 또는 수익(收益)이 수익자에게 실제 지급되는 날 등 다음의 날을 증여일로 하여 해당 신탁의 이익을 받을 권리의 가액을 수익자의 증여재산 가액으로 한다(상속세 및 증여세법 제33조 제1항 및 상속세 및 증여세법 시행령 제25조 제1항).

상속세 및 증여세법 시행령(신탁이익의 계산방법 등) 제25조 제1항 참조

- 수익자로 지정된 자가 그 이익을 받기 전에 해당 신탁재산의 위탁자가 사망한 경우 : 위탁자가 사망한 날
- 신탁계약에 의하여 원본 또는 수익을 지급하기로 약정한 날까지 원본 또는 수익이 수익자에게 지급되지 않은 경우 : 해당 원본 또는 수익을 지급하기로 약정한 날
- 신탁계약을 체결하는 날에 원본 또는 수익을 여러 차례 나누어 지급하는 경우 : 해당 원본 또는 수익이 최초로 지급된 날. 다만, 다음의 어느 하나에 해당하는 경우에는 해당 원본 또는 수익이 실제 지급된 날로 함
  • 신탁계약을 체결하는 날에 원본 또는 수익이 확정되지 않는 경우
  • 위탁자가 신탁을 해지할 수 있는 권리, 수익자를 지정하거나 변경할 수 있는 권리, 신탁 종료 후 잔여재산을 귀속 받을 권리를 보유하는 등 신탁재산을 실질적으로 지배·통제하는 경우

※ 수익자가 특정되지 않거나 아직 존재하지 않는 경우에는 위탁자 또는 그 상속인을 수익자로 보고, 수익자가 특정되거나 존재하게 된 때에 새로운 신탁이 있는 것으로 보아 위 증여세 납부에 관한 사항을 적용한다(상속세 및 증여세법 제33조 제2항).

라. 수유자의 상속세 납부 의무

상속세 및 증여세법에 따르면, 신탁법 제59조에 따른 유언대용신탁과 신탁법 제60조에 따른 수익자 연속신탁은 상속에 포함된다고 규정하고 있으므로, 유언대용신탁과 수익자 연속신탁은 상속에 해당한다(상속세 및 증여세법 제2조 제1호 라목 및 마목).

또한 유언대용신탁 및 수익자 연속신탁에 의해 신탁의 수익권을 취득한 자는 수유자에 해당하므로, 수익자 각자가 받았거나 받을 재산을 기준으로 상속세 및 증여세법 시행령 제3조에서 정하는 비율에 따라 계산할 금액을 상속세로 납부해야 한다(상속세 및 증여세법 제2조 제5호 다목 및 제3조의2 제1항).

마. 수익자의 부가가치세 납부 의무(보충적 제2차 납세 의무)

수탁자가 납부해야 하는 다음의 어느 하나에 해당하는 부가가치세 또는 강제징수비(이하 "부가가치세 등"이라 함)를 신탁재산으로 충당해도 부족한 경우에는 그 신탁의 수익자(신탁법 제101조에 따라 신탁이 종료되어 신탁재산이 귀속되는 자를 포함함)는 지급받은 수익과 귀속된 재산의 가액을 합한 금액을 한도로 해 그 부족한 금액에 대해 납부할 의무(이하 "제2차 납세 의무"라 함)를 부담한다(부가가치세법 제3조의2 제1항).

부가가치세법(신탁 관련 제2차 납세의무 및 물적납세의무) 제3조의2 제1항

1. 신탁 설정일 이후에 '국세기본법' 제35조 제2항에 따른 법정기일이 도래하는 부가가치세로서 해당 신탁재산과 관련하여 발생한 것
2. 위 1.의 금액에 대한 강제징수 과정에서 발생한 강제징수비

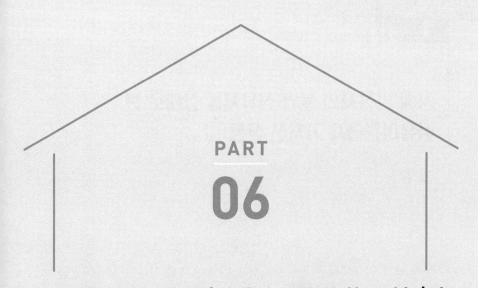

PART
06

비동의 임차인 등에 대한
부동산 점유이전금지
가처분 신청

1

공매 낙찰자의 불법 점유자를 상대로 한
점유이전금지 가처분 신청

공매 낙찰자는 새로운 소유자로서 불법 점유자를 상대로 점유이전금지 가처분 신청서를 작성해서 본안의 관할법원 또는 다투고 있는 점유 부동산의 소재지를 관할하는 지방법원에 제출한다. 신청서에는 피보전 권리인 인도·명도 청구권의 근거(신청 채권자의 권리인 소유권, 점유권, 임차권에 기한 임차인의 부동산 인도 청구권, 임대차 기간의 만료나 해지 등 종료를 원인으로 한 임대인의 부동산 인도 청구권 등)를 기재하고, 점유자가 점유권원 없이 점유하고 있는 사실과 점유 부분 부동산을 특정해서 작성해야 한다.

법원은 신청서 접수 후 보정명령 또는 담보제공명령을 내린다. 보정명령은 신청서에 누락된 사항이나 보완할 사항을 보충하라는 명령이고, 담보제공명령은 신청인인 채권자의 가처분 신청으로 인해 피신청인에게 발생할 수 있는 손해를 배상하기 위해 일정액의 현금이나 보증을 공탁하라는 명령이다.

신청인은 보정명령에 따라 보정서를 제출하고, 담보제공명령에 따라 담보를 공탁한다. 담보의 액수는 법원이 결정하며, 목적물의 가액에 따라 이는 달라진다. 법원은 보정서와 담보를 확인하고, 점유이전금지 가처분 결정을 내리고 이 결정은 채무자인 점유자에게 송달된다.

채권자는 가처분 결정을 고지받은 날부터 14일까지 점유이전금지 가처분 결정의 집행을 집행관에게 신청한다. 집행관은 점유권을 보관하는 방법으로 가처분 집행을 하고, 목적물에 점유이전금지 집행의 고시문을 부착해서 집행을 마친다. 다음으로는 법원 실무 제요 및 법률백과사전 등을 인용 또는 참조해 서술한다.

부동산 점유이전금지 가처분 신청(서식)

채권자 ○○○
　　　○○시 ○○구 ○○길 ○○(우편번호 ○○○-○○○)
　　　전화·휴대폰번호 :
　　　팩스번호, 전자우편(e-mail)주소 :
채무자 ◇◇◇
　　　○○시 ○○구 ○○길 ○○(우편번호 ○○○-○○○)
　　　전화·휴대폰번호 :
　　　팩스번호, 전자우편(e-mail)주소 :

목적물의 표시
별지 목록 기재와 같습니다.

피보전권리의 내용
소유권에 기한 건물인도 청구권

목적물의 가격 -원

신청취지

1. 채무자의 별지 목록기재 부동산에 대한 점유를 풀고 채권자가 위임하는 집행관에게 인도하여야 한다.
2. 집행관은 현상을 변경하지 아니할 것을 조건으로 하여 채무자에게 사용을 허가하여야 한다.
3. 채무자는 그 점유를 타에 이전하거나 또는 점유 명의를 변경하여서는 아니 된다.
4. 집행관은 위 취지를 적당한 방법으로 공시하여야 한다.

신청이유

1. 당사자들의 지위
채권자는 별지 목록 기재 부동산을 ○○자에 소외 수탁자 ○○으로 부터 매수한 사람으로서 소유권자이고, 채무자는 별지 목록 기재 부동산에 대해 소외 수탁자 ○○의 동의 없이 위탁자 ○○○와 ○○자. 임대차계약을 체결하고, 아무런 점유권원 없이 이 사건 별지 목록 기재 부동산을 점유하고 있는 자입니다.

2. 채무자의 건물 인도 의무
채권자(공매 낙찰자)가 이 사건 부동산의 소유권을 소외 수탁자로부터 ○○자 매매(공매)로 취득하였으므로, 채무자는 이 사건 부동산에 관한 점유권원을 주장·입증하지 못하는 한, 채권자의 소유권에 기한 반환청구권(민법 제213조) 내지 소유권에 기한 방해배제 청구권의 행사에 따라 채무자는 이 사건 별지 목록 기재 부동산을 채권자에게 인도할 의무가 있습니다.

민법 제213조(소유물반환청구권)
소유자는 그 소유에 속한 물건을 점유한 자에 대하여 반환을 청구할 수 있다.

그러나 채무자는 정당한 이유 없이 이 사건 부동산의 인도를 거부하고 있어 채권자는 소유권에 기한 건물 인도 청구권의 보전을 위하여 이 긴 신청에 이른 것입니다.

3. 보전의 필요성
이에 채권자는 채무자 상대로 위 건물의 인도 청구소송을 제기하여 놓았으나 채무자가 앞의 건물을 다른 사람에게 이전하여 제3자의 점유하에 들어갈 경우 채권자는 앞선 재판에서 승소하더라도 인도 집행이 불가능할 염려가 있어 그 집행을 보전하기 위하여 이 사건 신청에 이른 것입니다.

4. 담보제공

한편, 부동산 점유이전금지 가처분명령의 손해담보에 대한 담보제공은 민사집행법 제19조 제3항, 민사소송법 제122조에 의하여 보증보험주식회사와 지급보증위탁계약을 맺은 문서를 제출하는 방법으로 담보제공을 할 수 있도록 허가하여 주시기 바랍니다.

소명방법

1. 소갑 제1호증 임대차계약서
1. 소갑 제2호증 등기사항전부증명서
1. 소갑 제3호증 최고서
1. 소갑 제4호증 인도 청구 소 제기 접수 증명원

첨부서류

1. 위 소명방법 각 1통
1. 점유자 주민등록 초본 1통
1. 송달료납부서 1통

20 . . .

위 채권자 ○○○ (서명 또는 날인)

○○ 지방법원 귀중

[별지]

부동산의 표시

2

가처분 결정 집행 절차

가. 가처분 결정 고지 후 2주 이내에 가처분 집행 신청

채권자가 가처분 결정 정본 및 송달증명원을 가지고, 가처분 결정을 고지받은 날부터 2주까지 집행관에게 가처분 결정의 집행을 위임하는 강제집행 신청서를 제출(대리인에게 위임 시 위임장 첨부)해서 집행한다.

가처분 결정 고지 후 2주가 경과할 시에는 집행을 못하니, 반드시 2주 내로 집행관에게 가처분 집행 신청을 해야 한다.

(1) 적용 법률

민사집행법 제292조(집행개시의 요건)
① 가압류에 대한 재판이 있은 뒤에 채권자나 채무자의 승계가 이루어진 경우에 가압류의 재판을 집행하려면 집행문을 덧붙여야 한다.
② 가압류에 대한 재판의 **집행은 채권자에게 재판을 고지한 날부터 2주를 넘긴 때에는 하지 못한다.** 〈개정 2005.1.27〉
③ 제2항의 집행은 채무자에게 재판을 송달하기 전에도 할 수 있다.

> 제301조(가압류절차의 준용) 가처분 절차에는 가압류 절차에 관한 규정을 준용한다. 다만, 아래의 여러 조문과 같이 차이가 나는 경우에는 그러하지 아니하다.

(2) 적용 판례

> **(가) 가처분 고지 후 간접강제집행 신청은 14일 이내에 해야 한다.**
> 가처분 의무의 불이행으로 인하여 간접강제(집행)가 필요한 것으로 인정되는 때에 그 시점부터 위 14일의 집행 기간이 기산되는 것으로 보고 14일 안에 간접강제집행을 신청해야 한다.
>
> **대법원 2001. 1. 29. 선고 99마6107 판결 [간접강제]**
>
> [1] 부대체적 작위채무의 이행을 명하는 가처분 결정을 받은 채권자가 간접강제의 방법으로 그 가처분 결정에 대한 집행을 함에 있어서도 민사소송법 제715조에 의하여 민사소송법 제708조 제2항의 규정이 준용되므로, 특별한 사정이 없는 한 **가처분 결정이 송달된 날로부터 14일 이내에 간접강제를 신청하여야 함이 원칙이고, 위 집행기간이 지난 후의 간접강제 신청은 부적법하다고 할 것이며,** 다만 가처분에서 명하는 부대체적 작위의무가 일정 기간 계속되는 경우라면, 채무자가 성실하게 그 작위의무를 이행함으로써 강제집행을 신청할 필요 자체가 없는 동안에는 위 집행 기간이 진행하지 않고, 채무자의 태도에 비추어 **작위의무의 불이행으로 인하여 간접강제가 필요한 것으로 인정되는 때에 그 시점부터 위 14일의 집행 기간이 기산되는 것으로 보아야 할 것이다.**
> [2] 장부 등 열람·등사 가처분 결정에 대한 간접강제 신청이 집행 기간을 도과하여 부적법하다고 한 사례.
>
> **(나) 가처분 결정과 동시에 선고된 간접강제집행 결정은 독립된 집행권원으로서 2주를 지나서도 집행(채권압류 및 전부명령)할 수 있다.**
>
> **대법원 2008. 12. 24. 선고 2008마1608 판결 [채권압류 및 전부명령]**
>
> 부대체적 작위채무의 이행을 명하는 **가처분 결정과 함께 그 의무위반에 대한 간접강제결정이 동시에 이루어진 경우에는** 간접강제 결정 자체가 독립된 집행권원이

되고 간접강제 결정에 기초하여 배상금을 현실적으로 집행하는 절차는 **간접강제 절차와 독립된 별개의 금전채권에 기초한 집행 절차이므로, 그 간접강제 결정에 기한 강제집행을 반드시 가처분 결정이 송달된 날로부터 2주 이내에 할 필요는 없다.** 다만, 그 집행을 위해서는 당해 간접강제 결정의 정본에 집행문을 받아야 한다.

채권자(재항고인) 소송대리인 변호사 기○운 외 1인
원심결정 광주지법 2008. 10. 9.자 2008라271 결정

주문
원심결정을 파기하고, 사건을 광주지방법원 본원합의부로 환송한다.

이유
재항고 이유를 본다.
부대체적 작위채무의 이행을 명하는 가처분 결정과 함께 그 의무위반에 대한 간접강제 결정이 동시에 이루어진 경우에는 **간접강제 결정 자체가 독립된 집행권원이 되고 간접강제 결정에 기초하여 배상금을 현실적으로 집행하는 절차는 간접강제 절차와 독립된 별개의 금전채권에 기초한 집행절차이므로, 그 간접강제 결정에 기한 강제집행을 반드시 가처분 결정이 송달된 날로부터 2주 이내에 할 필요는 없다** 할 것이고, 다만 그 집행을 위해서는 당해 간접강제 결정의 정본에 집행문을 받아야 한다.
위 법리를 기록에 비추어 살펴보면, 원심이, 부대체적 작위채무의 이행을 명하는 가처분 결정과 함께 그 의무위반에 대한 간접강제 결정이 동시에 이루어진 경우에도 가처분에 대한 재판의 집행기간이 있고 이 사건 가처분의 집행기간이 도과한 후 이 사건 간접강제 결정에 기하여 강제집행을 신청하는 것만으로도 신청권의 남용에 해당한다고 판단한 것에는 간접강제에 관한 법리를 오해하여 재판 결과에 영향을 미친 위법이 있으므로, 이 점을 지적하는 재항고 이유의 주장은 이유 있다.
그러므로 원심결정을 파기하고, 재항고인이 집행문을 부여받았다고 볼 수 있는 자료가 있는지 여부 등에 대하여 심리한 후 사건을 다시 판단하도록 하기 위하여 원심법원으로 환송하기로 하여 관여 대법관의 일치된 의견으로 주문과 같이 결정한다(아울러 항고법원은 단독판사 등이 한 인가처분에 대한 항고 또는 즉시항고로 보아 재판절차를 진행하므로 제1심 결정은 사법보좌관의 결정이 아닌 단독판사의 결정을 기재하여야 함을 지적하여 둔다).
대법관 박○환(재판장) 양○태(주심) 박○환 김○환

나. 집행관의 가처분 집행

집행관은 채권자, 채무자 또는 그 대리인이 참여한 상태에서 목적물이 집행관의 보관하에 있음을 밝히는 공시를 목적물의 적당한 곳(부동산의 현관문 안쪽 등)에 붙이고 채무자에게 가처분의 취지를 알림으로써 집행을 한다.

다. 집행관의 가처분 집행 공시

이 공시는 집행관 보관의 효력 발생이나 존속요건이 아니고 또한 대항요건도 아니다. 단지 제3자의 개입으로 인한 집행 상태의 침해나 효과의 감소를 방지하고, 나아가 본안 판결의 집행으로 불이익을 입을 수 있다는 사실을 제3자에 알리는 데 목적이 있다.

강제집행 신청서(가처분집행 신청)

○○지방법원 ○○지원 집행관사무소 집행관 귀하

<table>
<tr><td rowspan="3">채 권 자</td><td rowspan="2">성 명</td><td>주민등록번호</td><td></td><td>전화번호</td><td></td></tr>
<tr><td>(사업자등록번호)</td><td></td><td>우편번호</td><td></td></tr>
<tr><td>주 소</td><td colspan="4"></td></tr>
<tr><td></td><td>대리인</td><td colspan="2">성명 (   )</td><td>전화번호</td><td></td></tr>
<tr><td rowspan="3">채 무 자</td><td rowspan="2">성 명</td><td>주민등록번호</td><td></td><td>전화번호</td><td></td></tr>
<tr><td>(사업자등록번호)</td><td></td><td>우편번호</td><td></td></tr>
<tr><td>주 소</td><td colspan="4"></td></tr>
</table>

<table>
<tr><td rowspan="2">집행목적물
소재지</td><td>□ 채무자의 주소지와 같음</td></tr>
<tr><td>□ 채무자의 주소지와 다른 경우
소재지 :</td></tr>
<tr><td>집행권원</td><td>서울중앙지방법원 2024카단1234 부동산점유이전금지 가처분</td></tr>
<tr><td>집행의 목적물
및 집행방법</td><td>□ 동산가압류 □ 동산가처분 ☑ 부동산점유이전금지 가처분
□ 건물명도 □ 철거 □ 부동산인도 □ 자동차인도
□ 금전압류 □ 기타 (   )</td></tr>
<tr><td>청구금액</td><td>　　　　　　　　　　　　　　　원(내역은 뒷면과 같음)</td></tr>
</table>

위 집행권원에 기한 집행을 하여 주시기 바랍니다.

※ 첨부서류

1. 가처분 결정문 1통   20 . . .
                채권자   (인)
2. 위임장 1통   대리인   (인)

<table>
<tr><td rowspan="3">예
금
계
좌</td><td>개설은행</td><td></td></tr>
<tr><td>예금주,</td><td></td></tr>
<tr><td>계좌번호</td><td></td></tr>
</table>

※ 특약사항

1. 본인이 수령할 예납금잔액을 본인의 비용부담하에 오른쪽에 표시한 예금계좌에 입금하여 주실 것을 신청합니다.
   채권자   (인)
2. 집행관이 계산한 수수료 기타 비용의 예납통지 또는 강제집행 속행의사 유무 확인 촉구를 2회 이상 받고도 채권자가 싱딩한 기간 내에 그 예납 또는 속행의 의사표시를 하지 아니한 때에는 본건 강제집행 위임을 취하한 것으로 보고 완결처분해도 이의 없음.
   채권자   (인)

* **굵은 선으로 표시된 부분은 반드시 기재하여야 합니다.**(금전채권의 경우 청구금액 포함)

점유이전금지가처분 집행 고시문 부착

○○지방법원

고　시

사건 : 200 　　　　　(　부)
채권자 :
채무자 :
집행권원 :

　위 집행권원에 기한 채권자 _____의 위임에 의하여 별지표시 부동산(또는 유체동산)에 대하여 **채무자의 점유를 해제하고 집행관이 이를 보관합니다.**

　그러나 이 부동산(또는 유체동산)의 **현상을 변경하지 않을 것을 조건으로 하여 채무자가 사용할 수 있습니다.**

　채무자는 별지표시 부동산(또는 유체동산)에 대하여 (양도, 질권설정 기타의 처분을 하거나,) 그 **점유를 타인에게 이전하거나 또는 점유명의를 변경하지 못합니다.**

　누구든지 집행관의 허가 없이 이 **고시를 손상 또는 은닉**하거나 기타의 방법으로 그 효용을 해하는 때에는 **벌을 받을 수 있습니다.**

20　　. 　. 　.

집행관

※ 문의전화 : ○○지방법원 ○○지원 집행관사무소 (032) 123-4567
주 : 1. 점유이전금지가처분 사건에서 사용하며, ( )부분은 유체동산의 처분을 금지 (점유이전금지 및 처분 금지)하는 사항이 있는 경우 기재한다.

라. 가처분 집행 공시 손괴 시 공무상 비밀표시 무효죄로 형사처벌

앞선 가처분 집행 공시를 손괴하면 형법 제140조 등이 적용되어 형사처벌을 받는다.

(1) 형법 제140조(공무상 비밀표시 무효)

① 공무원이 그 직무에 관하여 실시한 봉인 또는 압류 기타 강제처분의 표시를 손상 또는 은닉하거나 기타 방법으로 그 효용을 해한 자는 5년 이하의 징역 또는 700만 원 이하의 벌금에 처한다. 〈개정 1995. 12. 29〉
② 공무원이 그 직무에 관하여 봉함 기타 비밀장치한 문서 또는 도화를 개봉한 자도 제1항의 형과 같다. 〈개정 1995. 12. 29〉
③ 공무원이 그 직무에 관하여 봉함 기타 비밀장치한 문서, 도화 또는 전자기록등 특수매체기록을 기술적 수단을 이용하여 그 내용을 알아낸 자도 제1항의 형과 같다. 〈신설 1995. 12. 29〉

(2) 현관문 안쪽에 스티커 형식으로 단단히 부착된 고시문을 분리한 것은 공무상 표시 무효죄에 해당되어 처벌된다는 판결

서울서부지방법원 2019. 10. 17. 선고 2018고정1095 판결 [공무상표시무효 : 유죄 선고]

범죄사실
피고인 A는 주식회사 C(이하 'C'라고 함)와 주식회사 D(이하 'D'라고 함)를 운영하며 서울 마포구 E오피스텔의 시행 및 시공을 맡았던 사람이고, 피고인 B는 2013. 6. 21. F 오피스텔 G호(이하 'F 오피스텔'이라고 함)에 전입신고를 마치고 2017. 7.까지 입주〈각주1〉하여 살던 사람이다. 피해자 H는 피고인 A에게 2007년경 3억 원을 투자하면서 그 담보로 F 오피스텔을 제공받아 2016. 1. 15. 피해자 명의로 그 소유권이전등기를 경료하였고,

2015. 11. 30. 피고인 B를 상대로 F 오피스텔에 대한 부동산점유이전금지가처분

결정을 받았으며, 서울서부지방법원 소속 집행관 I 등이 같은 해 12. 9. F 오피스텔에서 앞선 가처분을 집행하고 그 고시문을 F 오피스텔 내부에 부착하였다. 그리고 피해자는 2015. 12. 10. 피고인 B를 상대로 건물 명도소송을 제기하여 2016. 10. 14. 1심에서 승소하였다.〈각주2〉

피고인들은 위와 같이 피해자가 건물명도 소송에서 승소하여 가까운 시일 내에 그에 기하여 명도 집행을 할 것을 예상하고 그 집행을 무마하기 위해 F 오피스텔의 점유자를 피고인 B에서 피고인 A가 대표로 있는 C로 변경하기로 공모하였다.

피고인들은 2017. 7. 일자 불상 경 F 오피스텔에서, **피고인 B가 이사를 나가고 C의 대표이사인 피고인 A가 유치권을 주장하면서 입주하는 방법으로 F 오피스텔에 대한 점유권을 이전하는 방법으로 2015. 12. 9.자 가처분 집행 고시문의 효용을 해하였다.**

증거의 요지
1. 부동산가처분집행조서, 부동산 인도고지 불능조서, 등기사항전부증명서, 각 판결문

유죄 인정 이유 (피고인 A)
○ 피고인과 그 변호인은 F 오피스텔에 2015년 11월 및 12월경 가처분 결정 및 그 집행이 있었음을 인지하지 못한 상태에서 유치권 행사를 위한 점유의 방법으로 2017. 7.경 B로부터 점유를 이전 받은 데에 불과하므로, 가처분 집행 고시문의 효용을 해한다는 고의가 없었다고 주장함
○ 그러나 판시 증거를 종합할 때 인정되는 다음과 같은 사실 내지 사정, 즉 ① 명도 소송의 경우 추후 본안 승소 판결에 기한 강제집행의 실효성을 담보하기 위하여 피고 겸 현재의 점유자를 상대로 한 점유이전금지 가처분과 함께 진행함이 일반적이라는 점, ② 피고인은 그 진술에 의하더라도 2016. 1. 26. 형기만료 출소 이후 B 측(전 배우자 J 포함)으로부터 연락을 받고서 B와 피해자 사이의 제2심 명도소송 과정에서 변호사를 직접 물색하여 소개시켜주면서 그 선임비용까지 직접 조달해주었고 소송상 방어를 위해 필요한 자료를 제공해주는 등으로 깊숙이 관여하였다는 것이고, 피해자가 가집행 선고부 1심 승소 판결을 기초로 2016. 12.경 강제집행을 신청한 데 대하여 B 명의로 제기된 강제집행정지 신청 사건에서 보증 공탁금 1,800만 원을 대납해주기도 하였는바, 이에 비추어 당시

피고인은 B와 J를 통하여 전해 들은 그간의 소송 진행 경과와 관련 소송서류 및 변호사 등을 통하여 F 오피스텔을 둘러싼 가처분과 본안 소송 등에 관한 상황을 상세히 파악하고 있었을 것으로 봄이 경험칙에 부합하는 점, ③ 피고인에게 F 오피스텔에 관한 명도소송 등 분쟁 상황을 전달하면서 도움을 요청한 J는 가처분 집행 직후 B로부터 연락을 받고서 함께 법원을 방문하여 그 내용을 확인하기까지 하였다고 보이고, 따라서 사건 발생 초기부터 F 오피스텔에 대한 가처분 결정 및 그 집행 사실을 알고 있었을 것으로 봄이 상당한바, 그럼에도 불구하고 그 내용을 피고인에게 묵비 또는 거짓으로 전달하였다고 보는 것은 경험칙에 반하는 점, ④ **가처분 집행 고시문은 집행 당일 F 오피스텔 현관문 안쪽에 부착되었는데, 이는 스티커 형식으로 되어 있어서 인위적으로 떼어내지 않는 한 자연적으로 탈락될 가능성이 없음에도, 점유를 이전 받은 피고인은 물론 점유를 이전해 준 B와 J 역시 그 탈락 경위에 관하여 납득할 만한 설명을 전혀 하지 못하고 있는 점** 등을 종합하면, 피고인은 2017. 7. F 오피스텔의 점유를 이전 받을 당시 F 오피스텔에 대한 점유이전금지 가처분 및 그 집행 사실을 알고 있었다고 볼 수밖에 없음.

판사 김○춘

(3) 수원지방법원 2015. 5. 29. 선고 2014노4360 판결 [공무상 표시무효 : 무죄선고]

수원지방법원 안산지원 소속 집행관 F는 채권자 G의 집행위임을 받아, **인천지법원 2013카단6448호 유체동산 점유이전금지가처분 결정에 따라 2013. 5. 14. 위 E회사 공장 출입문과 공장에 있던 위 선반 공구세트를 비롯한 부품 및 공구와 사무실 집기류에 '집행목적물의 현상을 변경하지 않을 것을 조건으로 하여 채무자에게 사용을 허가하고, 위 물건에 대하여 양도, 질권설정, 그 밖의 처분을 하거나 점유, 명의이전을 하여서는 아니된다'는 내용의 유체동산 점유이전금지 가처분 공시서를 부착하였다.**

피고인은 A와 그때부터 같은 달 29일경 사이에 감속기 조립품 3대, 감속기 조립 예정품 4대, 베어링 3대를 불상자에게 처분하거나 불상의 장소로 옮겨 은닉하고, 공장 출입문에 부착된 **가처분공시서를 함부로 제거하였다.** 이로써 피고인은 A와 공모하여 공무원이 그 직무에 관하여 실시한 강제처분 표시의 효용을 해하였다.

나. 판단
① 피고인은 주부로서 E회사의 운영에는 참여하지 아니하였던 점, ② 피고인은 A
에 대한 채권자로서 일부 유체동산의 소유권을 이전받기는 하였으나 감속기 조
립품 외에 다른 부품들은 잘 모른다고 진술하고 있는 점, ③ 당심 증인 A의 처
P 또한 피고인과 함께 E회사에 방문하기는 하였으나 피고인이 채권자로서 A에
게 사업이 잘되고 있는지 문의하는 차원에서 방문하였고, 유체동산을 관리한 사
실이 없으며, 유체동산이 있는 공장 안에도 들어가지 않는다는 취지로 진술하는
점 등을 종합하여 보면, 검사가 제출한 증거와 위 인정 사실만으로는 피고인이
A와 공모하여 감속기 등을 은닉, 처분하거나 **가처분 공시서를 제거한 사실을 인
정하기 부족하다.**

마. 가처분 집행 조서 작성

집행관은 집행행위마다 집행조서를 작성할 의무가 있어(민사집행법 제
10조 제1항), 가처분의 집행에 관해서도 조서를 작성해야 한다.

압류를 한 때에는 압류조서를, 매각기일을 진행한 때에는 매각기일
조서를 작성해야 하며(민사집행법 제116조), 대체집행의 결정에 기초한 집
행(민사집행법 제260조 제1항), 저항 배제를 위한 참여(민사집행법 제166조 제2
항), 매각부동산에 대한 인도명령의 집행(민사집행법 제136조 제6항), 그 밖
에 집행관이 직무집행을 함에 있어 강제력을 행사할 수 있는 사무는 모
두 집행행위에 해당하므로 조서를 작성해야 한다.

집행조서는 집행 기록의 일부로서 가철되어 3년간 보존되며(집행관규
칙 28조 1항 5호 가목), 이해관계인은 집행관에게 신청해서 이를 열람하고

등본·초본을 교부받을 수 있다(민사집행법 제9조, 집행관규칙 제32조 제1항).

가처분 집행조서와 공시의 양식은 집행관사무소에 비치할 각종 문서의 양식에 관한 예규(행정예규 1200호)를 참조하면 된다.

민사집행법 제10조(집행조서)
① 집행관은 집행조서(집행조서)를 작성하여야 한다.
② 제1항의 조서(조서)에는 다음 각 호의 사항을 밝혀야 한다.
  1. 집행한 날짜와 장소
  2. 집행의 목적물과 그 중요한 사정의 개요
  3. 집행참여자의 표시
  4. 집행참여자의 서명날인
  5. 집행참여자에게 조서를 읽어 주거나 보여 주고, 그가 이를 승인하고 서명날인
    한 사실
  6. 집행관의 기명날인 또는 서명
③ 제2항 제4호 및 제5호의 규정에 따라 서명날인할 수 없는 경우에는 그 이유를
  적어야 한다.

민사집행규칙 제6조(집행조서의 기재사항)
① 집행조서에는 법 제10조 제2항 제2호의 규정에 따른 "중요한 사정의 개요"로서
  다음 각 호의 사항을 적어야 한다.
  1. 집행에 착수한 일시와 종료한 일시
  2. 실시한 집행의 내용
  3. 집행에 착수한 후 정지한 때에는 그 사유
  4. 집행에 저항을 받은 때에는 그 취지와 이에 대하여 한 조치
  5. 집행의 목적을 달성할 수 없었던 때에는 그 사유
  6. 집행을 속행한 때에는 그 사유
② 제150조 제2항, 법 제10조 제2항 제4호 또는 법 제116조 제2항(이 조항들이
  준용되거나 그 예에 따르는 경우를 포함한다)에 규정된 서명날인은 서명무인으
  로 갈음할 수 있다.

본
(호 담당 부)
가

(가처분) 집행조서 등본신청서

채 권 자
채 무 자

위 당사자 간 .   .   호 사건의 **(가처분)** 집행조서 등본을 아래와 같이 교부하여
주실 것을 신청합니다.

등본의 구별
청구통수   통

20   .   .   .

신청인   ㉑

○○지방법원 집행관 귀하

가처분 집행조서는 앞선 '부동산 인도 집행조서(본안의 집행조서)'를 응용해서 기실시한 가처분 집행의 내용을 기재하면 될 것이다. 이에 가처분 집행 고시문의 내용(채무자의 점유를 해제하고 집행관이 이를 보관, 현상 변경 금지 조건으로 채무자가 사용, 부동산의 점유를 타인에게 이전 또는 점유 명의변경 금지, 고시를 손상 또는 은닉 시 처벌 공시 등)을 가처분 집행 조서에 기재하면 된다.

부동산 인도 집행조서(가처분 집행조서로 응용 가능)

사　　　건 : 20　본
채 권 자 :
채 무 자 :
집 행 권 원 :
집 행 목적물 : 위 집행권원 주문에 표시된 부동산의 기재와 같다.
집 행 일 시 : 20　．　．　．　:
집 행 장 소 :
1. 위 집행권원에 의한 채권자의 위임에 의하여 집행장소에서 채무자　　　을 만나 집행권원을 제시하고 집행목적물에 대한 인도 집행의 뜻을 알리고 임의로 이행할 것을 고지하였다.
2. **채무자가 이에 불응하므로 동인과 채권자 _____을 참여시키고 집행목적물에 대한 채무자의 점유를 해제하고 집행관이 이를 점유하여 채권자 _____에게 인도하였다.**
3. 이 절차는 같은 날　　　:　　　에 종료하였다.
　이 조서는 현장에서 작성하여 집행참여자에게 읽어준(보여준) 즉 승인하고, 다음에 서명날인하였다.

20　．　．　．

집행관　　　　　　　　　　(인)
채권자　　　　　　　　　　(인)
채무자　　　　　　　　　　(인)
참여자 성명　　　　　　　(인) 주민등록번호
　　　주소
참여자 성명　　　　　　　(인) 주민등록번호
　　　주소

주 : 다음 각 호에 해당하는 경우에는 그 사항을 조서에 기재한다.
　　① 집행에 착수한 후 정지한 때에는 그 사유
　　② 집행에 저항을 받은 때에는 그 취지와 이에 대하여 한 조치(경찰원조사실 포함)
　　③ 집행의 목적을 달성할 수 없었던 때에는 그 사유
　　④ 집행을 속행한 때에는 그 사유
　　⑤ 집행관이 강제집행의 목적물이 아닌 동산을 채무자 등 민사집행법 제258조 제3항, 제4항에 규정된 사람에게 인도한 때에는 그 취지
　　⑥ 집행관이 강제집행의 목적물이 아닌 동산을 보관한 때에는 그 취지와 보관한 동산의 표시 및 집행 절차에서의 보관업자 등록 등에 관한 예규 제7조에 의한 보관(업)자, 보관일시, 보관장소, 보관물량(예 : ○톤 컨테이너 1개월 ○원 ○동 또는 ○톤 트럭 ○대), 운반료 등의 내용
　　⑦ 노무자 등을 보조자로 사용하는 집행사건에 있어서의 노무자 등의 관리지침에 의하여 선정한 노무자 수, 사용한 노무자 수, 노무수당, 그 밖의 부대비용 등의 내용

PART

07

부동산 인도 청구의 소
제기 절차

1

가처분의 본집행을 위한
본안의 인도 청구의 소 제기

부동산 인도 청구권의 집행을 위해 부동산 점유이전금지 가처분의 본집행으로의 이전 시, 집행관 보관의 점유이전금지 가처분은 이미 채무자의 점유를 해제해서 인도 집행을 종료했기 때문에, 새로 점유를 취득하는 절차는 필요 없다. 이를 그대로 채권자에게 점유이전하면 족하다. 집행관 보관·채무자 사용형의 경우에는 새로이 채무자의 사용을 배제하는 현실적인 집행이 필요하다. 집행관 보관·채무자가 아닌 채권자 사용형은 채권자에게 집행관 보관이 해제되었음을 고지함으로써 족하다.

부동산 인도 청구권이라 함은 특정한 부동산의 인도를 목적으로 하는 청구권을 말하고, 인도 청구권은 채권적이거나 물권적이거나를 불문한다. 여기서 말하는 부동산이라 함은 고유의 의미의 부동산, 즉 토지와 그 정착물(건물, 독립된 소유권의 객체가 되는 입목)만을 가리킨다(민법 제99조 제1항, 이하 법률백과사전 등 참조).

집행목적물인 부동산이 미등기인 경우에도 집행방법은 등기된 부동산과 다르지 않다. 1개 부동산의 일부도 물리적으로 다른 부분과 구별할 수 있고, 독립된 효용을 가지는 한 인도 집행의 목적물이 될 수 있다. 목적물인 건물에, 집행권원에 표시되어 있지 않은 증축 부분 또는 부속 부분이 있는 경우에, 그것들이 목적물에 부합되어 있거나 또는 주물과 밀접한 관계가 있는 종물로 인정되는 때에는 집행권원에 표시되어 있는 당해 건물과 함께 집행의 대상이 된다. 집행관이 집행기관으로 된다(민사집행법 제258조 제1항).

여기서 '인도'는 동산의 경우와 마찬가지로 부동산에 대한 직접적 지배를 채무자로부터 이전시키는 협의의 인도와 특히 채무자가 살림을 가지고 거주하거나 물건을 놓아두면서 점유하는 때에, 그로 하여금 물건을 제거하고 거주자를 퇴거시켜 채권자에게 완전한 지배를 이전하는 형태의 인도(구 민사소송법상의 명도)를 모두 포함한다.

이처럼 넓은 의미의 인도 청구권은 채권적 청구권뿐만 아니라 물권적 청구권도 포함하고, 점유의 이전은 직접 점유의 이전만을 의미한다. 또 채권자 자신에게 직접 점유이전을 청구하는 경우뿐만 아니라 제3자에게 점유이전을 청구하는 경우도 직접강제의 방법에 의해 집행한다.

실무상 사람이 거주하는 건물의 철거 청구를 인용하는 판결에서 그 거주하는 자에게 그 건물로부터의 퇴거도 아울러 명하는 경우가 많은데, 이러한 퇴거도 앞에서 말하는 명도의 한 사례에 해당한다고 할 수 있으나, 구태여 채권자의 직접 점유로 옮기는 것까지 요구되지는 않는다. 점유자가 철거 의무자일 때에는 건물철거 의무에 퇴거 의무도 포함되어 있다고 할 수 있으므로, 별도로 퇴거를 명하는 집행권원을 필요로 하지 않는다(대판 2017. 4. 28. 2016다213916).

2

부동산 인도 청구권의
집행 신청

가. 신청 장소 등

부동산 등의 인도 집행에서 집행관의 직무행위는 채무자가 점유하는 부동산 등이 있는 곳에서 실시되는 것이므로, 그 집행의 신청은 그 직무행위가 실시되는 곳을 관할하는 지방법원 또는 지원 소속 집행관에 대해 해야 한다(집행관규칙 제4조 제1항).

나. 서면 신청

인도 집행도 강제집행이므로, 민사집행법 1편(총칙) 및 2편(강제집행) 1장(총칙)에서 정한 강제집행의 신청방식에 따라 신청해야 하다. 따라서 채권자의 집행 신청은 서면으로 해야 한다(민사집행법 제4조).

강제집행 신청서(명도 집행)

○○지방법원 ○○지원 집행관사무소 집행관 귀하

채권자	성 명		주민등록번호 (사업자등록번호)		전화번호	
					우편번호	
	주 소					
	대리인	성명 ( )		전화번호		
채무자	성 명		주민등록번호 (사업자등록번호)		전화번호	
					우편번호	
	주 소					

집행목적물 소재지	☑ 채무자의 주소지와 같음
	☐ 채무자의 주소지와 다른 경우 소재지 :
집행권원	**서울중앙지방법원 2024가단1234 건물인도**
집행의 목적물 및 집행방법	☐ 동산가압류 ☐ 동산가처분 ☐ 부동산점유이전금지 가처분 ☑ **건물명도** ☐ 철거 ☐ 부동산인도 ☐ 자동차인도 ☐ 금전압류 ☐ 기타 ( )
청구금액	원(내역은 뒷면과 같음)

위 집행권원에 기한 집행을 하여 주시기 바랍니다.

※ 첨부서류
1. 집행권원   1통   20 .   .   .
2. 송달증명서 1통   채권자   (인)
3. 위임장   1통   대리인   (인)

※ 특약사항

1. 본인이 수령할 예납금잔액을 본인의 비용부담
   하에 오른쪽에 표시한 예금계좌에 입금하여
   주실 것을 신청합니다.
   채권자   (인)

예 금 계 좌	개설은행	
	예금주	
	계좌번호	

2. 집행관이 계산한 수수료 기타 비용의 예납통지 또는 강제집행 속행의사 유무 확인 촉구
   를 2회 이상 받고도 채권자가 상당한 기간 내에 그 예납 또는 속행의 의사표시를 하지
   아니한 때에는 본건 강제집행 위임을 취하한 것으로 보고 완결처분해도 이의 없음.
   채권자   (인)

* 굵은 선으로 표시된 부분은 반드시 기재하여야 합니다.(금전채권의 경우 청구금액 포함)

위 임 장

채권자:
주 소:

채무자:
주 소:

집행권원

채권자는 위 집행권원에 기하여 위 채무자에 대한 강제집행을 다음 사람에게 위임하고 아래 권한을 부여합니다.

1. 수임자
  성명 :
  주민등록번호 :
  주소 :

2. 위임사항 **가. 집행관에게 위임하는 일.**
             나. 집행현장안내 및 입회하는 일.
             다. 경매기일 지정신청 및 촉구하는 일.
             라. 변제금 및 경매대금을 수령하는 일.
             마. 집행권원의 송달을 위임하는 일.
             바. 특별송달을 위임하는 일.
             사. 기타 채권자로서 할 수 있는 일체의 권한.

위와 같이 위임합니다.

20   .   .   .

위임인(채권자)   ㊞

다. 첨부서류와 비용의 예납

신청서에는 집행력 있는 정본(민사집행법 제42조 제1항)과 집행개시의 요건을 충족하였음을 증명하는 송달증명원 등 서면(민사집행법 제39조, 제40조, 제41조)을 첨부해야 하고, 신청 시에는 집행관수수료규칙 제25조에 의해 비용을 예납해야 한다.

민사집행법 제39조(집행개시의 요건)
① 강제집행은 이를 신청한 사람과 집행을 받을 사람의 성명이 판결이나 이에 덧붙여 적은 **집행문에 표시되어 있고 판결을 이미 송달하였거나 동시에 송달한 때에만** 개시할 수 있다.
② 판결의 집행이 그 취지에 따라 채권자가 증명할 사실에 매인 때 또는 판결에 표시된 채권자의 승계인을 위하여 하는 것이거나 판결에 표시된 채무자의 승계인에 대하여 하는 것일 때에는 집행할 판결 외에, 이에 덧붙여 적은 집행문을 강제집행을 개시하기 전에 채무자의 승계인에게 송달하여야 한다.
③ 증명서에 의하여 집행문을 내어 준 때에는 그 증명서의 등본을 강제집행을 개시하기 전에 채무자에게 송달하거나 강제집행과 동시에 송달하여야 한다.

제40조(집행개시의 요건)
① 집행을 받을 사람이 일정한 시일에 이르러야 그 채무를 이행하게 되어 있는 때에는 그 시일이 지난 뒤에 강제집행을 개시할 수 있다.
② 집행이 채권자의 담보제공에 매인 때에는 채권자는 담보를 제공한 증명서류를 제출하여야 한다. 이 경우의 집행은 그 증명서류의 등본을 채무자에게 이미 송달하였거나 동시에 송달하는 때에만 개시할 수 있다.

제41조(집행개시의 요건)
① 반대의무의 이행과 동시에 집행할 수 있다는 것을 내용으로 하는 집행권원의 집행은 채권자가 반대의무의 이행 또는 이행의 제공을 하였다는 것을 증명하여야만 개시할 수 있다.
② 다른 의무의 집행이 불가능한 때에 그에 갈음하여 집행할 수 있다는 것을 내용으로 하는 집행권원의 집행은 채권자가 그 집행이 불가능하다는 것을 증명하여야만 개시할 수 있다.

[별지 제2호 서식]

접 수 증(집행비용 예납 안내)

사건번호			사건명	
구분		신규예납	담당부	부
채권자	성명		주민등록번호 (사업자등록번호)	
	주소			
채무자	성명		주민등록번호 (사업자등록번호)	
	주소			
대리인	성명		주민등록번호 (사업자등록번호)	
	주소			
	사무원			
납부금액				
납부항목		금 액	납부항목	금 액
수 수 료			감 정 료	
여 비			송달수수료	
숙 박 비			기 타	
노 무 비				
납부장소				

위 당사자 간   사건에 대해 당일 접수되었으므로 위 금액을 지정 취급
점에 납부하여 주시기 바랍니다.

20   .   .   .
○○지방법원 집행관사무소
집행관

문의전화 : 집행관사무소

위임하신 사건관련 정보는 대법원 홈페이지(http://marshal.scourt.go.kr)의 "나의
집행정보"에서 비밀번호 ○○○○를 입력하시면 조회할 수 있습니다.

※ 납부할 금액을 당일 내에 납부하지 않을 경우, 접수된 사건이 취소될 수도 있습니다.

납부서(은행제출용)

실명 확인		(인)

집행관사무소		사건번호		
납부금 종류		은행관리번호		
납부금액				
납부자	성명		주민등록번호 (사업자등록번호)	
	전화번호		우편번호	
	주소			
	잔액환급계좌		(예금주 :	)
대리인	성명		주민등록번호 (사업자등록번호)	
	전화번호		우편번호	
	주소			

위 금액을 납부합니다.

20 . . .

납부자   (인)

대리인   (인)

1. 납부 시 실명확인을 위하여 필요하오니 납부자의 주민등록증(대리인이 납부 시에는 대리인의 주민등록증)을 지참하시기 바랍니다.
2. 집행관이 매각대금 및 매수신고보증금 납부 시, 『납부자』란에는 매수인 또는 매수신고보증금 납부자의 성명 등을 기재하고 『납부당사자 기명날인』란에는 대리인 집행관 ○○○라고 표시하며, 아래에 경매물건 소유자의 성명, 주민등록번호(법인의 경우 사업자등록번호), 주소를 기재하여야 합니다.
3. 납부는 법원별 지정 취급점 또는 해당 은행 타 취급점에 납부하시기 바랍니다.

계 좌 입 금 신 청 서

사건번호 및 사건명		
신청인	성명	
	주소	
	개설은행	은행 지점
	계좌번호	
예금계좌	예금주	

　신청인이 수령할 예납금 등을 신청인 비용 부담하에 위의 예금 계좌에 입금하여 주시기 바랍니다.

20　.　.　.

신청인 성명　　　　(인)

[전화번호 :　　　　　　]

대리인 성명　　　　(인)

[전화번호 :　　　　　　]

　　　　주민등록번호

　　　　주소

　　　　○○지방법원　집행관사무소 귀중

라. 송달과 송달 방법 등

점유를 이전받은 사람에게 승계집행문을 받아 인도 집행을 하는 경우에는 강제집행을 개시하기 전에 승계집행문을 송달해야 한다(민사집행법 제39조 제2항). 집행채무자가 강제집행의 개시 전에 승계집행문 부여에 대해 불복 절차를 밟을 수 있도록 충분한 기간을 두고 승계집행문을 송달하는 것이 집행채무자 보호의 관점에서는 바람직할 수 있다. 그러나 그처럼 충분한 기간을 두지 않고 강제집행의 개시에 근접해서 승계집행문을 송달한 후 강제집행을 개시했다고 해서 이를 가리켜 반드시 위법하다고 볼 것은 아니다(대판 2012. 6. 14. 2010다41256). 강제집행의 일방 당사자인 집행채권자의 처지에서 볼 때 부동산 인도 집행의 경우 승계집행문 부여 사실을 상당한 기간 전에 집행채무자에게 알리게 되면 집행채무자가 부동산의 점유를 타인에게 이전하는 등으로 강제집행의 목적을 달성하지 못할 우려도 배제할 수 없다는 점 등을 고려한 것이다.

마. 집행기관(집행관)

부동산 등 인도의 집행기관은 목적물이 있는 곳을 관할하는 지방법원이나 지원에 소속된 집행관(민사집행법 제258조 제1항)이다. 그 관할은 지방법원 본원 또는 지원별로 정해진다(집행관규칙 제4조). 구체적인 집행은 채권자의 집행관에 대한 위임이 있어야 개시된다.

또한 집행관은 소속 지방법원이나 지원의 관할구역의 내외에 걸치는 부동산 등에 대한 인도의 강제집행을 하는 때에는 소속 지방법원이나 지원의 관할구역 밖에서도 직무를 행할 수 있다.

3

부동산 인도 청구권의 집행방법

가. 집행관에 의한 직접강제의 방법

집행관은 직접 실력으로 부동산 등에 대한 채무자의 점유를 배제하고, 채권자에게 그 점유를 취득하게 하는 직접강제의 방법에 따라 집행해야 한다. 이에 간접강제의 방법은 허용되지 않는다.

집행관은 집행을 하기 위해 필요한 경우에는 잠근 문을 여는 등 적절한 조치를 할 수 있고(민사집행법 제5조 제1항), 기술자 또는 노무자를 보조자로 사용할 수 있다(집행관규칙 제26조). 또한 채무자가 집행에 저항하는 경우에는 필요한 한도 내에서 위력을 행사해서라도 집행을 수행해야 하고, 필요한 때에는 경찰 또는 국군의 원조를 요청할 수 있다(민사집행법 제5조 제2항).

집행관이 강제력을 사용함에 있어서는 집행관 자신이 행사하는 것뿐만 아니라, 집행관 사무원을 시키거나 보조자를 사용하는 것도 가능하다. 경비용역을 시켜 강제력을 사용할 수 있는지는 문제가 될 수 있으나, 경비용역을 노무자의 일종이라고 보는 이상, 사실행위의 대행에 해당할 것이므로, 이를 통해 강제력을 행사하는 것 역시 가능하다는 견해가 있으며, 실무에서도 경비용역을 사용하는 경우가 종종 있다.

나. 채무자 집행저항에 대한 집행방법의 원칙

집행관은 집행하는 데 저항을 받거나, 채무자의 주거에서 집행을 실시하려는데 채무자나 사리를 분별할 지능이 있는 그 친족·고용인을 만나지 못한 때에는 성년 두 사람이나 특별시·광역시의 구 또는 동 직원, 시·읍·면 직원(도농복합형태의 시의 경우 동지역에서는 시 직원, 읍·면 지역에서는 읍·면 직원) 또는 경찰공무원 중 한 사람을 증인으로 참여하게 해야 한다(민사집행법 제6조). 집행관으로부터 집행실시의 증인으로 참여하도록 요구받은 위의 직원, 경찰공무원은 정당한 이유 없이 그 요구를 거절하여서는 아니 된다(민사집행규칙 제5조). 2019. 12. 26. 개정된 민사집행규칙 제5조는 참여증인으로 '특별자치시의 동 직원'을 추가했다.

다. 채무자 집행저항에 대한 집행방법의 예외

채무자나 그 가족이 와병 중이어서 강제집행이 그 병세를 악화시킬 우려가 있거나 출산에 임박한 임산부가 있는 등의 특별한 사정이 있는 때에는 일시적으로 강제집행을 보류함이 상당하다. 이 경우에 집행관은 의사에게 병세를 진찰하게 할 수 있고, 그 비용은 집행비용으로 채무자에게 부담시킬 수 있다고 해석된다. 하지만 채무자가 진찰을 거부하고 꾀병이라고 인정되는 때에는 소극적 저항이 있다고 할 수 있으므로 강제력을 사용해서 집행을 속행할 수 있다.

라. 인도의 최고 및 인도 유예기간 설정

부동산의 인도 집행에서는 채권자가 바로 단행하도록 요구하는 경우는 별도로 하고, 제1회의 기일에는 채무자에 대한 인도를 최고하는 것에 그치고, 당사자의 사정을 고려해서 인도의 유예기간을 주는 취지로 다음 기일을 정하는 방법도 허용된다. 실무상 강제집행 실행 전 상당기간 집행 예고를 실시하고 있고, 집행과 관련한 사전 협의절차를 거침으로써 집행 사건의 80%가량이 강제집행이 아닌 임의이행으로 종국되고 있는 것이 현실이다.

마. 채권자나 그 대리인의 인도 수령을 위한 출석 의무

집행관이 집행을 하기 위해서는 채권자나 그 대리인이 인도받기 위하여 출석해야 한다(민사집행법 제258조 제2항).

민사집행법 제258조(부동산 등의 인도 청구의 집행)
① 채무자가 부동산이나 선박을 인도하여야 할 때에는 집행관은 채무자로부터 점유를 빼앗아 채권자에게 인도하여야 한다.
② 제1항의 강제집행은 채권자나 그 대리인이 인도받기 위하여 출석한 때에만 한다.
③ 강제집행의 목적물이 아닌 동산은 집행관이 제거하여 채무자에게 인도하여야 한다.
④ 제3항의 경우 채무자가 없는 때에는 집행관은 채무자와 같이 사는 사리를 분별할 지능이 있는 친족 또는 채무자의 대리인이나 고용인에게 그 동산을 인도하여야 한다.
⑤ 채무자와 제4항에 적은 사람이 없는 때에는 집행관은 그 동산을 **채무자의 비용으로 보관**하여야 한디.
⑥ 채무자가 그 동산의 수취를 게을리한 때에는 집행관은 집행법원의 허가를 받아 동산에 대한 강제집행의 매각 절차에 관한 규정에 따라 그 동산을 매각하고 비용을 뺀 뒤에 나머지 대금을 공탁하여야 한다.

이것이 동산 인도 집행과 다른 점이다. 채권자나 대리인이 출석해서 점유를 취득하지 않으면 강제집행의 목적을 달성하지 못하기 때문이다. 따라서 채권자나 그 대리인이 출석하지 않았음에도 불구하고 집행관이 채무자로부터 그 점유를 완전히 빼앗아 집행관 자신이 점유하거나 제3자로 하여금 점유하게 하는 것은 하자가 있는 집행이다(대판 1962. 2. 8. 4293민상677).

채권자가 채권자 대위권에 기해 인도 소송을 제기한 경우와 같이 집행권원이 채권자 이외의 제3자에게 인도를 명하는 것인 경우에는 그 제3자나 그의 대리인이 출석한 경우에 한해 집행할 수 있다. 그러나 제3자가 출석하지 않기 때문에 채권자에게 인도한 때에는 채권자가 제3자를 대리로 인도받은 것으로 보고, 이로써 인도 집행은 종료된 것으로 봐야 한다.

바. 채권자나 그 대리인의 출석 의무 예외

채권자가 사전에 집행관에게 대리인 선임을 위임한 경우에는 굳이 채권자나 채권자가 선임한 대리인의 출석을 필요로 하지 않는다. 그리고 퇴거의 집행에는 채권자에게 점유를 이전할 필요가 없으므로 채권자나 그 대리인의 출석을 요하지 않는다.

4

가족·동거인 등에 대한 집행

가. 채무자의 가족 · 동거인 등에 대한 퇴거 집행

인도 집행에서 점유하고 있는 채무자가 집행권원에 표시되어 있어야 하는 것은 당연하다. 그러나 채무자와 함께 거주하고 있는 가족이나 동거인 또는 피고용인 등에 대해서는 사회 통념상 그들이 채무자와 별개의 독립한 점유를 가진다고 인정되는 등의 특별한 사정이 없는 한 별도의 집행권원 없이도 채무자와 동시에 퇴거시켜서 집행할 수 있다. 이들은 채무자의 점유보조자로서 채무자의 지시에 따라 그 수족으로서 부동산을 소지하는 것에 그치고 독립된 점유가 인정되지 않기 때문이다 (민사집행법 제195조).

집행문이 부여된 집행권원 정본에 표시된 채무자(점유자)가 임의퇴거하고 종전부터 채무자와 동거해온 점유보조자가 당해 건물을 점유하고 있는 경우에, 채무자에 대한 집행권원의 집행력은 점유보조자에게 미치므로 그 점유보조자에 대한 승계집행문을 받지 않아도 종전의 집행권원으로 인도 집행을 할 수 있다.

나. 독립된 권원에 의한 점유자에 대한 집행의 효력

채무자의 임차인 등과 같이 독립된 권원에 의해 점유하고 있는 사람들에 대해서는 별도로 집행권원이 있어야 집행을 할 수 있다. 그러나 이들이 강제집행에 이의를 제기하지 않고 집행이 종료된 때에는 집행의 효력에 영향을 미치지 않는다. 만일 집행관이 임차인 등의 항의를 묵살하고 인도 집행을 강행한다면 이는 임차인 등에 대한 관계에서 불법행위가 된다(대판 1985. 5. 28. 84다카1924). 따라서 집행권원에 표시된 채무자 이외의 사람이 목적물인 건물에 외관상 집행권원에 표시된 사람과 관계없이 거주하고 있는 것으로 보이는 경우에는, 이 거주자를 집행권원에 표시된 사람의 점유보조자로 인정하는 데에 신중해야 한다.

다. 채무자의 손님 또는 하숙인에 대한 집행의 효력

호텔이나 여관 등의 접객업소를 경영하는 사람을 채무자로 하는 건물 인도 집행에서는 그 건물에 손님으로서 임시로 머무르고 있는 사람들에 대해서는 별도의 집행권원이 없이도 함께 집행할 수 있으나, 하숙인이나 고시원 거주자는 독립된 점유를 가지는 것으로 봐야 하므로 별도의 집행권원 없이 함께 집행할 수 없다.

라. 채무자가 법인인 경우의 집행 효력

법인의 대표자가 법인 소유의 부동산을 점유하고 있는 경우 그 대표자는 법인의 기관으로서 이를 소지하고 있음에 불과하고, 그 부동산의 직접 점유자는 법인 자신이므로 법인에 대한 부동산 인도의 집행권원으로 인도 집행을 해야 한다. 법인 대표자 개인에 대한 건물 인도의 집행권원에 따라 인도 집행을 하기 위해서 현장에 갔으나, 그 건물의 일부가 채무자가 대표자로 있는 법인이 점유하고 있는 것으로 판명된 경우에는 그 법인이 이른바 1인 회사라고 보이는 때에도 법인이 점유하는 부분에 대해서는 인도 집행을 할 수 없다.

5

건물의 일부에 대한 집행

1개 건물 전부의 인도를 명하는 집행권원에 기초해, 건물의 일부(물리적으로 다른 부분과 구별할 수 있고 독립된 효용을 가지는 것에 한해)만에 대해서 집행할 수 있다. 목적부동산이 물리적으로 다른 부분과 구별할 수 있고, 독립된 효용을 가진 여러 개의 부분으로 되어 있는 경우에는 개개의 부분별로 채무자의 점유를 빼앗아 차례로 채권자에게 그 점유를 이전해야 하는 것이 원칙이다. 그 도중에 집행정지명령이 있는 때에는 채권자에게 아직 점유를 인도하지 않은 부분에 대해서만 집행을 정지하게 된다. 즉 집행을 마친 부분의 집행정지나 집행취소는 구할 수 없다.

집행을 다음 날까지 속행해야 하는 때에는 집행을 마친 부분은 반드시 채권자에게 그 점유를 인도해야 하고, 집행관이 그 보관의 책임을 지는 사태는 피해야 한다. 그 밖의 경우에는 1개의 불가분적인 건물에 대한 채무자의 점유를 빼앗아가는 과정에 불과하므로 마지막으로 전부를 모아서 채권자에게 인도하게 된다. 이 경우에 집행을 다음 날까지 속행해야 하는 때에는 채무자의 목적물에 대한 점유를 배제하는 데 착수한 것에 불과하고, 집행관이 목적물의 입구를 잠그거나 봉인하는 등의 조치를 취하는 것은 허용되지 않음에 유의해야 한다. 다만 집행의 대상이 규모가 큰 건물의 인도여서 인도의 완료까지 수 기일을 요하는 경우 그 일부분이 독립해서 사용할 수 없으나 다른 부분과 구별할 수 있으며, 그 부분에 대한 채무자의 점유를 배제한 단계에서 당해 기일을 종료해야 하는 때에는 그 부분에 대해서만 목적물의 입구를 잠그거나 봉인하는 것은 허용된다.

집행을 속행한 때에는 채무자가 다음 날의 집행 개시까지 이미 반출된 물건 등을 목적건물 내의 원래의 장소로 반입하더라도, 1개의 불가분물에 대한 집행이고, 아직 집행은 종료되지 않았으므로, 반입한 물건을 다시 반출하더라도 관계없다.

6

공동점유자에 대한 집행

　건물 전부를 2인이 공동점유하고 있는 경우에 각자 점유하고 있는 부분이 특정되어 있다면 그중 1인에 대한 집행권원에 기초해서 그 1인에 대한 인도 집행을 할 수 있다는 점에 대해서는 의문이 없다. 그러나 그렇지 않은 경우에는 그중 1인에 대한 집행권원에 기초해 인도 집행을 하기 위해서 다른 공동점유자가 동의해야만 한다.

　한편 점유자 2인에 대한 집행권원으로 인도 집행을 하려고 했는데, 집행 당시에는 1인만이 점유하고 있는 경우에는 집행을 하는 데 아무런 문제가 없다.

7

공매 낙찰자의 무단점유자에 대한 건물 인도 청구 및 부당이득반환 청구 소장 서식 및 사례

가. 인도 청구 등 소장 서식

수탁자의 점유허용 동의 없는 무단 점유 임차인에 대하여 수탁자가 공매 절차 개시 후 건물 인도(명도) 청구 등 사례(인천지법 부천지원 2023가단121475 건물 인도 및 부당이득반환 청구 실제 사건임 : 공매 낙찰자도 점유권원 없는 무단 임차인을 상대로 이와 동일한 소 제기 가능)

소　　장

원 고 ○○○ (주민등록번호)
○○시 ○○구 ○○길 ○○(우편번호 ○○○-○○○)
전화·휴대폰번호 :
팩스번호, 전자우편(e-mail)주소 :

피 고 ◇◇◇ (주민등록번호)
○○시 ○○구 ○○길 ○○(우편번호 ○○○-○○○)
전화·휴대폰번호 :
팩스번호, 전자우편(e-mail)주소 :

건물 인도 청구 등의 소

청구취지

1. 피고는 원고에게,
   가. 별지 부동산의 표시 기재 부동산을 인도하고,
   나. 2023. 7. 27.부터 위 가.항 기재 부동산 인도 완료일까지 월 650,000원의 비율로 계산한 돈을 지급하라.
2. 소송비용은 피고가 부담한다.
3. 제1항은 가집행할 수 있다.
라는 판결을 구합니다.

청구원인

1. 당사자의 관계

원고는 경기도 부천시 C에 있는 D건물 근린생활시설동 지1층 E호(별지 목록 기재 부동산, 이하 '이 사건 부동산'이라 합니다)의 소유자이고(갑 제1호증 등기사항전부증명서), 피고는 이 사건 부동산을 권원없이 점유하고 있는 자입니다.

2. 피고의 이 사건 부동산 인도의무

가. 원고는 소외 F주식회사(이하 '위탁자'라고 합니다)와 2020. 10. 7. 이 사건 부동산에 대하여 부동산담보신탁계약을 체결하고, 같은 날 소유권이전등기를 마침으로써 소유권을 취득하였습니다(갑 제2호증 부동산담보신탁계약서).

나. 이후 위탁자는 우선수익자에 대하여 여신거래 등의 채무를 불이행하였고, 이에 우선수익자는 원고에게 부동산담보신탁계약서 제19조에 근거한 환가처분 요청을 하였으며(갑 제3호증의 1 공매 요청 공문), 원고는 위와 같은 요청에 따라 처분절차를 개시하였습니다(갑 제3호증의 2 공매 예정 통지 및 배송조회).

다. 위탁자는 부동산담보신탁계약서 제24조에 따라 처분절차가 개시되는 경우 별지 목록 기재 부동산을 원고에게 인도할 의무가 있는바, 더 이상 위 부동산을 사용할 권한이 없습니다.

라. 한편, 피고는 원고의 소유권 취득 이후인 2022. 6. 3. 위탁자와 이 사건 부동산에 대한 임대차계약을 체결하고 이 사건 부동산을 점유중인 자로(갑 제4

호증의 1 임대차계약서, 갑 제4호증의 2 부동산가처분집행조서), 원고는 피고의 점유를 승낙한 사실이 없는바, 피고는 아무런 권원없이 이 사건 부동산을 점유하고 있다할 것입니다.

마. 따라서 피고는 원고에게 이 사건 부동산을 인도할 의무가 있습니다.

3. 피고의 원고에 대한 부당이득반환의무

피고는 원고의 소유권 취득 이후인 2022. 6. 3. 원고의 동의 없이 위탁자와 이 사건 부동산에 대한 임대차계약을 체결하고 이 사건 부동산을 점유중인 자로(**갑 제4호증의 1 임대차계약서, 갑 제4호증의 2 부동산가처분집행조서**), 불법하게 이 사건 부동산을 점유하여 인도를 거부함에 따라 원고로 하여금 월 차임 650,000원 상당의 차임에 해당하는 실질적 이익을 취하고 있는 바, 위 차임 상당의 부당이득을 얻고 있으므로 이 사건 소장 부본 송달일 다음날부터 이 사건 부동산의 인도완료일까지 발생하는 차임 상당의 부당이득을 반환할 의무가 있습니다.

한편, 장래이행을 청구하는 소는 미리 청구할 필요가 있는 경우에 한하여 제기할 수 있고(민사소송법 제251조 참조), 여기서 미리 청구할 필요가 있는 경우란 이행기가 도래하지 아니하였거나 조건 미성취의 청구권에서는 채무자가 미리부터 채무의 존재를 다투기 때문에 이행기가 도래되거나 조건이 성취되었을 때 임의이행을 기대할 수 없는 경우를 말하는 바(대법원 2015. 1. 29. 선고 2014다75080 판결 등 참조) 피고가 이 사건 부동산의 인도를 거부하며 점유할 권원에 대해 다투고 있는 이상 원고가 장래 차임 상당 부당이득금을 미리 청구할 필요가 있다고 볼 것입니다.

4. 결론

위와 같은 이유로 본 소송에 이르렀는바, 원고의 청구를 모두 인용하여 주시기 바랍니다.

입증방법

1. 갑 제1호증 부동산 등기사항전부증명서
1. 갑 제2호증 부동산담보신탁계약서
1. 갑 제3호증의 1 공매 요청 공문
1. 갑 제3호증의 2 공매 예정 통지 및 배송조회
1. 갑 제4호증의 1 임대차계약서
1. 갑 제4호증의 2 부동산 점유이전 금지 가처분집행 조서

첨부서류

1. 위 입증 방법 각 1통
1. 소장부본 1통
1. 송달료납부서 1통

2023. ○. ○.

위 원고 ○○○ (서명 또는 날인)

인천지방법원 부천지원 귀중

[별 지]

부동산의 표시

1동의 건물의 표시
경기도 부천시 ○○구 ○○동 29 401호
[도로명주소]
경기도 부천시 ○○구 ○○로 141

전유부분의 건물의 표시
건물의 번호 : 제4층 제401호
구 조 : 철근콘크리트벽식조
면 적 : 4층 제401호 100.84㎡

대지권의 목적인 토지의 표시
1. 경기도 부천시 00동 29 대 40720.9㎡
대지권의 종류 : 소유권
대지권의 비율 : 40720.9분의 56.031. 끝.

※ 원고는 피고의 주소지를 관할하는 법원이나 부동산이 있는 곳의 관할 법원에 소
  를 제기할 수 있음

나. 건물 인도 청구 소 제기 실제 사례

(1) 공매 낙찰자가 공매 낙찰로 신탁관계가 종료된 무단 점유 위탁자를 상대로 건물 인도 및 부당이득반환 청구 사례(인천지방법원 2023가단276372 건물 인도 청구 실제 사례)

청구취지

1. 피고는 원고에게
   가. 별지 목록 기재 부동산을 인도하고,
   나. 2023. 8. 25.부터 위 가.항 기재 부동산의 인도완료일까지 월 2,490,000원의 비율로 계산한 돈을 지급하라.
2. 소송비용은 피고가 부담한다.
3. 제1항은 가집행할 수 있다.라는 판결을 구합니다.

청구원인

1. 당사자의 지위

원고는 2023.8.22 한국자산관리공사 기타일반재산 주식회사C(사업관리팀)에서 진행하는 공매사건번호 D 공매절차에서 인천광역시 미추홀구 E건물 F호를 낙찰받고 2023.6.28 주식회사 C에서 계약서를 작성했으며 2023.8.25에 잔금을 완납한 소유자이고, 피고는 이 사건 부동산이 낙찰되기전 부동산의 위탁자이고 현재는 신탁계약이 종료됨으로 무상으로 사용하는 자입니다.

(갑 제1호증, 갑 제2호증)

2. 피고의 무단사용에 대해

가. 원고는 한국자산관리공사 기타일반재산 주식회사C(사업관리팀)에서 진행하는 공매사건 부동산을 낙찰받고 일주일뒤 주식회사C과 계약서를 작성후 이 사건 부동산 점유자와 명도협의를 할려고 여러차례 만났지만 명도 협의가 이루어지지 않았고 원고는 잔

금일을 계약일로부터 약 한달뒤에 납부할려고 했지만

피고가 이사 기간을 2개월을 주면 이사를 하겠다고 약속을 해서 원고는 피고의 약속을 믿고 잔금일을 최대한 늦은 날짜로 미뤄서 계약일로부터 약 2개월이 지난 시점인 2023.8.25일에 잔금납부하였습니다.

피고는 원고가 잔금을 납부후 원고의 명의로 소유권이 이전됨을 알렸음에도 불구하고 이 사건 부동산에 무단점유 중이며 이사할 생각은 전혀 없고 원고의 말을 무시하고 강제집행할때까지 버티겠다고 합니다.

나. 피고는 전소유주인 주식회사C과 신탁계약 당시 부동산 담보신탁 계약서 제26조(신탁종료) 2항에 의하면 신탁기간 만료 또는 신탁해지로 신탁이 종료하는 경우에는 위탁자는 수탁자에게 신탁부동산을 현상대로 인도한다. 라는 계약 약관을 무시하고 아무런 권원도 없이 무상으로 사용·수익하고 있습니다.

3.결론

그렇다면 피고는 별지 목록 기재 부동산에 대해 보증금 없는 월임료 상당의 부당이득을 취하고 있다고 할것이고, 따라서 피고는 원고가 소유권을 취득한 2023.8.25부터 이 사건 부동산을 명도 할 때까지 보증금 없는 월임료 상당의 금원을 원고에게 지급할 의무가 있다고 할 것인데, 정확한 월임료는 2,490,000원(감정가 249,000,000원 × 1%)을 구합니다. 따라서 원고는 청구취지와 같은 판결을 구하고자 이사건 소송을 제기합니다.

(2) 수탁자가 처분절차 개시 후 수탁자 동의 없는 무단 점유 임차인들 및 명도 의무가 있는 위탁자에 대한 명도 청구 및 부당이득반환 청구 사례(서울중앙지방법원 2023가단5104723 건물 인도 청구 실제 사례)

청구취지

1. 피고는 원고에게
   가. 별지 목록 기재 부동산을 인도하고,
   나. 2023. 2.21.부터 위 부동산의 인도 완료일까지 월 **1,000,000원**의 비율로 계산한 돈을 지급하라.
2. 소송비용은 피고가 부담한다.
3. 제1항은 가집행할 수 있다.라는 판결을 구합니다.

청구원인

1. 본 소송에 이르게 된 경위

가. 원고의 소유권 취득 등

(1) 원고는 2019. 7. 15.경 피고 C, D과 별지 목록 기재 각 부동산에 관하여 신탁계약을 체결하여 같은 날 소유권을 취득하였습니다(갑제1호증의 1 내지 7. "부동산등기부등본", 갑제2호증. "부동산담보신탁계약서" 각 참조).

(2) 한편 피고 C, D은 이 사건 담보신탁 관련 대출채무를 변제하지 못하였고, 이 사건 부동산에 관한 신탁부동산 공매 절차가 개시되어 현재 진행 중인 상태입니다(갑제3호증. "신탁부동산 공매공고" 참조).

나. 피고들의 점유 및 명도의무

(1) 피고 C, D은 이 사건 신탁계약의 위탁자로, 신탁계약에서는 신탁부동산인 별지 목록 기재 각 부동산을 위탁자가 사실상 계속 점유, 사용하도록 정하고 있으나(신탁계약 제9조 제1항), 신탁부동산에 대한 처분절차가 개시되는 경우 위탁자는 이를 수탁자인 채권자에게 자진하여 명도할 의무가 있습니다(신탁계약 제23조).

그런데 앞서 본 바와 같이 신탁부동산에 관한 처분절차인 공매절차가 개시된 상태이므로 피고 C, D은 이 사건 부동산을 원고에게 명도할 의무가 있습니다.

(2) 한편 이 사건 각 부동산은 원고의 소유이고 이 사건 신탁계약 특약 제6조 제1항에서는 "위탁자는 신탁기간 중 수탁자와 우선수익자의 사전 동의 없이 임대차 등의 행위를 하여서는 아니된다"라고 규정하고 있음에도 현재 이 사건 각 부동산은 실제로 피고 3. E 내지 피고 9. J이 점유하고 있습니다.

위 피고들은 이 사건 부동산을 적법하게 점유할 권원이 없음에도 무단으로 이 사건 부동산을 점유하고 있는 것이므로 이를 원고에게 명도할 의무가 있습니다.

다. 이 사건 부동산 중 N호에 관하여

(1) 이 사건 부동산 중 N호를 제외한 나머지 호실의 경우 피고 4. B 내지 피고 9. J이 전입신고를 하였으나, N호는 전입신고된 세대가 존재하지 아니하였습니다.

이에 채권자는 N호에 관해서는 위탁자인 피고 C, D이 점유하는 것으로 추정하고 점유이전금지가처분 신청(귀원 2023카단803986호)을 하여 인용 결정을 받은 후 2023. 2. 21.경 집행을 하였습니다(갑제4호증. "가처분 결정문", 갑제5호증. "각 부동산가처분집행조서" 참조).

당시 N호의 경우 위 가처분 결정의 채무자인 피고 C, D을 만나지 못하였으나 담보신탁계약서로 점유를 확인하였다고 하면서 가처분이 집행되었습니다. 즉 담보신탁계약서상 위탁자가 사실상 점유, 사용하도록 되어 있으므로 위탁자가 점유하고 있는 것으로 보아 가처분을 집행한 것입니다.

(2) 그런데 N호에 관한 가처분 집행 당시 부동산 내부에서 피고 E의 이름이 기재된 전표가 확인된 바 있고(갑제6호증. "선표" 참조), 위 가처분 집행 이후 위 전표에 기재된 전화번호로 피고 E가 연락하여 자신이 이 사건 부동산에 관해 임대차계약을 체결하고 점유하고 있다는 취지로 주장하였습니다.

결국 이 사건 부동산을 실제로 점유하고 있는 자는 신탁계약상 위탁자인 피고 C, D 이 아니라 피고 E일 가능성이 높은 상황입니다. 이에 채권자는 피고 E를 채무자로 하는 점유이전금지가처분을 별도로 신청한 상태입니다.

(3) 원고는 추후 피고 E를 채무자로 하는 점유이전금지가처분 결정이 내려지고 피고 E가 N 호를 점유하는 것으로 확인되어 가처분이 집행될 경우, 피고 C, D에 대한 소는 취하를 고려할 예정입니다.

라. 피고들의 부당이득반환의무

한편 피고들은 피고들에 대한 가처분 집행 등으로 인하여 피고들의 점유가 명확히 확인된 2023. 2. 21.경부터 이 사건 부동산을 원고에게 인도하는 날까지 차임 상당의 부당이득반환 또는 불법 점유에 기한 손해배상책임을 부담한다 할 것이고, 원고는 우선 일부 청구를 하되 필요한 경우 추후 감정 절차를 거쳐 청구 금액을 정리하도록 하겠습니다.

2. 결 론

이상에서 살펴본 바와 같이 피고들이 이 사건 부동산을 아무런 권원 없이 점유하고 있음이 명백하므로 하루속히 원고의 청구를 인용하는 판결을 선고하여 주시기 바랍니다. 끝.

(3) 우선수익권부 NPL을 양도 후 수탁자의 점유허용 동의 없는 무단
    점유 임차인 전입은 신탁계약 위반으로 신탁부동산의 처분 사유
    가 되는데, 수탁자가 공매 절차 개시를 하면서 무단 점유 임차인
    을 상대로 건물 명도 청구 및 부당이득반환을 청구한 사례(서울
    남부지방법원 2023가단218906호 건물 인도 실제 사례)

청구취지

1. 피고는 원고에게
   가. 별지 목록 기재 부동산을 인도하고,
   나. 2022. 5. 30.부터 위 가항 기재 부동산의 인도 완료일까지 월 **770,000원**의
       비율로 계산한 돈을 지급하라.
2. 소송비용은 피고가 부담한다.
3. 제1항은 가집행할 수 있다.라는 판결을 구합니다.

청구원인

1. 당사자의 지위

원고 A주식회사[갑제1호증 법인등기부등본]은 수탁자로서, 2019. 4. 26.경 서울 구로
구 C건물 제지1층 D호(이하 '이 사건 부동산'이라고 약칭합니다)에 관하여, 소외 E, F
은 위탁자, 소외 G조합을 우선수익자로 하여 부동산담보신탁계약을 체결하고, 같은 날
신탁을 원인으로 하는 소유권이전등기를 완료하였습니다[갑제2호증 등기사항전부증명
서(신탁원부 포함)].

소외 G조합은 2022. 6. 29.경 소외 E, F과의 대출채권을 소외 주식회사 H에 양도하
고 우선수익자를 변경하여, 현재 우선수익자는 소외 주식회사 H입니다[갑제2호증 등기
부등본 신탁원부 변경 목록].

한편 피고 B은 2022. 5. 30.경부터 이 사건 부동산에 전입신고를 하여 현재까지 이
사건 부동산을 무단점유하는 자입니다[갑제3호증 전입세대 열람내역].

2. 피고의 인도의무

신탁원부[갑제2호증 신탁원부]로 등록된 이 사건 신탁계약에 의하면, E, F은 위탁자로서 신탁계약의 존속기간 동안 이 사건 부동산의 보존 등 관리에 필요한 모든 조치를 다 하여야 하고, 수탁자인 원고의 사전 서면 승낙이 없는 경우에는 이 사건 부동산에 관해 임대차 등 권리설정 행위를 하지 못하며(제9조 신탁부동산의 보전관리 등), 신탁계약 체결 후 신규임대차는 수탁자의 사전 승낙을 조건으로 체결할 수 있고, 그 경우라도 임대차보증금은 수탁자에게 입금하여야 합니다(제10조 임대차 등). 이를 위반한 것은 신탁계약의 위반으로 신탁기간의 종료 전이더라도 신탁부동산을 처분할 수 있는 사유가 되고(제17조 제1항 제2호), 이 사건 부동산을 처분하기 위하여 공매를 개시할 수 있습니다(제18조 처분방법). 처분절차가 개시되는 경우에는 위탁자는 신탁부동산을 명도하여야 할 의무가 있습니다(제22조 명도의무).

위탁자 E, F은 피고 B과 이 사건 부동산에 관한 임대차계약을 체결하면서 원고로부터 사전 서면동의를 받은 바 없어, 피고 B은 그 임대차계약으로서 원고에게 대항할 수 없으므로 즉시 이 사건 부동산을 원고에게 명도하여야 합니다.

3. 피고의 인도이행 거절

특히 위탁자 E에 의하면, 자신은 피고와 임대차계약을 체결한 적조차 없고 본인이 수차례 피고에게 퇴거를 요청하였음에도 이행하지 않고 있다는 사실을 원고에게 확인한 바도 있어[갑제4호증 확인서(E)], E의 주장대로 피고와 임대차계약을 체결한 적이 없다면 피고의 권원없는 점유사실은 더욱 명백합니다.

4. 부당이득금 청구

뿐만아니라 피고는 전입신고내역상 명백히 2022. 5. 30.경부터 현재에 이르기까지 아무런 권한없이 거주하여 왔던 바, 원고에게 임대료 상당의 부당이득을 반환할 의무가 있습니다.

임대료 금액의 산정과 관련하여, 이 사건 부동산의 3층 54.3㎡(이 사건 부동산은 51.61㎡)의 매매가는 2억8000만원이고, 인근의 전세시세는 2억, 월세는 보증금 5,000만원에 월차임50만원 상당액으로 시세가 형성되어 있고[갑제5호증 네이버부동산 조회] 최근 월세전환율이 4.9%에 육박하는 점[갑제6호증 국가통계포탈 전월세전환율표]을 고려한다면, 약 월70~83만원으로 임대료가 환산되어, 그 중간값인 77만원의 금액으로 임대료를 산정한다 하더라도 과도함이 없을 것입니다.

그렇다면 피고는 2022. 5. 30.경부터 현재에 이르기까지 월 77만원의 비율에 의한 임대료 상당의 부당이득반환의무가 있습니다.

개략적으로 계산한 바 10개월에 해당하는 기간이 도과하고 있는 바, 최소 770만원을 넘는 금액의 채무가 존재한다 할 것입니다.

5. 결론
이 사건 부동산은 이미 위탁자의 의무위반으로 인하여 공매절차가 진행 중[갑제7호증 온비드공고내역]이고, 피고의 무단점유로 인하여 원고에게 지속적인 차임 상당의 손실이 발생하고 있음을 감안하여 조속히 인용판결을 내려주시기를 바라옵니다.

(4) 공매가 취소되어도 우선수익자의 환가처분 요청이 취소·철회되지 않는 한 위탁자의 인도 의무는 소멸하지 않음 (서울중앙지방법원 2023. 6. 21. 선고 2021가단5023882 건물 인도 판결)

가. 청구원인에 대한 판단

1) 위 인정 사실에 의하면, 이 사건 부동산의 간접점유자인 **피고 B(위탁자)는** 같은 피고가 **실제로 이 사건 부동산을 점유하고 있는지와 관계없이** 위 부동산담보신탁계약에 따라 원고에게 이 사건 **부동산을 인도할 의무**가 있다.

2) **우선수익자의 처분 요청이 취소·철회되지 않는 한 위탁자의 인도의무는 소멸하지 않는다** 할 것인데, **공매가 7회 유찰되어 취소되었다는 피고 B의 주장만으로는 우선수익자가 처분 요청을 취소 또는 철회하였다고 인정하기에 부족하다.** 피고 B는, 우선수익자들이 공매 절차를 통하지 않고 F에게 이 사건 부동산 등을 매도하여 우선수익자들의 채권을 정산하기로 우선수익자들과 사실상 합의하였는데 원고 측이 그 매각 절차에 협조하지 않았다고 주장하나, 피고 B의 이 주장이 사실이라 하더라도 우선수익자가 처분 요청을 취소 또는 철회하였다고 인정하기에 부족하며, 달리 이를 인정할 증거가 없으므로, 이 사건 부동산에 대한 인도 의무를 부인하는 피고 B의 주장은 더 나아가 살펴볼 필요가 없다.

피고 B는, 원고는 부동산담보신탁계약에 정하여진 바에 따라 신탁목적 범위 내에서 이 사건 부동산을 관리하여야 하는 제한을 부담한 것에 불과하므로 위탁자인 피고 B에게 이 사건 부동산의 인도를 구할 수 없다는 취지로 주장하나, 원고는 부동산담보신탁계약 제24조에 따라 인도를 청구하고 있고, 위 조항으로 위탁자에게 인도 청구를 함에 있어 피고 B 주장과 같은 제한이 있다고 보기 어려우므로 피고 B의 위 주장은 받아들일 수 없다.

3) 이 사건 부동산의 직접점유자인 피고 C는, 이 사건 부동산을 점유할 권원을 별도로 주장·증명하지 못하는 한, 이 사건 부동산 소유자로서 소유권에 기한 방해배제청구권을 행사하는 원고에게 이 사건 부동산을 인도할 의무가 있다.

(5) 인천지방법원 2020. 11. 26. 선고 2020가단221784 건물 인도 판결

나. 피고들의 주장

이 사건 신탁계약에서 정한 바와 같이 이 사건 건물에 대한 공매가 3회 유찰 후 취소된 이후 공매절차가 다시 개시되지 않은 이상 환가절차가 개시되었다고 볼 수 없고, 피고 E는 이 사건 부동산을 점유하고 있지 아니하며, 피고 D(유치권 주장자)는 피고 B(위탁자)와 사이에 이 사건 건물에 관하여 관리용역계약을 체결하고 관리행위를 하면서 이 사건 건물 내부 인테리어 공사 등을 하여 이 사건 건물에 관한 유치권자로서 이 사건 부동산을 점유하고 있으므로, 피고들은 원고에게 이 사건 부동산을 인도할 의무가 없다.

3. 판단

가. 환가절차가 개시되었는지 여부

만일 이를 피고들의 주장과 같이 '공매 개시 시'라고 해석할 경우 신탁부동산의 점유자들로 인하여 사실상 환가·정산이 어렵게 될 것이 예상되는 반면, 우선수익자의 처분의사가 명확히 철회되지 않는 한 환가절차가 계속될 것은 분명하므로 이 사건 신탁계약 제23조에서 정한 **'환가절차 개시 시'는 피고 B(위탁자)가 대출원리금의 지급을 지체함으로써 기한의 이익을 상실함을 이유로 우선수익자인 대출금융기관들이 이 사건 건물의 처분을 통하여 대출금을 회수할 의사를 표명한 때**라고 봄이 상당하다 할 것이다. 따라서 앞서 본 바와 같이 **우선수익자인 대출금융기관들의 처분요청에 따라 피고 B에게 처분예정 사실을 통지한 이상 이 사건 신탁계약 제23조에서 정한 환가절차가 개시되었다고 보이고,** 앞서 본 사실에 의하면 피고들은 이 사건 부동산을 점유하고 있으므로, 피고들은 공동하여 원고에게 이 사건 부동산을 인도할 의무가 있다.

나. 피고 D의 유치권 존부

살피건대, 설령 피고 D의 주장대로 피고 D가 피고 B와의 관리용역계약에 따라 이 사건 건물을 관리하고 있다고 하더라도 피고 B가 원고에게 이 사건 부동산을 인도할 의무를 부담하는 이상 위와 같은 사실만으로 피고 D가 이 사건 부동산을 점유할 권원이 있다고 보기 어렵다.

(6) 서울중앙지방법원 2023. 7. 18. 선고 2020가단5274522 건물 인도 판결

피고 C에 대한 청구에 관한 판단

1) 앞서 인정한 사실에 의하면, 이 사건 부동산에 관한 이 사건 신탁계약의 위탁자인 피고 C는 2019. 9. 30. 처분절차가 개시된 이상 위 피고가 실제로 이 사건 부동산을 점유하고 있는지와 관계없이 이 사건 신탁계약 제19조, 제24조 등에 따라 원고에게 이 사건 부동산을 인도할 의무가 있다.

2) 위 피고는 이에 대하여 **공매가 유찰되어 취소되었기에 처분절차가 개시되지 않은 것이라는 취지로 주장**을 하나, **우선수익자의 처분 요청이 취소·철회되지 않는 한 위탁자의 인도 의무는 소멸하지 않는다** 할 것인데, 위 피고가 제출한 증거만으로는 우선수익자가 처분 요청을 취소 또는 철회하였다고 인정하기에 부족하고, 달리 이를 인정할 증거가 없으므로, 위 주장은 이유 없다(공매가 유찰되어 취소되었는지도 불분명한 것으로 보인다).

신탁부동산 NPL 및 우선수익권의 실전투자 시 분쟁 사례

신탁부동산 NPL의 임의 대위변제자가 우선수익권의 사전 양도 승낙을 얻지 못한 경우 배당정산을 받을 수 있는지 여부

수탁자의 우선수익권 사전 양도 승낙의 중요성을 다음의 판례와 함께 살펴보고자 한다. 이 사건에서 NPL 투자자는 신탁부동산의 우선수익권부 NPL에 대해 대출채무자의 동의를 얻어 임의 대위변제하고, 채권자의 대위승낙으로 NPL은 이전받았다. 그러나 추가로 채권자와 우선수익권 양수도 계약을 체결하고, 수탁자로부터 우선수익권의 사전 양도 승낙을 얻지 않았다.

이러한 상태에서 수탁자가 공매 낙찰 후 보관하는 배당정산금에 대해 임의 대위변제자가 우선수익권의 양수를 전제로 한 우선배당 요구 차원에서 수탁자에게 보관금 지급 청구(대위변제자 겸 우선수익권의 양수도 계약에 따른 우선수익금 지급 청구)를 했다. 그러나 수탁자는 우선수익권 양도 승낙을 한 사실이 없으므로 수탁자는 보관 중인 배당정산금을 대위변제자에게 지급할 의무가 없다고 판시했다.

신탁부동산의 우선수익권부 NPL에 대한 임의 대위변제 시, 우선수익권에 대해서는 그 의무자인 수탁자에게 통지는 안 되고 반드시 담보신탁 약정에 따라 우선수익권의 사전 양도 승낙을 받아야 유효하게 수탁자에게 배당정산금을 청구할 수 있다.

한편 대위변제자가 중첩적 채무 인수 등으로 대출금 채무를 변제할 정당한 이익이 있는 법정 대위변제권을 가질 경우, 법정 대위변제자는 우선수익권부 NPL의 대위변제 후 대위권에 따라 NPL의 담보인 우선수익권을 수탁자의 동의 등 우선수익자의 변경 절차 없이도 당연히 이를 승계취득해서 수탁자에게 우선배당정산금을 청구할 수 있다.

이 사건에서 우선수익권 양수도 계약에 따라 양도한 금융기관에 대해서는 임의 대위변제자가 우선수익권의 양수인으로서 권리를 주장할 수 있으므로, 양도인으로 하여금 수탁자에게 우선수익 배당정산금을 청구해서 수령 후 이를 양수인에게 교부하는 방법으로 양수인(대위변제자)은 채권을 회수해야 할 것이다.

또는 수탁자로부터 우선수익권 양도에 대한 사후 승낙 협조를 양도인(대위변제금 수령자)과 함께 구해서 임의 대위변제자가 우선수익 배당정산을 받아야 할 것이다. 이는 신탁원부인 부동산담보신탁계약서를 제대로 검토하지 않아서 발생한 사건이다. 이 사건 소송 중에 하자를 치유하거나, 당사자 간 합의를 통해 해결할 수 있을 것으로 보인다.

그러나 공매 배당정산금이 타 채권자 등에게 전액 배당이 되고, 최종 계산을 모든 채권자가 승인한 경우 수탁자에게 어떠한 책임도 물을 수 없고, 이미 배당정산금을 수령한 기존 채권자 또는 위탁자에게 부당이득반환 청구가 법적으로 곤란할 수 있다. 왜냐하면 기존 배당정산은 정당한 절차를 거쳐 채권자 및 잉여금의 권리자(위탁자)로서 수령되었기 때문이다.

서울중앙지방법원 2023. 11. 10. 선고 2022가단5353689 보관금 지급청구, 서울고등법원 2023나205756X호로 진행 중임

1. 기초 사실

가. 주식회사 C(이하 'C'라 한다)는 2016. 12. 14. 한국토지주택공사로부터 파주시 D 대 2068.6㎡(이하 '이 사건 토지'라 한다)를 5,130,130,000원에 매수한 후 2017. 10. 20. 이 사건 토지에 관하여 소유권이전등기를 마쳤다.

나. C는 2017. 10. 20. E조합(이하 'E조합'이라 한다)로부터 41억 원을 대출받음과 동시에 **피고**(변경 전 상호 : 주식회사 F)와 부동산담보신탁계약(이하 '이 사건 **담보**신탁계약'이라 한다)을 체결하였고, 같은 날 신탁을 원인으로 한 피고 명의의 소유권이전등기가 마쳐졌다.

다. C의 대출금 채권자인 E조합이 이 사건 담보신탁계약의 신탁원부에 우선수익 한도금액 5,330,000,000원으로 하는 제1순위 우선수익자로 등재되었다.

라. C는 E조합에 대한 대출금을 상환하지 못하여 이 사건 토지에 대한 공매가 진행되었는데, 원고는 C의 대위변제 요청에 따라 2020. 3. 25. E조합과 대위변제로 인한 우선수익권 양수도 계약(이하 '이 사건 우선수익권 양수도 계약'이라 한다)을 체결하였고, 같은 날 E조합에게 225,721,696원을, 2020. 4. 21. 14,125,370원 등 합계 239,847,066원을 지급하여 E조합의 C에 대한 대출금 채권 중 일부를 양도받았다.

마. 그 후 G 주식회사(이하 'G'라 한다)는 2020. 9. 11. C의 E조합에 대한 채무 원금 40억 원 및 이자 241,805,260원 등을 대위변제한 후 2021. 9. 13. 이 사건 담보신탁계약 신탁원부상 제1순위 우선수익자 명의를 자신으로 변경하였다.

바. 이후 C가 G에게 채무를 변제하지 못하자 G는 피고에게 이 사건 토지에 대한 공매를 요청하였고, 이 사건 토지는 2022. 7. 13. 65억 500만 원에 낙찰되어 주식회사 H 명의의 소유권이전등기가 마쳐졌다.

[인정 근거] 다툼 없는 사실, 갑 제1 내지 5, 8 내지 10호증(가지번호 있는 것은 가지번호 포함, 이하 같다)의 각 기재, 변론 전체의 취지

2. 원고의 주장

G는 피고에게 1순위 우선수익자의 지위에 따른 채권 지급을 청구하면서 원고의 대위변제금을 포함한 제1순위 우선수익자 전체의 채권이 아닌 자신이 **제1순위 우선**

수익자의 권리를 인수하기 위하여 투입한 합계 5,046,611,274원에 대해서만 지급청구를 하고 원고가 E조합에 대위변제한 대금은 청구하지 않았는바, 원고가 E조합에 C의 채무를 대위변제하여 G를 제외한 채 행사할 수 있는 제1순위 우선수익자로서의 채권액은 다음과 같다.

구분	총액(원)	청구이자율	이자 산정 기간			비고
			상환기준일	이자지급일	대여기간(년)	
대위변제금	225,721,695		2020.3.25			
이자	47,562,653	7.97%	2020.3.25	2022.11.14	(2+235/365)	
대위변제금	14,125,370		2020.4.21			
이자	2,893,131	7.97%	2020.4.21	2022.11.14	(2+235/365)	
합계	290,256,850					

피고는 C와 이 사건 담보신탁계약을 체결한 수탁자로서 경락대금을 보관하고 있는 경우 제1순위 우선수익자의 채권액에 해당하는 금원을 C에 대한 다른 채권자보다 우선하여 지급할 의무가 있는바, **원고는 이 사건 우선수익권 양수도 계약에 따라 E조합과 함께 제1순위 우선수익자가 되었으므로, 피고는 이 사건 담보신탁계약, 사업약정 및 대리사무계약서 및 민법의 일부대위 변제 규정에 따라 제1순위 우선수익자인 원고에게 자신이 보관하고 있는 경락대금 중 원고의 대위변제금에 해당하는 금원을 반환할 계약상, 법률상 의무가 있다.**

3. 판단
이 사건 청구는 원고가 이 사건 담보신탁계약에 기한 우선수익자의 지위에 있음을 전제하고 있다.

원고가 2020. 3. 25. C의 채무를 대위변제하는 조건으로 E조합과 이 사건 우선수익권 양수도 계약을 체결하고, 같은 날 E조합에게 225,721,696원을, 2020. 4. 21. 14,125,370원 등 합계 239,847,066원을 지급한 후 E조합의 C에 대한 대출금 채권 중 일부를 양도받은 사실은 위에서 본 바와 같다.

그러나 원고가 피고에 대하여 이 사건 담보신탁계약에 기한 우선수익자로서의 권리를 행사하기 위하여는 이 사건 담보신탁계약에서 정한 방법이나 요건을 갖추어 신탁원부에 우선수익자로 등재되는 절차를 밟아야 할 것인데, **원고가** 그러한 절차를 거쳐 **신탁원부에 우선수익자로 등재되었다는 사실을 인정할 아무런 증거가 없다.**

아울러 이 사건 담보신탁계약 제7조 제5항은 '우선수익자는 **수탁자의 사전 동의 없이는** 신탁기간 중 우선수익자의 지위를 타인에게 **양도 또는 명의변경하거나 수익권에 대하여 질권의 설정 등 기타 처분 행위를 할 수 없다**'고 규정하고 있는데, 원고가 이 사건 우선수익권 양수도 계약을 체결하면서 피고(수탁자)의 사전 동의를 받았다는 증거도 부족하다.〈각주1 갑 제11호증의 각 기재에 의하면, 피고 직원(I)과 원고 사이에 제1순위 우선수익자 교체를 위한 신탁원부 변경이 논의되었던 정황은 있는 것으로 보이나, 이러한 사정만으로 원고로의 우선수익자 변경에 관한 피고의 사전 동의나 승낙이 있었다고 보기는 어렵고 결국 원고 명의의 우선수익자 신탁원부 변경은 이루어지지 않은 것으로 보인다.〉

이에 대하여 원고는 C의 E조합에 대한 채무를 일부 변제함으로써 민법상 일부대위 변제 규정(민법 제483조)이 적용되어 원고는 우선수익자 변경 절차 없이도 당연히 채권자인 E조합을 대위할 수 있다는 취지의 주장을 하고 있으나, **원고가 C(채무자), E조합(채권자)과의 관계에서 대출금 채권을 양도받고 그 대항요건을 갖추었다는 것과 피고에게 이 사건 담보신탁계약상 우선수익자로서의 지위를 행사할 수 있는지 여부는 별개의 문제라고 할 것인데,** 민법상 변제자대위의 법리에 비추어 보더라도 원고는 변제할 정당한 이익이 있는 자로서 **법정대위를 주장하는 것이 아니라** 〈각주2 원고가 J의 대출금 채무를 대위변제할 정당한 이익이 있다는 점에 대한 아무런 주장, 입증이 없다.〉 채무자를 위하여 채권자의 승낙을 얻어 임의대위를 하는 경우에 해당한다고 보이는바, 민법 제480조 제2항에 의하여 준용되는 민법 제450조 제1항에 의하면, 원고가 변제자로서 대위권을 행사하기 위하여는 양도인이 채무자에게 통지하거나 **채무자가 이를 승낙하여야 채무자에게 대항할 수 있다.**

그런데 이 사건 담보신탁계약에서 우선수익권 행사의 상대방은 위탁자인 C가 아니라 수탁자인 피고이므로, 위 민법상 법리를 적용하더라도 이 사건에서 채무자의 지위에 있는 자는 C가 아니라 피고라고 보아야 할 것인데, 원고기 이 사건 **우선수익권 양수도 계약을 체결할 당시** 우선수익권의 양도인인 E조합이 〈각주3 양수인인 원고에게 통지할 권한이 있는 것이 아니다.〉 피고에게 위 양도사실을 통지하였거나 **피고(수탁자)가 이를 승낙하였다는 사실을 인정할 아무런 증거가 없다.**

원고는 E조합이 갑 제4호증을 피고에게 송부함으로써 우선수익권 양도사실을 통지하였다는 취지로도 주장하나, 앞선 서증은 공매물건의 대출금 이자 및 원리금 일부가 상환되어 공매를 취소해 달라는 요청에 불과하고, 앞의 상환이 누구에 의하여 이루어진 것인지, 그로 인하여 대출금 채권이나 우선수익권의 양도가 있었는지 여부에 대하여 아무런 기재가 없으므로, 이로써 피고에게 대항할 수 있는 적법한 통지가 있었다고 볼 수는 없다.

아울러 원고는 G 역시 C의 부탁을 받고 E조합과 우선수익권 양수도 계약을 체결하여 대위변제를 한 자인데 이 과정에서 피고의 동의가 없었다고 주장하나, **G는 신탁원부에 우선수익자로 등재되어 있는 자로서 우선수익권 양도에 대하여 피고의 동의가 있었을 것으로 추정**되므로, 원고의 위 주장도 이유 없다.

4. 결론
그렇다면 원고의 이 사건 청구는 이유 없으므로 **기각한다.**
판사 하○우

2

신탁부동산 NPL 대위변제 시 부가가치세가 대위변제자에게 우선배당정산 대상이 되는지 여부

신탁부동산의 공매 낙찰자가 납부한 건물분의 부가가치세는 수탁자가 납세 의무자이기 때문에, 신탁부동산 NPL의 대위변제자 및 NPL의 양수인 등 우선수익자의 우선배당정산 재산에 포함되지 않는다.

관련 판례

서울고등법원 2020. 6. 18. 선고 2020나2000313 우선수익금 청구의 소(2020. 7. 4. 확정)

3) 한편, 위 대법원 전원합의체 판결(**대법원 2017. 5. 18. 선고 2012두22485 전원합의체 판결**)이 선고된 후에 시행된 개정 부가가치세법(2017. 12. 19. 법률 제15223호로 일부 개정되어 2018. 1. 1. 시행된 것) 제10조 제8항은 신탁재산을 수탁자의 명의로 매매할 때에는 신탁법 제2조에 따른 위탁자가 직접 재화를 공급하는 것으로 보되, 다만, ① **수탁자가** 위탁사의 채무이행을 담보할 목적으로 대통령령으로 정하는 신탁계약을 체결한 경우로서 그 **채무이행을 위하여 신탁재산을 처분하는 경우**, ② 수탁자가 '도시 및 주거환경정비법' 제27조 제1항 또는 '빈집 및 소규모주택 정비에 관한 특례법' 제19조 제1항에 따라 지정개발자로서 재개발사업·재건축사업 또는 가로주택정비사업·소규모재건축사업을

시행하는 과정에서 신탁재산을 처분하는 경우에는 **수탁자가 재화를 공급하는 것으로 보고 있다.**

4) 앞의 대법원판결에 따르면 부가가치세법상 납세 의무자에 해당하는지는 원칙적으로 그 거래에서 발생한 이익이나 비용의 귀속이 아니라 재화 또는 용역의 공급이라는 거래행위를 기준으로 판단하여야 하고, 부가가치세의 과세원인이 되는 재화의 공급으로서 인도 또는 양도는 재화를 사용·소비할 수 있도록 소유권을 이전하는 행위를 전제로 하므로, 계약상 또는 법률상의 원인에 의하여 재화를 사용·소비할 수 있는 권한을 이전하는 행위를 한 자가 부가가치세 납세 의무자가 된다. 이 사건 제1, 2차 매매계약의 경우 계약상 원인에 의하여 이 사건 신탁부동산을 사용·소비할 수 있는 권한을 이전한 자는 각 매매계약의 매도인인데, 이 사건 제1차 매매계약의 매도인이 위탁자인 C, 이 사건 제2차 매매계약의 매도인이 수탁자인 피고였음은 앞서 인정된 사실과 같으므로, 일응 C 또는 **피고(수탁자)가 재화공급자로서 부가가치세의 납세 의무자가 되는 것으로 볼 수 있다. 개정된 부가가치세 법에 의하더라도 〈각주1〉 재화 공급자로 간주되는 자는 위탁자 또는 수탁자이므로,** 적어도 재화 또는 용역의 공급이라는 거래행위의 당사자가 아닌 **우선수익자인 원고가 부가가치세의 납세 의무자로 될 수는 없다.**

5) 따라서 원고가 이 사건 신탁부동산 매매에 따른 부가가치세의 납세 의무자로서 세금 납부를 위해 이 사건 신탁계약 계약 제10조에 근거하여 피고를 상대로 부가가치세 상당액의 지급을 구할 수 있는 경우가 생길 여지는 없어 보인다.

라. **결국 피고(수탁자)가** 이 사건 1, 2차 매매계약의 매수인들로부터 수령한 매매대금 중 **부가가치세 상당액은** 정당한 부가가치세 납부 의무자에게 지급하기 위하여 유보된 신탁사무처리에 관한 '비용'으로서 **원고의 우선수익권의 대상에 포함되지 않고,** 우선수익자인 **원고가** 이 사건 제1, 2차 매매계약에 따른 **부가가치세의 납부 의무자가 될 수도 없으므로,** 원고는 세금 납부를 위해 피고에게 부가가치세 상당액의 지급을 구할 수도 없다. 따라서 이와 다른 전제에 선 원고의 위 주장은 이유 없다.

2. 추가 판단
가. 원고의 당심에서의 새로운 주장
1) 원고 이전의 우선수익자였던 D 주식회사와 주식회사 E(이하에서 위 두 은행을 한꺼번에 지칭할 때에는 '종전 우선수익자들'이라고 한다)은 피고(수탁

자)와 사이에 부가가치세 상당액을 1순위 우선수익권의 범위에 포함시키는 것으로 합의하였고, 실제로도 피고는 부가가치세를 포함한 매매대금을 앞의 우선수익자들에게 귀속시킨 사실이 있다.

2) 따라서 **종전 우선수익자들에 대한 C의 채무를 대위변제하고** 이 사건 신탁계약상 **우선수익자가 된 원고**와 피고 사이의 법률관계에 대해서도 앞과 같은 종전 합의의 효력이 그대로 미치므로, 피고는 앞의 합의에 따라 원고에게 부가가치세 상당액을 지급할 의무를 부담한다.

나. 판단

피고(수탁자)와 종전 우선수익자들 사이에 부가가치세 상당액을 1순위 우선수익권에 포함시키기로 하는 합의가 있었다거나 피고가 실제로 **종전 우선수익자들에게 부가가치세 상당액을 귀속시켰음을** 인정할 **증거가 없으므로**, 원고의 앞의 주장은 이유 없다.

3

신탁부동산 NPL 임의 대위변제 시 구상권의 범위 내로 대위권 행사가 제한되어 배당정산이 되는지 여부

신탁부동산 NPL의 임의 대위변제 시 이자 약정 없는 구상권은 법정이율에 따른 구상권의 범위 내로 대위권 행사가 제한되어 배당정산을 받게 된다.

근저당권부 채권을 임의 대위변제 시 구상권과 대위권은 내용이 다른 별개의 권리인바, 이때 대위권의 행사는 민법 제482조 제1항에 따라 구상 범위 내로 제한되고 이를 초과할 수 없다. 이는 신탁부동산 NPL의 임의 대위변제 시에도 동일하게 적용되어 구상 범위 내로 대위권이 제한된다(서울중앙지방법원 2019. 7. 17. 선고 2018가합574078 손해배상(기) 판결).

위탁자 겸 수익자가 잉여 배당정산금을 받을 수 있는데, 1순위 우선수익권의 대위변제자가 법정이자 연 6% 상당의 구상권을 초과해서 수령한 114,709,358원은 무효의 배당이므로 대위변제자는 114,709,358원의 부당이득을 취했고, 수탁자는 무효인 114,709,358원을 대위변제자에게 초과 배당한 과실이 있으므로 수탁자에게 114,709,358원을 손해배상으로 청구했다. 이에 선순위자에게 추가 배당할 30,000,000원을 차감한 84,709,358원을 잉여금 수익자(위탁자)의 손해배상금으로 인정하고, 2심에서 이를 양수한 원고 승계참가인에게 승소로 판결했다.

이에 따라 잉여금 상당 손해를 배상한 수탁자인 피고는 손해배상자 대위로 피해자(채권자)인 원고 승계참가인의 부당이득반환 청구권을 대위 이전받아, 대위변제자를 상대로 이미 배당받은 84,709,358원의 부당이득반환 청구를 할 수 있다.

📖 관련 법률

> **민법 제399조(손해배상자의 대위)**
> 채권자가 그 채권의 목적인 물건 또는 권리의 가액전부를 손해배상으로 받은 때에는 채무자는 그 물건 또는 권리에 관하여 당연히 채권자를 대위한다.

이 사건은 구상금에 대한 연 12.8%로 지연손해금 약정을 했다면 대위한 담보신탁 대여금 채권의 지연손해금율인 연 12.8%까지 배당정산이 가능한 사건이었다.

> **서울고등법원 2020. 11. 5. 선고 2019나2037142 판결 [손해배상(기)]**
>
> **1. 기초사실**
> 가. 원고의 누나인 C는 2015. 4. 23. 피고로부터 1,300,000,000원을 이자율 금융채 1년 금리 + 2.55%, 변제기 2017. 4. 23.로 정하여 대출받았고(이하 '이 사건 대출'이라 한다), 2015. 4. 23. 주식회사 D(이하 'D'라 한다)로부터 150,000,000원을 대출받았다.
> 나. 원고는 2015. 4. 23. C의 위 각 대출금 채무를 담보하기 위하여 원고 소유의 서울 종로구 E 토지 및 그 지상 건물(이하 '이 사건 부동산'이라 한다)에 관하여 피고와 D를 공동 1순위 우선수익자로 하는 담보신탁계약(이하 '이 사건 신탁계약'이라

한다)을 체결하고, 피고에게 이를 원인으로 한 소유권이전등기를 마쳐주었다.

다. 그 후 F 주식회사가 D로부터 2015. 4. 28. 100,000,000원, 2015. 10. 14. 100,000,000원을 각 대출받으면서 그 담보를 위하여 D가 이 사건 신탁계약의 2순위 및 3순위 우선수익자로 지정되었다.

라. 한편, C는 2017. 6. 19. 피고보조참가인(변경 전 상호는 '유한회사 G'다)의 이 사건 대출금 채무에 대한 대위변제와 관련하여 아래와 같은 내용의 '대위변제 동의 및 채권양도 확인서'(이하 '이 사건 확인서'라고 한다)를 작성하여 피고에게 교부하였다.

---

1. B 롱은사로 지점(이하 채권기관이라 합니다) 채무자인 C는 (유)G(이하 대위변제자라 합니다)가 아래 채무를 대위변제하는 것에 동의하였으며, 채권기관에 제출한 대위변제신청이 승낙되었으므로 아래 사항을 확인합니다.

2. 채무자는 2017년 6월 일자로 대위변제자가 채무자의 아래 채무를 변제하는 경우 민법 제480조(임의대위) 및 대법원판례 2013다202755(2014. 5. 6. 선고, 채권자대위)에 따라 채권기관의 모든 채권(원금, 이자, 외환수수료 및 변제일까지의 연체이자)이 기존에 채무자가 채권기관과 약정한 여신 및 지급보증거래약정 내용과 동일하게 대위변제자에게 이전됨을 확인합니다.

3. 채무자는 대위변제자가 대위변제에 따른 채권자대위 법리에 따라 근저당권을 이전받은 후 대위변제자가 판단하는 시점에 담보권 실행을 위한 공매절차 진행(착수)을 동의합니다.

4. 채무자는 대위변제자가 변제한 원금에 대하여 변제일로부터 6개월 이내 상환 시 아래 수수료율을 계산하여 대위변제자에게 지급합니다.

   (중도상환수수료 = 원금*2%*잔여기간(일)/180일)

5. 중도상환 시에는 대위변제자에게 일체의 근저당 이전비용 및 일체의 법무비용을 지급합니다.

6. 임의대위변제 완료일로부터 3개월 이후에 공매에 착수함에 동의합니다.

□ 채권의 표시 (대위변제실행일 2017. 6. 19. 현재)

1) 과목: 일반자금대출 수원금: 1,300,000,000원 수이자: 12,073,664원

2) 채권액 합계: 1,312,073,664원

3) 상환일까지 발생한 이자 및 수수료 포함하여 대위변제 실행

마. 피고보조참가인은 2017. 6. 29. 이 사건 대출금 채무의 원리금 1,316,632,568원(= 원금 1,300,000,000원 + 이자 16,632,568원)을 전액 대위변제하였다.

바. 그 후 피고보조참가인은 2018. 1. 10. 이 사건 부동산의 수탁자인 피고에게 공매처분을 요청하였고, 피고는 2018. 3. 8.부터 온라인 공매사이트 온비드를 통

해 이 사건 부동산의 공매를 실시하였으며, 결국 이 사건 부동산은 2018. 5. 25. 1,851,111,000원에 매각되었다.

사. 피고는 2018. 6. 18. 1순위 우선수익자인 피고보조참가인에게 1,508,175,552원, 1순위 우선수익자인 D에 184,127,484원, 2순위 우선수익자인 D에 136,985,249원을 배당함으로써 이 사건 부동산의 매각대금을 정산하였다.

아. 한편, 원고는 2020. 2. 18. 피고에 대한 손해배상채권(이 법원 2019나2037142 사건의 채권) 중 30,000,000원을 원고승계참가인 I에게, 나머지 채권 전부를 원고승계참가인 J에게 각 양도하였고, 원고승계참가인 J는 원고의 채권양도 통지 권한을 위임받아 2020. 2. 24. 내용증명우편을 발송하여 피고에게 채권양도 통지를 하였다.

2. 주장 및 판단

가. 원고의 주장

이 사건 대출금 채무를 대위변제한 피고보조참가인은 피고보조참가인의 C에 대한 구상권의 범위 내에서 피고의 채권을 대위행사할 수 있는데, 피고 보조참가인의 C에 대한 구상권은 대위변제금 1,316,632,568원 및 이에 대하여 대위변제일인 2017. 6. 29.부터 이 사건 부동산 매각대금에 대한 배당이 실시된 2018. 6. 18.까지 상법이 정한 연 6%의 비율로 계산한 이자 76,833,626원을 합한 1,393,466,194원이다.

그런데 피고가 피고보조참가인에게 1,508,175,552원을 배당하여 114,709,358원(= 1,508,175,552원 - 1,393,466,194원)을 과지급하였으므로, 피고는 원고에게 위 과지급금을 반환하여야 한다. 따라서 피고는 원고로부터 이 사건 채권을 양도받은 원고승계 참가인 I에게 위 과지급금 중 30,000,000원, 원고승계참가인 J에게 위 과지급금 중 나머지 84,709,358원(2심에서 82,479,278원으로 정정됨) 및 이에 대한 지연손해금을 지급할 의무가 있다.

나. 판단

1) 피고보조참가인의 C에 대한 구상권의 범위

가) 채무자를 위하여 변제한 자는 변제와 동시에 채권자의 승낙을 얻어 채권자를 대위할 수 있고(민법 제480조 제1항), 변제자대위 규정에 의하여 채권자를 대위한 자는 자기의 권리에 의하여 구상할 수 있는 범위에서 채권 및 그 담보에 관한 권리를 행사할 수 있다(민법 제482조 제1항).

이에 대하여 피고는, 피고보조참가인이 C와 이 사건 확인서에 따라 피고의

C에 대한 채권을 그대로 이전받으면서 **구상금 채권에 대한 이율도 기존 대출 약정상의 연체이율(대위변제 당시 연 12.8%)로 하기로 약정하였다는 취지로 주장**한다.

③ 따라서 피고 보조참가인으로서는 C에 대한 **"구상금 채권에 관하여 별다른 약정을 하지 않은 이상"** C에 대하여 대위변제금 및 이에 대한 상법 소정의 법정이율에 따른 지연손해금 등만을 구할 수 있다고 보이는 점 등에 비추어 보면, 위 인정사실 및 피고가 주장하는 사정만으로는 피고보조참가인의 C에 대한 구상금 채권에 관하여 이 사건 대출금 채권과 동일한 약정 연체이율이 적용된다고 보기 어려우므로, 피고의 위 주장은 받아들이지 아니한다.

4

위탁자가 다른 채무자를 위해서 담보제공 한 신탁부동산의 NPL을 법정 대위변제할 수 있는지 여부

담보제공 한 위탁자가 연체된 제3자의 대출금 채무를 변제하지 않으면, 우선수익권부 대출은행의 요청에 따라 신탁부동산에 관한 공매 절차가 진행되어 위탁자는 그 소유권을 상실하는 불이익을 입게 될 지위(소유권 상실 위험)에 있는 경우 제3자인 채무자의 대출채무를 변제할 정당한 이익이 있다.

> ### 가. 대구고등법원 2021. 7. 8. 선고 2020나22590 구상금 판결
>
> 민법 제481조는 '변제할 정당한 이익이 있는 자는 변제로 당연히 채권자를 대위한다'고 규정하고 있고, 위 조항의 '변제할 정당한 이익이 있는 자'란 변제를 하지 않으면 채권자로부터 집행을 받게 되거나, 또는 채무자에 대한 자기의 권리를 잃게 되는 지위에 있기 때문에 변제함으로써 당연히 대위의 보호를 받아야 할 법률상의 이익이 있는 자를 의미한다(대법원 1990. 4. 10. 선고 89다카24834 판결 등 참조).
>
> 앞서 인정한 사실에 의하면, 원고는 D의 E은행, G은행에 대한 이 사건 대출금 채무를 담보하기 위하여 원고 소유의 부동산에 관하여 위 각 은행을 공동 제1순위 우선수익자로 하는 이 사건 제2담보신탁계약을 체결함으로써 **이 사건 대출금 채무를 변제하지 않으면 위 각 은행의 요청에 따라 신탁부동산에 관한 공매 절차가 진행되어 그 소유권을 상실하는 불이익을 입게 될 지위에 있었으므로, 원고는 이 사건 대**

출금 채무를 변제할 정당한 이익이 있다고 할 것이고, 그 변제로써 당연히 채권자인 앞의 각 은행을 대위하여 앞의 각 은행의 채권 및 그 담보에 관한 권리를 행사할 수 있다.

여기서 말하는 '담보에 관한 권리'에는 질권, 저당권과 같은 물적 담보뿐만 아니라 인적 담보인 보증인에 대한 권리도 포함되므로, 결국 원고는 채권자인 앞의 각 은행을 대위하여 연대보증인인 피고에 대하여 연대보증 책임을 물을 수 있다고 할 것이다.

나. 대법원 2022. 5. 12. 선고 2017다278187 부당이득금 판결

특별한 사정이 없는 한 우선수익권은 경제적으로 금전채권에 대한 담보로 기능하지만, 그 성질상 금전채권과는 독립한 신탁계약상의 별개의 권리이다. 우선수익권은 수익급부의 순위가 다른 수익자에 앞선다는 점을 제외하면 일반적인 수익권과 법적 성질이 다르지 않고, 채권자가 담보신탁을 통하여 담보물권을 얻는 것도 아니다. 그러므로 채무자가 아닌 위탁자가 타인의 채무를 담보하기 위하여 금전채권자를 우선수익자로 하는 부동산담보신탁을 설정한 경우에, 설령 경제적인 실질에 있어 위탁자가 부동산담보신탁을 통하여 신탁부동산의 처분대금을 타인의 채무의 담보로 제공한 것과 같이 볼 수 있다고 하더라도, **위탁자가 자기의 재산 그 자체를 타인의 채무의 담보로 제공한 물상보증인에 해당한다고 볼 수는 없다.**

채무자가 아닌 제3자인 위탁자가 채권자를 우선수익자로 정하여 부동산담보신탁을 한 경우에 채권자가 가지는 우선수익권이 민법 제481조, 제482조 제1항에 의하여 보증채무를 이행한 보증인이 법정대위할 수 있는 '담보에 관한 권리'에 해당한다고 하더라도, 먼저 보증채무를 이행한 보증인이 채권자의 우선수익권에 대하여 아무런 제한 없이 보증채무를 이행한 전액에 대하여 변제자대위를 할 수 있다고 볼 수는 없으며, 다른 기준이나 별도의 약정 등 특별한 사정이 없는 이상, **채권자의 우선수익권에 대한 보증인의 변제자대위도 인원수에 비례하여 채권자를 대위할 수 있다고 보는 것**이 대위자 상호 간의 합리적이고 통상적인 기대에도 부합한다고 할 것이므로, **채권자의 우선수익권에 대한 보증인의 변제자대위도 보증인과 물상보증인 상호 간의 관계와 마찬가지로 그 인원수에 비례하여 채권자를 대위**하는 제한을 받는다고 해석함이 타당하다.

5

신탁부동산 NPL의 일부 대위변제자는 우선변제 특약을 해야 안전하게 배당정산을 받을 수 있는지 여부

우선수익권부 NPL채권자는 일부 대위변제자의 우선회수 특약이 없는 한 공매 배당정산 순위에서 일부 대위변제 법리에 따라 우선변제권을 가진다. 변제할 정당한 이익이 있는 자가 채무자를 위해서 채권의 일부를 대위변제할 경우에 대위변제자는 변제한 가액의 범위에서 종래 채권자가 가지고 있던 채권 및 담보에 관한 권리를 취득하게 된다.

따라서 채권자가 부동산에 대한 저당권을 가지고 있는 경우에는 채권자는 대위변제자에게 일부 대위변제에 따른 저당권 일부 이전의 부기등기를 마쳐줄 의무가 있다. 그러나 이때에도 채권자는 일부 대위변제자에 대해 우선변제권을 가진다.

이 경우 채권자의 우선변제권은 피담보채권액을 한도로 특별한 사정이 없는 한, 자기가 보유하고 있는 잔존 채권액 전액에 미치므로, 근저당권의 실행으로 인한 배당 절차에서도 채권자는 자기가 보유하고 있는 잔존 채권액 및 피담보채권액 한도에서 일부 대위변제자에 우선하여 배당받을 수 있다(대법원 1988. 9. 27. 선고 88다카1797 판결, 대법원 2004. 6.

25. 선고 2001다2426 판결 참조).

해당 법리에 따라 우선수익권부 NPL채권자도 자신이 보유하는 기존 채권의 일부 대위변제자에 대해서 우선변제권을 가지므로, 일부를 대위변제 받은 후 우선수익권부 NPL채권자의 잔존채권이 존재하는 한 공매 대금 배당정산에 관해서 우선수익권의 수익 한도금액 범위 내로 일부 대위변제자에 우선해 배당받을 수 있다. 그 후 남은 배당정산금을 한도로 해서, 일부 대위변제자에게 최후로 배당정산 된다.

이처럼 우선수익권부 NPL채권자는 일부 대위변제자에 대해서 우선변제권을 가지고 있으나(대법원 2002. 7. 26. 선고 2001다53929 판결 참조), 일부 대위변제자와 채권자 사이에 공매 배당정산(변제)의 순위에 관하여 따로 일부 대위변제자가 우선한다는 우선회수특약을 한 경우에는 그 약정에 따라 변제의 순위가 정해진다(대법원 1998. 9. 8. 선고 97다53663 부당이득금, 대법원 2005. 7. 28. 선고 2005다19958 배당이의 판결).

이와 같은 우선회수 특약에 따라 일부 대위변제자(우선수익권부 NPL의 일부 투자자)가 우선수익권으로 배당정산 시 일부 대위변제 받은 채권자보다 대위변제금 상당의 우선수익 배당정산금을 우선순위로 배당정산 받기로 약정 시 일부 대위변제자의 후순위 배당정산권은 우선배당정산권으로 전환되어 공매 대금에서 기존 채권자보다 우선순위로 배당정산을 받게 된다. 이러한 일부 대위변제자의 우선회수 특약을 수탁자에게 미리 통지해서 공매 대금 배당정산 시 반영토록 하는 것이 배당정산금을 신속하게 수령하는 데 도움이 될 것이다.

다음의 판례에서는 일부 대위변제자와 대위변제를 받은 채권자 간 우선수익권 양수도 계약은 일부 대위변제에 따라 우선수익권 일부를 단순히 이전시켜 준다는 약정에 불과하고, 일부 대위변제자에게 기존 채권자보다 우선으로 배당정산금 채권의 행사를 특약한 것으로 볼 수 없다고 판시했다.

이와 같이 우선수익권부 NPL의 일부 대위변제자(투자자)가 공매 배당 정산 시, 기존 채권자보다 우선순위로 배당정산을 받기로 명확하게 약 정을 체결해야 수탁자도 채권자 불확지 변제공탁 없이 일부 대위변제 자에게 신속하게 일부 대위변제금의 범위 내에서 배당정산을 해줄 수 있다.

관련 판례

> ### 서울중앙지방법원 2020. 1. 22. 선고 2018나46966, 2018나46973 공탁금 출급 청구권 확인 판결
>
> 피고는 변제자 대위 법리 또는 이를 구체화한 원고의 신용보증약관 제18조 제1항에 따라 **원고에게 담보권인 우선수익권을 일부 양도한 것일 뿐 원고의 채권 회수를 확정적으로 보장하여 준 것이 아니고,** 이 사건 채권양도는 민법 제482조, 제484조가 규정하는 변제자 대위의 효과를 보다 명확히 하기 위하여 금융기관들 사이에 통상적으로 이루어지는 법률행위로서 변제자 대위 법리가 적용됨은 당연하다.
>
> 그리고 C는 원고가 신용보증한 6차 중도금 대출채무에 관하여도 연대보증인이므로 **원고의 대위변제는 일부 대위변제에 해당하며,** 따라서 **채권자인 피고는 여전히 일부 대위변제자인 원고에 대하여 우선변제권을 가진다.** 그런데 분배 대상 공매 대금이 피고의 I 등에 대한 잔존 1~6차 중도금 대출채권액에 미치지 못하므로, 그 전액이 피고에게 분배되어야 한다.
> 따라서 이 사건 공탁금 97,680,000원에 대한 출급 청구권은 피고에게 귀속된다.
>
> 피고는 일부 대위변제자인 원고에 대하여 우선변제권을 가지므로 제1, 2아파트 공매 대금에 관하여 피고의 중도금 대출채권이 잔존하는 한 우선수익권의 수익 한도

금액 범위에서 원고에 우선하여 배당받을 수 있다. 그런데 앞서 본 바와 같이 공매대금 분배 당시 피고의 I에 대한 중도금 대출채권액은 246,091,961원으로서 제1아파트 공매 대금 분배대상액 224,057,040원을 넘고, L에 대한 중도금 대출채권액은 244,736,460원으로서 제2아파트 공매 대금 분배대상액 220,429,520원을 넘는다. 따라서 각 공매 대금 분배대상액은 원고에 우선하여 피고에게 전액 분배되어야 하므로, 그 일부인 이 사건 공탁금도 전액 피고에게 귀속되어야 한다.

나) 이에 대하여 원고는, 이 사건 채권양도계약 제2조가 **원고에게 우선변제권을 부여하는 내용의 특약에 해당한다고 주장한다.** 그러나 이 사건 채권양도계약 제2조는 수익권증서 교부 등 채권양도절차 및 그 불이행에 따른 손해배상 등만을 규정하고 있을 뿐이어서 그것이 **원고(일부 대위변제자)에게 피고에 우선하여 변제받을 권리를 부여하는 내용이라고 볼 수는 없다.**

6

신탁부동산 NPL 및 우선수익권을 대위변제한 자 등이 지정한 매수인에게 수탁자가 소유권이전 의무가 있는지 여부

수탁자는 신탁계약 특약사항에 따라 우선수익자가 별도 매수자로 지정한 자와 신탁부동산에 관한 매매계약을 체결할 의무를 부담하기로 약정한 경우 신탁부동산 NPL 및 우선수익권을 대위변제 또는 채권 양수로 취득한 대위변제자 등이 매수인으로 지정한 자에게 신탁부동산의 소유권이전등기 의무가 있다(서울중앙지방법원 2022. 7. 7. 선고 2021가합574665 매매계약 체결 절차 이행청구의 소 판결, 서울중앙지방법원 2020. 2. 7. 선고 2018가합592533 청산금 등 청구의 소 판결 참조).

⚖ 관련 판례

서울중앙지방법원 2020. 2. 7. 선고 2018가합592533 청산금 등 청구의 소 판결

1. 기초 사실

가. 원고는 2017. 5. 11. 이 사건 각 부동산에 관하여 2016. 7. 27.자 매매를 원인으로 한 소유권이전등기를 마쳤다. **원고(위탁자)는** 같은 날 **피고 C(수탁자)와**의 사이에 이 사건 각 부동산을 신탁부동산으로 하는 부동산담보신탁계약(이하 '이 사건 신탁계약'이라고 한다)을 체결하고, 피고 C 앞으로 이 사건 각 부동산

에 관하여 신탁을 원인으로 한 소유권이전등기를 마쳐주었다.

나. 원고는 이 사건 각 부동산의 매수를 위하여 주식회사 D, 주식회사 E, 주식회사 F, 주식회사 G 평촌지점(이하 'D 등'이라고 한다)으로부터 105억 원, 피고 B로부터 50억 원을 대출받았다. 원고는 이에 대한 담보로 D 등을 이 사건 신탁계약상 공동 1순위 우선수익자로, **피고 B를 2순위 우선수익자**로 각 지정해주었다.

다. D 등은 2018. 5. 11. 피고 C에게 대출 만기가 지났음을 이유로 기한이익상실에 따른 신탁재산처분을 요청하였다.

라. 피고 C는 2018. 5. 29.경 원고에게, '공동 1순위 우선수익자로부터 2018. 5. 11.자로 기한이익상실 통보를 받았으므로, 이 사건 신탁계약 제12조, 제27조에 따라 공동 1순위 우선수익자 및 2순위 우선수익자의 전원 동의하에 2순위 우선수익자인 **피고 B에게** 공동 1순위 우선수익자의 피담보채무액 이상(대출금 105억 원의 원리금)으로 신탁부동산에 대한 **우선매수권을 부여하겠다'는 취지의 통지**를 하였다.

마. **피고 B는 우선매수권을 행사하여** 2018. 6. 5. **피고 C(수탁자)와** 사이에 이 사건 각 부동산에 관하여 매매대금 16,079,684,928원(건물분 부가세 64,275,015원 별도)에 매수하는 내용의 **매매계약을 체결하고**, 2018. 6. 8. 이 사건 각 부동산에 관하여 매매를 원인으로 한 **소유권이전등기를 마친 후**, 같은 날 피고 C에게 2018. 6. 8.자 신탁을 원인으로 한 소유권이전등기를 마쳐주었다.

바. 이 사건 신탁계약 중 이 사건과 관련 있는 내용은 다음과 같다.

[특약사항]

제12조(처분방법)

① 신탁재산의 처분은 본 기본계약 제19조 내지 제23조에 불구하고 수탁자와 우선수익자가 협의하여 정할 수 있으며, 특히 우선수익자가 요구할 경우 신탁재산은 우선수익자 또는 우선수익자가 지정하는 자에게 직접 소유권이전등기를 경료함과 동시에 신탁등기를 말소할 수 있고, 위탁자는 이에 일체의 이의를 제기하지 아니한다.

② 제1항에 의한 신탁부동산 처분행위 시 처분가격은 공매를 위한 감정평가금액 또는 그 이상 금액 중 우선수익자가 정하는 금액으로 하기로 하며, 이에 대하여 위탁자는 이의를 제기하지 않기로 한다.

③ 본조 제1항에 의한 신탁부동산 처분 시 수탁자는 처분대금을 직접 수령하지 않음에 따라 위탁자, 우선수익자, 수익자, 매수인 등에 대하여 정산의무를 부담하지 아니하며, 이 경우 처분대금은 신탁원본 및 수익에서 제외된다. 단 공매 시에는 그러하지 아니한다.

제27조(2순위 우선수익자의 우선매수권 및 처분청구권)

① 공동1순위 우선수익자에 대한 위탁자의 기한이익 상실 시 기한이익 상실 후 1개월 이내에 2순위 우선수익자는 공동1순위 우선수익자의 피담보채무액 이상(대출금 105억 원의 원리금)으로 신탁부동산에 대한 우선매수할 권리(이하 '해당 권리'라고 함)를 가지며, 2순위 우선수익자의 해당 권리는 1개월 이후에는 상실된다. 위탁자는 본 항에 대하여 일체의 이의제기를 하지 않기로 한다.

---

3. 피고들에 대한 청구에 관한 판단

살피건대, 앞서 본 기초 사실과 각 증거에 변론 전체의 취지를 종합하여 인정되는 다음과 같은 사정에 비추어 보면, 원고가 피고들에 대하여 손해배상채권 내지 청산금 채권을 가진다고 보기 어렵다. 따라서 **원고의 피고들에 대한 이 부분 청구는 이유 없다.**

① 신탁부동산의 처분에 관한 이 사건 신탁계약의 내용을 전체적으로 보면, 기본계약 제20조는 공매 방식에 의한 처분 원칙을 정한 것이고, **특약사항 제12조는** 위 기본 계약에 불구하고 수탁자와 우선수익자 간 **협의를 통한 처분에 관한 특별규정**이며, **특약사항 제27조는** 공동 1순위 우선수익자에 대한 위탁자의 기한 이익 상실의 경우 **2순위 우선수익자에게** 특별히 제한된 기간 내에 **우선매수권을 부여하는 예외적인 규정**으로서 별개의 규정으로 보인다.

② 부동산 신탁자인 채무자가 1순위 우선수익자들에 대한 대출금을 변제하지 못할 경우, 절차가 지연되고 기간이 경과할수록 고율의 연체이율로 인하여 채무액이 급증할 위험이 있으므로 이를 막기 위해 예외적으로 **2순위 우선수익자의 우선매수권을 인정**한 특약사항 제27조의 취지도 납득할 수 있다.

③ 공매를 위한 감정평가금액 이상으로 처분가격을 정하도록 규정한 특약사항 제12조 제2항은 같은 조 제1항에 의한 처분의 경우에 적용되는 것으로 명시되어 있는 반면, 특약사항 제27조에는 위와 같은 규정이 없어 이를 우선매수의 경우에도 적용되는 것으로 해석하기는 어렵다.

④ 원고는 민법 제607조, 제608조 및 약한 의미의 양도담보에 관한 대법원 판례의 취지 등에 비추어서도 감정평가액과의 차액을 청산금으로 지급하여야 한다고 주장한다. 그러나 이 사건은 원고와 피고 B 사이의 담보계약이 아니라 원고와 피고 C 사이의 부동산 신탁계약에 기하여 피고 C가 피고 B에게 신탁부동산을 처분한 사안이므로, 위와 같은 민법 조항이나 법리가 그대로 적용된다고 할 수 없다. 따라서 원고의 위 주장은 이유 없다.

⑤ 원고는, 이 사건 신탁계약서는 약관이므로 약관의 규제에 관한 법률 제3조에 따라 피고 C나 피고 B 측에서 특약사항 제27조에 대하여 설명을 하였어야 하는데, 원고는 당시 특약사항 제27조에 대하여 아무런 설명을 듣지 못하였으므로, 특약사항 제27조는 약관의 규제에 관한 법률 제3조에 위반되어 무효라고 주장한다. 그러나 이 사건 신탁계약 특약사항 제27조는 일반적인 부동산담보신탁계약에는 없는 '특약사항'이므로 당사자들 사이에 교섭이 이루어진 조항에 해당하여 작성상의 일방성이 없다고 보는 것이 타당하므로, 이를 약관의 규제에 관한

법률 소정의 약관이라고 볼 수는 없다(대법원 2000. 12. 22. 선고 99다4634 판결 참조). 따라서 원고의 앞의 주장도 이유 없다.

4. 피고 C에 대한 청구에 관한 판단

원고의 피고 B에 대한 손해배상채권 내지 청산금채권이 존재하지 않음은 앞서 본 바와 같으므로, 원고가 피고 B에 대하여 피보전채권을 가지고 있음을 전제로 하는 피고 C에 대한 사해행위 취소 청구는 나머지 점에 관하여 더 나아가 살펴볼 필요 없이 이유 없다.

7

신탁부동산 NPL의 양수인이 무자격자인 경우 NPL 채권양수 계약의 사법상 효력까지 무효인지 여부

대부업법 제9조의4(미등록대부업자로부터의 채권양수·추심 금지 등) 제3항은 '대부업자 또는 여신금융기관은 등록한 대부업자, 여신금융기관 등 대통령령으로 정한 자가 아닌 자에게 대부계약에 따른 채권을 양도해서는 아니 된다'라고 규정하고 있다.

이 규정은 대부업자 또는 여신금융기관이 등록 대부업자 등이 아닌 사람에게 대부계약에 따른 채권을 '양도'하는 것을 금지하고 있을 뿐, 등록 대부업자 등이 아닌 사람이 대부계약에 따른 채권을 '양수'해서는 아니 된다는 취지로 규정하고 있지는 않다. 또한 법률에서 해당 규정을 위반한 법률행위를 무효라고 정하고 있거나, 해당 규정이 효력 규정이나 강행 규정이라고 명시하고 있으면 이러한 규정을 위반한 법률행위는 무효다.

이에 대부업법 제9조의4 제3항은 그 위반한 행위의 사법상 효력을 무효로 하는 명시적 규정이 없고, 양수인은 처벌하지 않는 점, 채권양도 행위 자체가 반사회성 또는 반도덕성을 지닌다고 볼 만한 충분한 근거도 없는 점 등으로 보아 강행 규정에 해당한다고 인정하기 어렵다.

따라서 신탁부동산 NPL의 양수인(여신금융기관의 일반 담보부 NPL의 양수인 포함)이 개인, 지역주택조합 또는 금융위원회 등록 대부법인 외의 법인 등 무자격자라도 NPL 채권양수 계약의 사법상 효력까지 무효는 아니다(대법원 2017. 12. 21. 선고 2012다74076 전원합의체 판결, 대법원 2019. 6. 13. 선고 2018다258562 판결 참조). 그러나 NPL 양수인은 법규를 준수하며 NPL 거래를 해야 할 것이다.

⚖ 관련 판례

> **① 서울중앙지방법원 2024. 2. 16. 선고 2021가합532371 판결 [채권양도 절차 이행]**
>
> 가. 당사자들의 지위
> 1) **원고는** 화성시 H 일대에서 지역주택조합 아파트 건설사업을 위하여 설립된 **지역주택조합이다.**
> 2) 피고 주식회사 C(이하 **'피고 대부회사'**라 한다)는 부동산 개발사업 관련 채권 및 관련 우선수익권 등의 양수 및 이에 부수하거나 관련되는 담보권 등 모든 권리의 관리, 운용 및 처분 등을 목적으로 설립된 법인이고, 피고 D는 피고 대부회사의 대표자인 사내이사이다.
>
> 사. 이 사건 신탁부동산에 대한 공매
> 1) 피고 대부회사는 2020. 9. 16. 이 사건 우선수익권에 기하여 G(수탁자)에 이 사건 신탁부동산에 대한 공매요청을 하였다.
> 2) 이에 따른 공매결과 매수자로 P 주식회사(이하 'P'이라 한다)가 선정되었고, G는 2021. 1. 5. P와 사이에 이 사건 신탁부동산에 대한 매매계약을 체결하였으나, 화성시는 2021. 1. 19.경 위 매매계약에 대한 토지거래불허가 처분을 하였다. G는 2021. 3. 9.경 P에게 토지거래허가를 증명하는 서류의 제출이 이행되지 않았음을 이유로 위 매매계약의 해제를 통보하였다.

가. 피고 대부회사의 이 사건 대출채권 양도의무 관련

이 사건 업무협약 제5조 제5항은 '원고(지역주택조합)의 요청이 있는 경우 피고 대부회사는 이 사건 대출채권을 원고에게 양도하여야 한다'고 규정하고 있으므로, 피고 대부회사는 원고의 요청이 있는 경우 원고에게 이 사건 대출채권을 양도할 의무가 있다. 원고는 2021. 3. 30. 피고 대부회사에게 내용증명으로 이 사건 대출채권의 양도를 요청하였고, 그 내용증명은 2021. 4. 8. 피고 대부회사에게 송달〈각주3〉되었으므로, 피고 대부회사는 ① 원고에게 이 사건 대출채권에 관하여 채권양도의 의사표시를 하고, ② F에게 위 대출채권을 이 사건 판결 확정일에 원고에게 양도하였다는 취지의 통지를 할 의무가 있다.

나. 피고 대부회사의 이 사건 우선수익권 양도의무 관련

피고 대부회사는 이 사건 업무협약 제5조 제5에 따라 **원고의 요청이 있는 경우** 이 사건 대출채권을 양도할 의무가 있는데, 이 사건 대출채권 양도의무에는 당연히 이 사건 **우선수익권 양도의무**가 포함되어 있으므로, 피고 대부회사는 ① 원고에게 이 사건 우선수익권에 관하여 양도의 의사표시를 하고, ② G에게 위 우선수익권을 이 사건 판결 확정일에게 원고에 양도하였다는 취지의 통지를 하며, ③ G에게 이 사건 우선수익권을 원고에게 양도하는 것에 대한 동의를 요청하는 의사표시를 할 의무가 있다.

2) 피고 대부회사의 주장 등에 관한 판단

가) 대부업법에 따른 양도금지

(1) **피고 대부회사 주장의 요지**

이 사건 대출채권은 대부계약에 따른 채권인데, 대부업법 제9조의4 제3항에 따르면 대부계약에 따른 채권은 대부업자 또는 여신금융기관만이 양도받을 수 있다. 피고 대부회사가 이 사건 대출채권을 양수하였다고 하더라도 위 대출채권의 성질이 변하는 것은 아니므로 위 대출채권은 대부계약에 따른 채권이라 할 것인데, 대부업체인 피고 대부회사는 대부업법 따라 원고에게 이 사건 대출채권을 양도할 수 없다.

(2) **구체적 판단**

사법상의 계약 기타 법률행위가 일정한 행위를 금지하는 구체적 법규정에 위반하여 행하여진 경우에 그 법률행위가 무효인가 또는 법원이 법률행위 내용의 실현에 대한 조력을 거부하거나 기타 다른 내용으로 그 효력이 제한되는가의 여부는 당해 법규정이 가지는 넓은 의미에서의 법률효과에 관한 문제의 일환으로서, 그 법규정의 해석 여하에 의하여 정하여진다. 따라서 그 점에 관한 **명문의 정함이 있다면 당연히 이에 따라야 할 것이고**, 그러한 정함이 없는 때에는 종국적으로 그 금지규정의 목적과 의미에 비추어 그에 반하는 법률행위의 무효 기타 효력 제한이 요구되는지를 검토하여 이를 정할 것이다(대법원 2019. 6. 13. 선고 2018다258562 판결 등 참조).

앞서 인정한 사실과 앞서 든 증거 및 변론 전체의 취지를 종합하여 인정할 수 있는 다음과 같은 사정에 비추어 보면, 대부업법 제9조의4 제3항(이하 '이 사건 조항'이라 한다)은 그 위반한 행위의 사법상 효력을 무효로 하는 강행규정에 해당한다고 인정하기 어렵다. 따라서 이 사건 업무협약 제5조 제5항이 대부업법 위반임을 전제로 양도의무를 인정할 수 없다는 피고 대부업체의 주장은 받아들일 수 없다.

① 대부업법은 대부업자와 여신금융기관의 불법적인 채권추심행위 및 이자율 등을 규제함으로써 대부업의 건전한 발전을 도모하는 한편, 금융이용자를 보호하고 국민의 경제생활을 안정시키는 것을 그 목적으로 하면서(제1조), 금전의 대부 및 채권추심을 업으로 하려는 자는 등록하도록 하고(제3조), 등록한 대부업자의 금전 대부 및 채권 추심 업무에 관하여 각종 규제를 가하고 있다. 이 사건 조항은 '대부업자 또는 여신금융기관은 등록한 대부업자, 여신금융기관 등 대통령령으로 정한 자가 아닌 자에게 대부계약에 따른 채권을 양도해서는 아니 된다'고 정하고 있는데, 이는 대부업자 또는 여신금융기관이 제3자에게 채권을 양도하는 형태를 통하여 대부업법상 각종 규제를 회피하는 것을 방지하기 위한 규정이라고 볼 수 있다. 이처럼 대부업의 건전한 발전을 도모하는 대부업법의 주된 규제 대상은 대부업자와 대부중개업자, 여신금융기관에 해당하고, 대부업법의 규정 중 대부업자의 거래상대방을 직접 규제하는 내용의 규정은 대부업자가 아님에도 등록을 하지 아니한 채 대부업을 하는 미등록 대부업자의 경우를 제외하면 쉽게 찾아보기 어렵다. **이 사건 조항 역시 대부업자 또는 여신금융기관이 등록 대부업자 등이 아닌 사람에게 대부계약에 따른 채권을 '양도'하는 것을 금지하고 있을 뿐, 등록 대부업자 등이 아닌 사람이 대부계약에 따른 채권을 '양수'하여서는 아니 된다는 취지로 규정하고 있지는 않다.**

② 대부업법은 이 사건 조항을 위반하여 체결된 채권양도 행위의 사법상 효력 및 **채권을 양수한 자의 처벌에 관한 규정을 두고 있지도 않다.** 앞서 본 대부업법의 전체적인 규정 내용들과 마찬가지로 대부업법은 이 사건 조항을 위반하여 채권을 양도한 자를 처벌하는 규정만을 두어(제19조 제2항 제5호) 〈각주5 대부업법 **제19조(벌칙)** ② 다음 각 호의 어느 하나에 해당하는 자는 3년 이하의 징역 또는 3천만 원 이하의 벌금에 처한다. 5. 제9조의4 제3항을 위반하여 대부계약에 따른 **채권을 양도한 자**〉, 이 사건 조항을 위반한 경우에도 '대부업자 및 여신금융기관'만이 제재를 받는다는 점을 분명히 하고 있다. 대부업법은 이와 같이 양도인을 처벌하는 규정을 두어 금지규정에 해당하는 이 사건 조항의 실효성을 확보하고 있으므로, 대부업자 및 여신금융기관이 불법적으로 대부계약에 따른 채권을 양도함으로써 대부업법의 각종 규제를 잠탈하는 것을 방지하기 위함이라는 이 사건 조항의 입법 목적은 위 처벌 규정을 통하여도 충분히 달성될 수 있고, 이와 달리 이 사건 조항을 위반한 채권양도행위의 사법상의 효력까지 부인하여야만 비로소 그 입법 목적이 달성된다고 보기는 어렵다.

③ 이 사건 조항을 위반하여 체결된 채권양도 행위의 사법상 효력을 부인할 경우 양 당사자는 경제 상황이나 채무자의 변제 자력의 변동 등으로 변화하는 자신의 거래상 이익에 따라 사후적으로 매매계약의 무효를 주장할 수도 있을 것으로 보일 뿐만 아니라, 해당 채권의 채무자는 진정한 채권자가 누구인지 알지 못하여 채무를 변제할 수 없게 되는 상황에 놓일 가능성이 발생하여, 전체 당사자 사이의 거래관계가 현저히 불안정하게 되는 부당한 결과 역시 초래될 수 있다.

④ 나아가 대부업자 및 여신 금융기관이 이 사건 조항을 위반하여 채권을 양도하였다고 하더라도, 채권추심 행위로 나아가기 전 단계에서의 **채권양도 행위 자체가** 그 사법상의 효력까지도 부인하지 않으면 안 될 정도로 현저한 **반사회성 또는 반도덕성을 지닌다고 볼 만한 충분한 근거도 없다.** 무엇보다도 만일 이 사건 조항을 위반한 채권양도 행위의 사법상 효력을 무효로 할 경우 양도된 채권은 다시 채권양도인에게 복귀하게 되는데, 이는 오히려 이 사건 조항에 따른 규제를 회피하여 불법적으로 채권을 양도한 대부업자 및 여신금융기관을 보호하게 되는 모순적인 결과로 귀결될 뿐이다.

② 서울고등법원 2022. 3. 31. 선고 2020나2033948, 2021나20202 판결 [정산금 등 청구의 소·(참가)정산금 등 청구의 소]

나) 구 주택법령의 위 각 조항이 **효력규정인지**

(1) 계약 등 법률행위의 당사자에게 일정한 의무를 부과하거나 일정한 행위를 금지하는 법규에서 이를 위반한 법률행위의 효력을 명시적으로 정하고 있는 경우에는 그 규정에 따라 법률행위의 유·무효를 판단하면 된다. **법률에서 해당 규정을 위반한 법률행위를 무효라고 정하고 있거나 해당 규정이 효력규정이나 강행규정이라고 명시하고 있으면 이러한 규정을 위반한 법률행위는 무효이다.** 이와 달리 이러한 규정을 위반한 법률행위의 효력에 관하여 명확하게 정하지 않은 경우에는 규정의 입법 배경과 취지, 보호법익과 규율대상, 위반의 중대성, 당사자에게 법규정을 위반하려는 의도가 있었는지 여부, 규정 위반이 법률행위의 당사자나 제3자에게 미치는 영향, 위반행위에 대한 사회적·경제적·윤리적 가치평가, 이와 유사하거나 밀접한 관련이 있는 행위에 대한 법의 태도 등 여러 사정을 종합적으로 고려해서 효력을 판단해야 한다(대법원 2010. 12. 23. 선고 2008다75119 판결, 대법원 2018. 10. 12. 선고 2015다256794 판결, 대법원 2021. 9. 30. 선고 2016다252560 판결 등 참조).

(2) 구 주택법 제32조 제7항은 주택조합의 운영·관리 등에 필요한 사항 등은 대통령령으로 정한다고 규정하고, 구 주택법 시행령 제37조 제2항 제9호 후단은 이를 받아 반드시 총회의 의결을 거쳐야 하는 사항은 국토교통부령으로 정한다고 규정하며, 구 주택법 시행규칙 제17조 제5항 제3호는 다시 이를 받아 예산으로 정한 사항 외에 **조합원에게 부담이 될 계약의 체결은 반드시 총회의 의결을 거쳐야 한다고 규정한다.** 〈각주1〉 이와 같이 구 주택법령의 위 각 조항이 예산으로 정한 사항 외에 조합원에게 부담이 될 계약의 체결은 반드시 총회의 의결을 거치도록 한 취지는 조합원들의 권리·의무에 직접적인 영향을 미치는 사항에 대하여 조합원들의 의사가 반영될 수 있도록 절차적 보장을 하기 위한 것이다. 이러한 규정의 취지에 비추어 보면, 구 주택법령에 의해 설립된 주택조합이 **조합원 총회의 결의를 거치지 아니하고** 예산으로 정한 사항 외에 **조합원의 부담이 될 계약을 체결한 경우에는 그 효력이 없다고 할 것이다(**도시 및 주거환경정비법의 동일한 취지 조항에 관한 대법원 2001. 3. 23. 선고 2000다61008 판결, 대법원 2011. 4. 28. 선고 2010다105112 판결 등 참조). 구 주택법령의 위 각 조항은 예산으로 정한 사항 외에 조합원에게 부담이 될 계약의 체결은 반드시 총회의 의결을 거쳐야 한다는 점에 관하여 법률 자체에 구체적인 규정

을 두지 않고 순차 위임을 통하여 시행령과 시행규칙에 구체적인 규정을 두었으나, 구 주택법령의 앞선 각 조항은 일체로 법규성이 있으므로 이러한 점만으로 달리 볼 수 없다. 〈각주2〉 한편 구 주택법령은 앞의 **각 조항을 위반한 행위를 형사 처벌하는 규정은 두고 있지 않으나, 이러한 점만으로 달리 볼 수도 없다. 〈각주3 법조항 위반행위를 형사 처벌하지 않음에도 이를 효력규정으로 해석한 것으로 대법원 2017. 12.21. 선고 2012다74076 전원합의체 판결 등이 있다. 이와 반대로 법조항 위반행위를 형사 처벌함에도 불구하고 이를 단순한 단속 조항으로 해석한 것으로 대법원 2019. 6. 13. 선고 2018다258562 판결 등이 있다.〉**

다) 구 주택법령 위반의 효과

주택조합이 총회의 의결을 거치지 않고 예산으로 정한 사항 외에 조합원에게 부담이 될 계약을 체결한 경우에는 계약 상대방이 그러한 법적 제한이 있다는 사실을 몰랐다거나 총회결의가 유효하기 위한 정족수 또는 유효한 총회결의가 있었는지에 관하여 잘못 알았더라도 계약이 무효임에는 변함이 없다(도시 및 주거환경정비법의 동일한 취지 조항에 관한 대법원 2016. 5. 12. 선고 2013다49381 판결 등 참조).

8

신탁부동산 NPL의 우선수익권의
일부 양수인도 수탁자의 사전 동의를 얻어야
우선수익금을 청구할 수 있는지 여부

부동산담보신탁계약 및 우선수익권 증서에 수탁자의 승낙 없이 우선수익권을 양도할 수 없다고 규정하고 있고, 이러한 부동산담보신탁계약서는 신탁원부에 첨부되어 신탁원부를 구성하며 등기된 신탁원부로 공시된다.

따라서 수탁자의 승낙을 얻지 않은 우선수익권의 일부 양수인은 우선수익권 양수 계약 당시 신탁원부로 공시된 신탁계약상 우선수익권의 양도에 관한 수탁자의 승낙 요건을 알고 있었거나 그 알지 못한 데에 중대한 과실이 있는 것으로 보아야 하므로(대법원 2010. 5. 13. 선고 2010다8310 판결), 미동의 양수인은 수탁자에 대해 신탁계약상 우선수익권 일부 양수의 효력을 주장할 수 없고, 이에 대한 수익금 지급을 청구할 수 없다.

관련 판례

① **부산지방법원 2017. 4. 26. 선고 2016가합2737 판결 [양수금]**

원고 대○건설 주식회사, 피고 주식회사 한○토지신탁

2. 원고의 주장 및 이에 대한 판단

가. 원고의 주장

주식회사 에○포가 원고에게 이 사건 대여금을 변제기일 내에 변제하지 못하여 원고는 확정적으로 세○디앤씨로부터 이 사건 신탁계약상 우선수익자 지위와 이에 따른 채권 6억 원을 양수받았으므로, 피고는 원고에게 양수금 6억 원 및 이에 대한 지연손해금을 지급할 의무가 있다.

나. 판단

1) **원고가 주장하는 채권양도는 세○디앤씨가 보유하는 이 사건 신탁계약상 우선수익권 중 그 양적 일부인 6억 원 및 그 이자 채권에 해당하는 부분에 대한 것이므로, 우선 이와 같은 신탁계약상 우선수익권의 양적 분할 양도가 허용되는지에 관하여 본다.**

2) 만약, 견해를 달리하여 수익권의 양적 분할 양도가 가능하다고 보는 경우에도 다음과 같은 이유로 원고의 청구는 이유 없다.

채무자는 제3자가 채권자로부터 채권을 양수한 경우 채권양도 금지 특약의 존재를 알고 있는 양수인이나 그 특약의 존재를 알지 못함에 중대한 과실이 있는 양수인에게 그 특약으로써 대항할 수 있고, 여기서 말하는 중과실이란 통상인에게 요구되는 정도의 상당한 주의를 하지 않더라도 약간의 주의를 한다면 손쉽게 그 특약의 존재를 알 수 있음에도 불구하고 그러한 주의조차 기울이지 아니하여 특약의 존재를 알지 못한 것을 말하며, **제3자의 악의 내지 중과실은 채권양도 금지의 특약으로 양수인에게 대항하려는 자가 이를 주장·입증하여야 한다**(내법원 2010. 5. 13. 선고 2010다8310 판결 참조).

이 사건에 관하여 보건대, 이 사건 **신탁계약 제15조 제1항은 수익자는 피고(수탁자)의 승낙 없이 수익권을 양도할 수 없다고 규정하고 있는 사실**, 이 사건 신탁계약에 따라 발행되는 **수익권증서에도 피고(수탁자)의 사전 동의 없이 수익권을 양도할 수 없다**는 취지의 약관이 기재되어 있는 사실, 이 사건 채권양도 계약에서 세○디앤씨가 원고에게 **우선수익권 증서를 인도하고**, 피고에게 우선수익권의 양도 사실을 통지하고 **승낙을 얻도록 정한 사실**은 앞서 본 바와 같다.

위 인정사실에 의하여 알 수 있는 다음과 같은 사정들, 즉 ① 원고가 이 사건 채권양도 계약에 따라 인도받은 **수익권증서에는 이 사건 신탁계약상 수익권 양도의 제한에 관한 내용이 명시**되어 있으므로, 원고도 이를 확인하였을 것으로 보이는 점, ② 일반적인 채권양도는 채무자에 대한 통지만으로도 대항할 수 있음에도 이 사건 채권양도 계약에서는 세○디앤씨로 하여금 채권양도에 관한 **피고의 '승낙'을 얻도록 정하고 있는 점** 등을 보면, 원고는 이 사건 채권양도계약 당시 이 사건 신탁계약상 수익권의 양도의 제한에 관한 내용을 알았을 것으로 보인다. 만약 그렇지 않더라도 원고는 다수의 이해관계인과 복잡한 신탁 법률관계가 얽혀 있는 채권을 양수한 것이므로, 원고가 자신이 양수하는 우선수익권에 관하여 그 신탁계약서를 살피는 등 조금만 주의를 기울였다면 위와 같은 양도의 제한에 관한 내용을 쉽게 확인할 수 있었을 것이다.

따라서 원고는 이 사건 채권양도 계약 당시 이 사건 신탁계약상 우선수익권의 양도에 관한 피고의 승낙 요건을 알고 있었거나 그 알지 못한 데에 중대한 과실이 있는 것으로 보아야 하므로, 원고는 피고에 대하여 이 사건 신탁계약상 우선수익권 양도의 효력을 주장할 수 없다.

② 수원지방법원 2020. 4. 9. 선고 2018가합25802 판결 [채무인수금]

2. 원고의 주장 요지

원고는 이 사건 채권양도 및 그 양도통지에 의하여 R로부터 이 사건 **신탁계약상 R이 우선적으로 수령하게 되는 수익채권 중 4억 6천만 원을 양수받고 D(수탁자)에 대한 대항요건도 갖추었다.** 또한 피고는 이 사건 신탁토지에 관하여 신탁재산의 귀속을 원인으로 한 소유권이전등기를 마치고 이 사건 통지를 함으로써 D의 우선수익자에 대한 채무를 인수하였다 할 것이므로, 피고는 원고에게 4억 6천만 원 및 이에 대한 지연손해금을 지급할 의무가 있다.

3. 판단
   가. 원고의 위 주장은 원고와 R 사이의 이 사건 채권양도가 적법, 유효할 것 및
   피고가 수탁자인 D의 우선수익자에 대한 채무를 적법, 유효하게 인수하였을
   것을 전제로 한다.

   나. 이 사건 채권양도의 적법, 유효성
   1) R이 원고에게 이 사건 채권양도를 하고 D에게 양도통지를 한 사실은 앞
   서 본 바와 같다. 이에 대하여 피고는 R의 이 사건 채권양도는 이 사건 **신
   탁계약상 양도제한 특약에 위반한 것**이고 원고는 그에 대하여 악의 또는
   중대한 과실이 있으므로 D에게 이 사건 채권양도의 유효성을 주장할 수
   없다고 항변한다.

   2) 일반적으로 채무자는 제3자가 채권자로부터 채권을 양수한 경우 채권양
   도금지 특약의 존재를 알고 있는 양수인이나 그 특약의 존재를 알지 못함
   에 중대한 과실이 있는 양수인에게 그 특약으로써 대항할 수 있고, 여기서
   말하는 중과실이란 통상인에게 요구되는 정도의 상당한 주의를 하지 않
   더라도 약간의 주의를 한다면 손쉽게 그 특약의 존재를 알 수 있음에도 불
   구하고 그러한 주의조차 기울이지 아니하여 특약의 존재를 알지 못한 것
   을 말한다(대법원 2010. 5. 13. 선고 2010다8310 판결 참조).

   3) 이 사건의 경우를 살피건대, 신탁계약의 수익자는 원칙적으로 수익권을
   양도할 수 있으나, 수익권 양도에 대하여 신탁행위로 달리 정한 경우에는
   그에 따라야 하고, 다만 그 정함으로써 선의의 제3자에게 대항하지 못한
   다(신탁법 제64조). 한편, **이 사건 신탁계약 제7조 제5항이 우선수익자
   는 D(수탁자)의 사전동의 없이 수익권의 처분행위를 할 수 없다**고 규정하
   고 있는 사실은 앞서 본 바와 같고, **R이 이 사건 채권양도 이전에 D로부
   터 양도 동의를 받았다는 사실을 인정할 아무런 증거가 없다.** 그런데 앞서
   든 증거들 및 변론 전체의 취지를 종합하면, 이 사건 채권양도계약서에는
   이 사건 채권양도의 목적물이 이 사건 신탁계약에 기한 우선수익채권임
   을 명시하고 있고, 신탁재산인 부동산과 신탁원부 번호가 특정되어 기재
   되어 있으며 신탁원부가 첨부서류로 붙어 있는 사실, 또 신탁원부에는 이
   사건 신탁계약서와 특약사항, 우선수익자 및 수익자 명부 등의 내용이 포
   함되어 있는 사실이 인정되므로, 양수인인 원고로서는 양도계약 과정에

서 조금만 주의를 기울였다면 양도계약서 첨부서류인 신탁계약서에서 수익권 양도제한 특약의 내용을 손쉽게 확인할 수 있었을 것으로 추단된다. 사정이 이와 같다면 원고는 이 사건 신탁계약상 양도제한 특약의 존재를 알고 있었거나 알지 못한 데에 중대한 과실이 있는 것으로 봄이 타당하므로, 생○부동산신탁에게 이 사건 채권양도의 유효성을 주장할 수 없다.

9

신탁부동산 NPL 및 우선수익권 양도 시 수탁자의 사후 동의가 유효한지 여부

신탁원부로서 공시된 부동산담보신탁계약에 따라 우선수익권 양도에 대한 수탁자의 사전 동의가 없으면 무효지만, 사후 동의를 받으면 무효행위의 추인으로써 하자가 치유되어 동의 추인 시점부터 수탁자에 대한 유효한 우선수익권 양도의 효력을 주장할 수 있고, 이에 수탁자에게 우선수익금을 지급 청구할 수 있다.

즉 신탁부동산 NPL 및 우선수익권 양도 시 수탁자의 사전 동의가 없는 경우 수탁자의 사후 동의로 무효인 우선수익권 양도 행위가 추인되어 유효하게 되며, 이 경우 다른 약정이 없는 한 소급효가 인정되지 않고 양도 효과는 사후 동의 시점부터 발생한다(대법원 2009. 10. 29. 선고 2009다47685 판결 참조).

우선수익권에 대한 질권설정 시에도 수탁자로부터 사전 동의를 받지 못한 경우 사후 동의를 얻으면 유효하다고 볼 수 있을 것이다.

관련 판례

① 대법원 2009. 10. 29. 선고 2009다47685 판결 [양수금]

당사자의 양도 금지의 의사표시로써 채권은 양도성을 상실하며 양도 금지의 특약에 위반해서 채권을 제3자에게 양도한 경우에 악의 또는 중과실의 채권양수인에 대하여는 채권 이전의 효과가 생기지 아니하나, 악의 또는 중과실로 채권양수를 받은 후 채무자가 그 양도에 대하여 승낙을 한 때에는 **채무자의 사후승낙에 의하여 무효인 채권양도 행위가 추인되어 유효하게 되며** 이 경우 다른 약정이 없는 한 소급효가 인정되지 않고 **양도의 효과는 승낙 시부터 발생**한다. 이른바 집합 채권의 양도가 양도 금지 특약을 위반하여 무효인 경우 채무자는 일부 개별 채권을 특정하여 추인하는 것이 가능하다.

② 서울고등법원 2016. 5. 25. 선고 2016나2002169 판결 [소유권이전등기말 소 등](대법원 2016다227342 심리불속행기각 원고 패소 확정)

이 사건 신탁계약 제7조 제5항이 우선수익권의 처분에 대하여 피고 생○부동산신탁의 **사전 동의가 있어야 한다고 규정하고 있음에도**, 단위농○들이 2014. 6. 25. 아직 피고 생○부동산신탁으로부터 **동의를 받지 아니한 상태에서** 이 사건 우선수익권을 농○자산관리에 **양도한 사실**은 위에서 본 바와 같다.

그러나 이 사건 우선수익권의 처분에 관하여 수탁자인 피고 생○부동산신탁의 **사전 동의**를 얻도록 한 이 사건 신탁계약 제7조 제5항은 나중에 신탁부동산을 처분하여 그 대금을 정산할 때 스스로 우선수익권의 양수인이라고 주장하는 자들이 난립하여 **정산 과정에서 혼선을 겪는 것을 미연에 방지하기 위하여** 신탁자인 원고와 수탁자인 피고 생○부동산신탁 사이에 체결된 특약사항에 해당하므로, 이 사건 신탁계약 제7조 제5항이 정한 수탁자의 **사전 동의**는 이 사건 우선수익권이 제3자에게 양도되는 경우 수탁자인 피고 생○부동산신탁에 대한 **대항요건을 정한 것**으로 보아야 한다(즉 수탁자의 사전 동의가 원고의 주장과 같이 이 사건 우선수익권 양도의 성립요건 내지 효력발생요건이라고 볼 수는 없다).

그리고 위와 같이 당사자의 의사표시에 의하여 체결된 사전 동의 특약은 제3자가 악의인 경우는 물론 제3자가 사전 동의 특약을 알지 못한 데에 중대한 과실이 있는 경우에도 사전 동의 특약으로써 대항할 수 있고, 이러한 제3자의 악의 내지 중과실은 **사전 동의 특약으로 양수인에게 대항하려는 자가 이를 주장·증명**하여야 하는바(대법원 1999. 12. 28. 선고 99다8834 판결, 대법원 2015. 4. 9. 선고 2012다118020 판결 등 참조), 이 사건의 경우 원고가 제출한 증거들만으로는 제3자인 농○자산관리의 악의 내지 중과실을 증명하기에 부족하고 달리 이를 인정할 증거가 없으므로, 원고는 이 사건 신탁계약 제7조 제5항이 정한 사전 동의 특약으로 양수인인 농○자산관리에 대항할 수 없다고 봄이 타당하다.

설령 2014. 6. 25. 당시 제3자인 농○자산관리의 악의 내지 중과실이 인정되어 이 사건 우선수익권이 적법하게 양도되지 않은 것으로 본다고 하더라도, **악의 내지 중과실로 이 사건 우선수익권이 양도된 후** 수탁자인 피고 생○부동산신탁이 그 양도에 대하여 동의한 때에는 **수탁자의 사후 동의로 무효인 이 사건 우선수익권 양도 행위가 추인되어 유효하게 되며, 이 경우 다른 약정이 없는 한 소급효가 인정되지 않고 양도 효과는 사후 동의 시부터 발생한다고 보아야 하는바(대법원 2009. 10. 29. 선고 2009다47685 판결 참조)**, 피고 생○부동산신탁이 2014. 10. 12.경 이 사건 우선수익권 양도계약에 관하여 동의하는 의사를 표시한 사실은 위에서 본 바와 같으므로, 이 사건 제1우선수익권 양도계약은 추인되어 유효하게 되었고, 이를 토대로 체결된 이 사건 제2우선수익권 양도계약도 유효하다.

위에서 본 바와 같이 선의의 양수인으로 보이는 농○자산관리로부터 다시 이 사건 우선수익권을 양수한 S○인터내셔널은 전득자로서 그의 선의·악의를 불문하고 이 사건 우선수익권을 유효하게 취득한다(위 2012다118020 판결 참조). 따라서 원고의 위 주장은 어느 모로 보나 이유 없다.

10

신탁부동산 NPL 및 우선수익권 매입 시
수탁자가 질권설정 동의를 거부하는 경우

수탁자는 신탁법 제32조에서 정한 선량한 관리자의 주의로 신탁사무를 처리해야 할 선관주의 의무, 제33조의 수익자의 이익을 위해 신탁사무를 처리해야 할 충실 의무, 제35조에서 정한 수익자가 여럿인 경우 각 수익자를 위해 공평하게 신탁사무를 처리해야 할 공평 의무 등을 부담한다. 그럼에도 수탁자가 이들 의무를 위반해서 위탁자와 우선수익자 등에게 손해를 끼친 경우 그 손해를 배상해야 한다.

신탁부동산 NPL 및 우선수익권을 대위변제 또는 채권양수로 승계취득 후 취득자가 질권의 담보인 우선수익권 한도를 초과해서 질권설정 시, 이는 사실상 무담보 채권에 대한 깡통 질권과 같다. 또한 질권담보인 우선수익권 한도를 초과해서 우선수익자가 요청한 질권설정에 수탁자가 동의 시, 이후 이중 지급의 위험성 및 부당 정산 문제로 신탁재산에 손해를 입힐 우려도 있다. 그리고 수탁자가 우선수익자의 돌려막기 등 불법 자금 조달에 협조함으로써 피해자들로부터 불측의 손해배상청구를 당해, 신탁재산에 손해를 끼칠 수도 있다. 이에 수탁자는 우선수익권 한도 이내에서만 질권설정에 동의하고, 우선수익권 한도를 초과한 질권설정 동의 요청 시에는 이를 거부한다.

관련 판례

서울중앙지방법원 2022. 5. 13. 선고 2019가합514325 투자금 반환 등 판결

(2) 원고 A의 2018. 3. 29.자 1억 4,000만 원

(가) 원고 A는 피고 G, H로부터 '서울 서초구 AF건물 제지1층 AG호 외 7호수'로 담보되는 NPL에 대한 투자 권유를 받고, 2018. 3. 29. 피고 H 명의 계좌에 이 사건 사업 투자금 명목으로 1억 4,000만 원을 송금하였다. 원고 A는 위 투자금과 관련하여 2018. 4. 11. 피고 L과 사이에 아래와 같은 내용을 포함한 우선수익권부 질권 계약을 체결하였다.

주석 14 : NPL의 담보부동산이 신탁회사에 소유권이전등기가 마쳐진 이른바 '신탁부동산'인 경우 피고 G, H는 투자자들에게 해당 우선수익권에 질권을 설정하여 주기로 약정하면서 아래와 같은 계약서를 작성하여 이로써 투자자들과의 계약을 갈음하였고, 별도로 '투자계약서' 등을 작성하지는 않았다. 위 계약서는 원고 A의 2018. 3. 29.자 투자금과 관련하여 작성된 것이지만, 이하 원고들의 다른 우선수익권부 NPL 투자와 관련하여 작성된 계약서도 투자 금액, 우선수익권의 구체적 현황에 관한 내용을 제외한 주요 내용에 차이가 없다.

(나) 피고 L은 2018. 5. 4. 다음과 같은 내용의 '확인서'를 작성하여 원고에게 송부하였다.

우선수익권부질권계약서[14]

질권설정자 피고 L(이하 '질권설정자'라 칭한다)와 질권자 원고 A(이하 '질권자')은 아래와
우선수익권 채권에 대하여 질권계약을 체결하고 본 계약을 증명하기 위해 쌍방이 각 기명날
인하여 1부씩 보관하기로 한다.

제1조 질권설정자는 본 계약체결에 따른 잔금을 수령하는 즉시, 우선수익권부 질권 설정하
며 이를 채무자 및 소유자에게 통지하여야 한다.

제3조 공매절차에 의한 배당기일 지정 혹은 채무자의 변제 등 금원(배당금 등)에 대한 수
령은 질권설정자가 지정한 위임인이 하며, 질권자는 이에 협조하기로 한다.

제7조 매매대상 우선수익권 및 우선수익권부 질권에 대한 표시

구 분	내 역
우선수익자	AH은행('피고 L'로 근저당권[15] 이전 등기)
우선수익권한도금액	금 삼십이억오천만 원정 (₩3,250,000,000) (이하 표 생략)

제8조 부동산의 표시

소 재 지	서울특별시 서초구 AF건물 제지1층 AG호 외 7호수	판매 및 영업시설
대 지	230.2㎡ (69.64평)	
건 물	1533.09㎡ (463.76평)	

★ 특약사항

1. '피고 L' 또는 '피고 L'가 지정한 개인이나 법인이 입찰로 유입하거나 제3자 낙찰로 인하
여 질권자에게 배당지급 시 투자자간 수익과 손실공유를 통해 연15프로 배당받기로 하며,
질권설정하기로 한다.

2. 수익금의 정산은 기 '등기일로부터 배당일'이었으나, 매각위원회 절차가 늦어지거나 채무
자 이자 상환으로 매각 제외되어 등기물건 교체 등의 사유가 발생하여 등기일정이 늦어지
는 경우가 발생됨으로 '입금일로부터 배당일'로 정산하기로 한다.

3. 실 투자금액은 일억사천만원정

확인서

별지목록(2) 부동산의 우선수익권부 질권 설정과 관련하여

1. 당사 피고 L는 첨부된 별지 부동산 우선수익권에 대해 원고 A에 우선수익권부 질권 설정
을 승낙합니다.

2. 당사는 이와 같은 내용을 승낙하며, 이를 수탁자 AI에 우선수익권부 질권 설정을 요청한
사실이 있습니다.

3. AI의 사정에 의해 우선수익권부 질권 설정이 불가한바, 당사는 우선수익권부 질권 계약서
와 확인서로 이를 대신할 것을 확인합니다.

(3) 기타 원고들의 투자 경위

(가) 원고들이 투자한 NPL은 근저당권으로 담보되는 NPL과 신탁부동산의 우선 수익권으로 담보되는 NPL로 구분되는데, 그 투자 경위는 앞서 본 원고 A의 2018. 2. 2.자 및 2018. 3. 29.자 투자 경위와 유사하다.

(나) 즉, 피고 G, H는 투자 대상 NPL의 담보부동산을 명시하며 원고들에게 투자 를 권유하였고, 원고들은 특정 부동산으로 담보되는 NPL에 투자하기로 결정 한 후 피고 G, H 측에 투자금을 송금하였다. 일부 원고들은 피고 G, H로부터 'NPL 담보부 동산 내역, NPL 매입가격, NPL 매입 시 금융기관으로부터 받는 대출금액, 위 대출금에 대한 선이자, 근저당권 등 이전비용, 경매비용 등'이 자 세히 기재된 '매각리스트'를 받아 보고 그중 특정 NPL에 대한 투자를 결정하 였다.

(다) 피고 G, H는 원고들에게 담보부동산에 대한 근저당권부질권 또는 우선수익권 부질권을 설정해주겠다고 약정하였고, 이에 원고들은 NPL 매입 회사와 사이 에 근저당권부질권계약 또는 우선수익권부질권계약을 체결하였다.

(라) 이에 따라 피고 G, H는 원고들에게 근저당권부질권을 설정하여 주었으나, 그 설정 당시에는 이미 피고 G, H가 금융기관으로부터 NPL 매입대금의 70~90%를 대출받으면서 해당 금융기관에 근저당권 채권최고액과 동일한 금 액으로 설정하여준 근저당권부질권이 선순위로 등기되어 있었다. 피고 G, H 는 신탁부동산의 우선수익권으로 담보되는 NPL의 경우에도 금융기관으로부 터 NPL 매입대금의 70~90%를 대출받으면서 해당 금융기관에 우선수익권한 도액과 동일한 금액의 우선수익권부질권을 설정하여 주었고, 이후 신탁회사에 원고들에 대한 우선수익권부질권 설정을 요청하였으나 신탁회사가 이를 거절 하였다는 이유로 앞서 본 원고 A의 2018. 3. 29.자 투자에서와 같은 내용의 '확인서'를 원고들에게 송부하였다.

(마) 이와 같은 원고들의 투자 경위에 관한 구체적인 내용은 별지 '원고들 투자 경 위' 표 기재와 같다.

다) NPL 매입대금을 초과하는 투자금의 유치

피고 G, H는 NPL을 매입하면서 실제로 필요한 매입대금을 초과하는 금액을 원고들을 비롯한 일반 투자자들로부터 투자받았다. 피고 G, H는 NPL 매입대 금 중 70~90%는 금융기관 대출로 조달하였으므로, 나머지 10~30%만 일반 투자자들로부터 투자받으면 해당 NPL을 매입할 수 있었음에도, 각 NPL별로 적게는 3~4배에서 많게는 36배에 달하는 금액을 원고들을 비롯한 일반 투자자들로부터 투자받았다.

라) 선행 투자자들에 대한 투자 원금 및 수익금 지급 경위

원고들이 이 사건 사업에 투자한 앞의 투자금 중 일부는 실제 NPL 매입자금으로 사용되었으나, 대부분의 투자금은 선행 투자자들에 대한 투자 원금 및 약정수익금 명목으로 사용되었다. 피고 G, H는 선행 투자자들이 투자한 NPL에 관한 경매·공매 등 진행 결과 수익이 발생하지 않았거나 투자자들에게 약정한 수익률에 미치지 못하는 수익만 발생하였음에도 원고들로부터 받은 투자금으로 앞의 선행 투자자들에 대한 투자 원금 및 약정수익금을 지급하였다.

마) 이 사건 사업과 무관한 사업들에 대한 투자금 지출

피고 G, H는 오피스텔 시행사업, 평택 소재 김치공장 사업 등 이 사건 사업과 무관한 사업들(이하 '부수적 사업들'이라 한다)도 영위하였는데, 원고들을 비롯한 일반투자자들이 이 사건 사업에 투자한 투자금 중 상당 금액이 이와 같은 부수적 사업들에 지출되었다.

바) 대부업법 시행령 개정 경과

(1) 정부가 2017. 10. 24. 이른바 '10·24 가계부채 대책'을 발표하고, 금융위원회가 2018. 1. 18. '취약·연체차주 지원방안'을 발표하는 등의 절차를 거쳐, 2018. 4. 4. 금융위원회 고시 제2018-8호로 '대부업법 시행령 제9조 제3항 제2호에 따른 여신금융기관의 연체이자율에 관한 규정' 개정규정이 시행되었다. 이에 따라 2018. 4. 30.부터는 대부업법 시행령 제9조 제4항의 연체이자율 상한이 '대부이자율 + 최대 연 3%의 연체가산이자율'로 제한되었고, 대부업체의 기존 대출금에 대해서도 2018. 4. 30. 이후 연체분부터는 최대 연 3%의 연체가산이자율이 적용되게 되었다.

(2) 한편, 제1금융권에 속하는 은행들도 2018. 1. 무렵부터 자율적으로 최대 연 3%의 연체가산이자율을 적용하기 시작하였고, 2018. 11. 13. 대통령령 제29287호로 대부업법 시행령 제9조 제4항이 개정되면서 이후부터는 금융위원회가 제1금융권을 포함하여 모든 금융권의 연체가산이자율을 정하도록 법령이 정비되었다.

2) 구체적 판단

가) 위 인정사실에다가 앞서 든 증거들 및 갑 제63호증의 기재에 변론 전체의 취지를 종합하여 인정할 수 있는 아래와 같은 사실 내지 사정들을 더하여 보면, 피고 G, H는 NPL 매입을 위한 매입자금을 투자 받음에 있어서 원고들에게 담보가치 있는 유효한 근저당권부질권 또는 우선수익권부질권을 설정하여줄 의사나 능력이 없었고, 당시 이 사건 사업의 구조 및 사업운영 행태 등에 비추어 **투자원금 및 약정수익금을 지급하여줄 의사나 능력이 없었음에도 원고들을 기망하여 NPL 매입자금 명목으로 제1의 나., 3)항 기재와 같은 돈을 투자받아 이를 편취하였다고 봄이 타당하다.**

① 이 사건 사업은 앞서 본 바와 같이 금융기관으로부터 근저당권 또는 신탁부동산 우선수익권으로 담보되는 NPL을 가급적 낮은 가격에 매입한 후, 경매·공매진행 결과 매입액 이상의 배당금을 받아 그 차액에서 일련의 비용을 공제한 나머지를 수익으로 얻는 구조이다. 그러나 부동산 경기 변동 등 외부적 환경이나 유치권 발생 등 해당 부동산 자체적인 이유로 경매·공매에서 여러 차례 유찰이 되어 최저매각가격이 채권최고액 등보다 현저히 낮아지는 경우는 얼마든지 발생할 수 있다. 따라서 이 사건 사업에는 **지속적으로 높은 수익을 보장하기 어려운 구조적인 한계가 있다.**

② 실제로 피고 G, H가 매입한 NPL 중 경매·공매에서 여러 차례 유찰이 되는 사례가 다수 발생하였고, 이러한 경우 피고 G, H는 직접 경매·공매에 참여하여 해당 부동산을 매수하는 **이른바 '유입 기법'을 활용해왔다.** 이에 대하여 피고 G, H는 이와 같이 경매절차에서 손실을 입을 가능성이 있을 때에는 해당 부동산을 직접 낙찰받아 관리하면서 적당한 가격으로 처분하는 것이 수익에 도움이 된다는 취지로 주장하나, 대부분의 경우 경매·공매 절차에서 유찰이 발생하게 된 원인을 해결하여 높은 가격에 이를 재매각할 가능성이 그리 높지 않을 것으로 보이는 점, 낙찰 시점부터 재매각 시점까지 적지 않은 비용(취득세, 등록세, 금융기관 대출이자, 관리비용 등)이 발생하는 점, 유입 부동산 매수대금으로 막대한 투자금을 사용함으로 인하여 이 사건 사업의 **유동성이 악화되는 점**〈각주16〉 등을 고려하면, **'유입 기법' 역시 그 자체로 수익을 보장하기 어려운 구조적인 한계**가 있을 뿐만 아니라 오히려 이 사건 사업의 수익률에 부정적인 영향을 미칠 위험도 존재한다.

③ 더욱이 피고 G, H는 이 사건 사업과 관련하여 원고들을 비롯한 투자자들로부터 받은 **투자금 중 상당한 금액을 이 사건 사업과 무관한 부수적 사업들에 사용**하였기 때문에 이 사건 사업의 수익성은 더욱 악화될 수밖에 없었다. 피고 G, H가 원고들을 비롯한 투자자들에게 자신들의 투자금을 이 사건 사업과 무관한 부수적 사업들에 사용할 수 있다는 사실을 설명하지도 않았던 것으로 보인다.

④ 원고들이 피고 G, H로부터 안내받은 NPL 담보부동산 목록을 확인한 후 그중 특정 부동산에 대한 투자를 결정한 점, 피고 G, H는 원고들에게 담보부동산에 관한 질권을 설정하여 주겠다고 약속하면서 투자를 권유하였고, 이에 따라 원고들과 빠짐없이 근저당권부질권계약 또는 우선수익권부질권계약을 체결한 점, NPL 매입 과정에서 투자 대상 부동산이 변경되는 경우 변경된 부동산을 대상으로 새로 **근저당권부질권계약 또는 우선수익권부질권계약이 체결된 점** 등에 비추어 볼 때, 원고들은 **NPL의 담보부동산에 관한 질권의 담보가치를 중요하게 고려하여 투자한 것**으로 보인다.

그러나 피고 G, H는 원고들에게 질권을 설정하여 주기 이전에 이미 NPL 매입대금의 대출금융기관에 채권최고액 또는 **우선수익권 한도액 상당의 선순위 질권을 설정하여 주었고, 일반 투자자들로부터 매입대금을 초과하는 과도한 투자금을 유치하였기 때문에, 설령 원고들이 일반 투자자들과 함께 후순위 질권을 설정받는다 하더라도 그 담보가치는 없거나 미미할 수밖에 없었다.** 그럼에도 피고 G, H는 이와 같은 사정을 제대로 설명하기는커녕 담보가치를 걱정하는 투자자에게 '근저당권자는 질권자의 동의 없이 배당받을 수 없기 때문에 안전하다'거나 '질권 자체가 중요한 것이지 질권설정액은 중요하지 않다'는 등의 거짓말을 하는 등의 방법으로 투자자들을 안심시켰다(갑 제63호증 녹취록 표지 제외 5쪽 참조).

더욱이 신탁부동산 우선수익권으로 담보되는 NPL의 경우 신탁계약상 우선수익자는 수탁자인 신탁회사의 동의 없이 우선수익권을 담보로 제공할 수 없었는데, 피고 G, H가 자신들이 운영하는 회사 명의로 우선수익권을 취득한 후 **대출금융기관에 이미 우선수익권 한도액 상당의 선순위 질권을 설정하여 주었기 때문에 신탁회사는 이를 초과하는 일반 투자자들에 대한 후순위 질권설정 요청을 거절하였다.** 피고 G, H는 이 사건 사업을 수년간 영위하여 오면서 이와 같은 사정을 잘 알고 있었을 것임에도 우선수익권에 질권을 설정받을 수 있다고 투자자들을 기망하였고, **담보로서 아무런 법적 의미가 없는 '확인서'를 보내 법률 지식이 부족한 투자자들의 잘못된 신뢰를 강화하였으며, 일부 투자자에게는 '확정일자를 받은 확인서는 근저당권부질권이나 마찬가지이다'라고 적극적으로 거짓말을 하기도 하였다.**

⑤ 이 사건 사업에 앞과 같은 여러 위험이 존재하였음에도 피고 G, H는 원고들을 비롯한 투자자들에게 이를 제대로 설명하지 않았을 뿐만 아니라, 오히려 투자 강의나 상담 등을 통하여 투자자들에게 **'채권최고액보다 낮은 금액으로 낙찰되지 않는다'거나 '근저당권자는 질권자의 동의 없이 배당받을 수 없다'는 등의 거짓말을 하면서 고율의 수익을 보장해 주겠다고 약정**하였다.

이에 대하여 피고 G, H는 원고들에게 제시한 연 15%(또는 20%)의 수익률이 확정수익률이 아닌 목표수익률에 불과하다는 취지로 주장하나, 처분문서인 근저당권부질권 계약서, 우선수익권부질권 계약서의 특약사항에 기재된 '투자자 간 수익과 손실공유를 통해 연 15프로 배당받기로 하며'라는 문구는 그 문언상 **목표수익률이 아닌 확정수익률로 이해하는 것이 자연스러운 점**, 피고인 G는 투자 강의나 상담 시 연 **15% 등 소정의 수익이 보장된다는 내용을 여러 차례 강조**하여 이야기한 점(갑 제62, 63호증 참조), 피고 G, H는 선행 투자들에서 **실제 수익이 나지 않아도 항상 제시했던 수익률에 따른 수익금을 지급해온 점** 등에 비추어 볼 때 피고 G, H는 단순히 목표수익률을 제시한 것이 아니라 **확정수익률을 약속한 것이라고 봄이 타당하다.**

⑥ 이 사건 사업의 수익 발생 여부가 불투명하였고 부수적 사업들에 대한 지출 등으로 인해 자금유동성도 악화되었기 때문에 피고 G, H가 투자자들에게 계속하여 원금 및 약정수익금을 지급하기 위해서는 **후행 투자자들의 투자금으로 선행 투자자들의 투자 원금과 수익금을 지급하는 이른바 '돌려막기'를 할 수밖에 없었고,** 이와 같은 상황은 적어도 2015년경부터 계속되었던 것으로 보인다. 이처럼 새로운 투자자가 지속적으로 유치되지 않는 이상 투자자들에게 원금과 약정 수익금을 지급할 수 없는 상황이 지속되었음에도 피고 G, H는 원고들을 비롯한 일반 투자자들로부터 계속해서 이 사건 사업에 대한 투자를 받아왔다.

⑦ 게다가 피고 G, H는 앞서 본 바와 같이 **NPL 매입대금을 훨씬 초과하는 투자금을 원고들을 비롯한 일반 투자자들로부터 투자받았는데, 이는 위 '돌려막기' 또**

는 부수적 사업들에 지출할 자금이 필요하였기 때문인 것으로 보인다. 앞서 본 바와 같이 이 사건 사업은 NPL 담보부동산의 경매·공매절차 등을 통한 배당을 수익구조로 하는데, 그 배당수익으로는 NPL 매입대금을 훨씬 초과하는 모든 투자자들의 원금 및 약정수익금을 지급하는 것이 애초부터 사실상 불가능하였다.

⑧ 피고 G, H는 2018. 11.경부터 대부업법 시행령 개정 등으로 인하여 **연체가산이자율을 3%로 제한하는 정책이 도입**되어 정상적으로 진행되던 이 사건 사업이 좌초된 것이라고 주장한다. 그러나 이 사건 사업에는 위 정책 변화 이전부터 앞서 본 바와 같이 수익성을 악화시키는 여러 위험요소들이 존재하였던 점, 후행 투자자들의 투자금 중 상당 부분이 선행 투자자들의 투자 원금 및 약정수익금 지급에 사용되는 이른바 '돌려막기'가 이미 2015년경부터 계속되었던 점 등에 비추어 볼 때, 설령 위 정책의 시행으로 인하여 이 사건 사업의 수익성이 더욱 악화되었다 하더라도 **이는 사업 자체에 존재하던 위험이 더욱 빠르게 현실화되는 계기가 된 것일 뿐,** 이를 사업 실패의 결정적 원인이라고 볼 수는 없다.

나) 따라서 피고 G, H는 이와 같은 **공동불법행위로 인한 손해배상으로** 공동하여 원고들에게 **원고들이 입은 손해인 투자금 상당의 돈 및 이에 대한 지연손해금을 지급할 의무가 있다**[원고들은 불법행위에 기한 손해배상으로 투자 원금뿐만 아니라 연 15%의 비율로 계산한 수익금의 지급도 구하고 있으나, 위 수익금이 피고 G, H의 불법행위로 인하여 발생한 손해에 해당한다고 보기 어렵다. 다만 원고들이 청구하는 위 수익금의 범위 내에서 민법 및 '소송촉진 등에 관한 특례법'에 따른 지연손해금의 지급을 구하는 것으로 선해한다(단, 계산의 편의상 지연손해금의 기산일 중 '소장 송달일'은 위 피고들에 대한 최종 송달일로 본다). 구체적인 인용금액은 아래 라.항에서 후술한다].

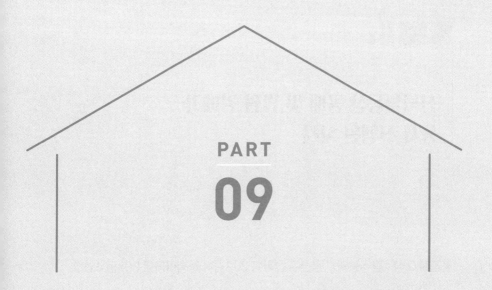

PART
09

신탁부동산 공매
낙찰 사례

1

신탁부동산 공매 및 법원 경매가 동시 진행된 사례

● 공매 대상 : 광주광역시 광산구 신가동 302-3x 중흥아파트 20x동 4xx호

　(전용 59㎡)

● 공매 참가 조건

> * 등기사항증명서상 2021. 11. 24.자 근저당권(채권최고액 1,000,000원, 근저당권자 에스비 자산관리대부)이 있으며, 매수자가 입찰가격(대금) 외 별도의 비용으로 이 근저당을 승계 하여 책임 처리하는 조건입니다.
> * 매도인(당사)의 소유권 이전서류 교부 전까지, 신탁등기 전 설정된 위 근저당의 피담보 채무 변제를 소명하며 이 신탁계약의 위탁자가 수탁자인 매도인(당사)에게 공매 중지 요 청을 할 경우, 매도인(당사)은 이 공매의 낙찰 및 매매계약을 무효로 할 수 있으며, 무효 로 할 경우 매도자(당사)는 낙찰자가 기납부한 대금을 이자 없이 원금만 반환하며 이 경 우 낙찰자는 당사에 민형사상 일체의 이의 및 민원을 제기할 수 없습니다.
> * 등기부 등본 상 2024. 01. 16.자에 임의 경매 개시 결정이 있으며, 경매 낙찰로 매도인 이 소유권을 매수인에게 이전하는 것이 불가능 할 경우, 신탁사 또는 매수인은 이 매매 계약을 해제할 수 있으며, 이 경우 매수인은 매도인(신탁사)에 지급한 금액만 이자없이 반환 받기로 하고 이에 대하여 추후 일체의 이의를 제기하지 않기로 합니다.

● 신탁부동산 공매 결과

11	근저당권설정	2021년11월24일 제194219호	2021년11월24일 설정계약	채권최고액 금1,000,000원 채무자 손 일 　　광주광역시 광산구 목련로382번길 　　　,2 동 4 호(신가동,중흥아파트) 근저당권자 　　　　대부주식회사 　　110111- 77046 　　서울특별시 강남구 봉은사로 418, 　　호(삼성동, 에이치에스타워)
11-1	11번등기명의인표시변경	2024년1월11일 제5953호	2021년11월17일 주소변경	대부주식회사의 주소 서울특별시 강남구 봉은사로57길 13, 5층 (삼성동)
11-2	11번근저당권이전	2024년1월11일 제5994호	2022년7월22일 확정채권양도	근저당권자 　자산관리대부주식회사 　110111- 　서울특별시 강남구 봉은사로 404, 　(삼성동,씨타라이프61)

11	소유권이전	2021년11월24일 제194220호	2021년11월24일 신탁	수탁자 　　　신탁주식회사 110111- 서울특별시 강남구 테헤란로 301, 13층(역삼동)
	신탁			신탁원부 제2021-8463호

15	임의경매개시결정	2024년1월16일 제8773호	2024년1월16일 광주지방법원의 임의경매개시결정(2024타경610 7	채권자 　자산관리대부 주식회사 　110111-4086371 　서울 강남구 봉은사로 404, 　　　 　(삼성동, 씨타라이프61)
16	소유권이전	2024년3월19일 제42853호	2024년2월19일 매매	소유자 김 석 760118-******* 　전라남도 무안군 일로읍 오룡번영로 131, 　10 동 호(호반　　　　1차) 거래가액 금118,222,000원
	11번신탁등기말소		신탁재산의 처분	
17	15번임의경매개시결정등기말소	2024년3월21일 제43631호	2024년3월18일 취하	

가. 공매 낙찰 후 사후 처리 사항

(1) 채권최고액 100만 원으로 신탁보다 선순위로 근저당권 설정 및 당일 우리자산 신탁에 신탁대출 담보로 이전등기.

(2) 앞선 100만 원의 변제를 소명 시 공매 낙찰 및 매매계약 무효 조건.

(3) 신탁공매 낙찰 잔금 지급 전일인 2024년 3월 18일에 법원 경매등기 취하로 보아, 이건 100만 원은 공매 낙찰자가 법정 대위변제 후 말소한 것으로 보임.

(4) 이는 신탁공매 낙찰자 명의로 소유권이 먼저 이전등기가 되어도 기존 선순위 근저당권으로 법원 경매는 계속 진행되므로 공매 낙찰자는 소유권이 말소(상실)될 수 있어, 이를 방어하기 위하여 제3취득자로서 위탁자의 근저당권부 채무 100만 원을 법정 대위변제한 것인데 대위변제자(공매 낙찰자)는 대위변제 후 채무자(위탁자)를 상대로 100만 원의 구상권을 행사할 수 있음(기존 선순위 근저당권부 채무 부담 조건으로 공매 낙찰 시 결국 공매 낙찰자가 기존 근저당권부 채무를 법정 대위변제해야 추후 경매를 방지할 수 있음).

(5) 만약 공매 낙찰자가 대금 납부 및 소유권이전등기 후 선순위 경매 신청 근저당 채권자가 공매 낙찰자의 대위변제를 거절 시, 공매 낙찰자는 선순위 임의경매 신청 근저당 채권에 대해 법정 대위변제 공탁, 공탁으로 경매신청 근저당 채권은 대위 변제자에게 당연 이전되고, 이후 대위 변제자가 승계 경매채권자로서 기존 경매 취하가 가능함.

(6) **공매 감정가는 177,000,000원인데 118,222,000원에 낙찰(전세가 수준으로 낙찰 및 2024년 4월 30일에 유사 동일 평형 161,000,000원에 매매되어 이 건은 시세보다 약 4,000만 원 정도로 저렴하게 취득함 : 아실(asil.kr) 참조),** 2024년 2월 19일 매매계약, 1개월 후인 2024년 3월 19일 잔금 납부 및 매매를 원인으로 한 소유권이전등기 완료함.

2

재산세, 종합부동산세의
인수 조건이 있는 공매 낙찰 사례

● 공매 대상 : 경기도 남양주시 별내면 청학리 4xx 수락산○○아파트 제1xx
동 제1xxx호(전유 건물 84㎡)

● 공매 참가 조건

주3 : **2021년분부터 신탁부동산의 재산세, 종합부동산세는 세법 개정에 따라 당사를 납부의무자로 하지 않습니다.** 따라서 2021년 6월에 이후 발생하는 재산세, 종합부동산세는 당사가 정산, 납부하지 않습니다. 단, 2021년 6월 이후 발생한 재산세, 종합부동산세더라도, 당사에 재산세, 종합부동산세에 기한 물적납부의무가 부여된 경우는 당사가 매각대금에서 정산, 납부할 수 있습니다.

한 ③ 입찰일로부터 소유권이전등기 완료일까지 추가적인 제3자의 권리 침해(가압류, 가처분, 소유권이전등기말소 소송 등)로 인하여 매매계약의 이행 또는 소유권이전이 불가능하다고 매도자가 판단하는 경우, 매매계약은 무효로 합니다. 위 ① 내지 ③에서 낙찰이 취소되거나 무효가 된 경우

1) [특히 매매대금 완납일 전후를 불문하고 매도인(당사)은 공매목적부동산의 관리비, 수도, 가스, 전기비를 책임지지 않으며 매수인이 현황대로 인수(승계)하여 매수자의 부담으로 책임지고 처리하는 조건의 매매임]

가. 공매 낙찰 및 매매를 원인으로 소유권이전등기

9	소유권이전	2020년1월22일 제10647호	2020년1월22일 신탁	수탁자 ▨▨▨자산신탁주식회사 110111-▨▨▨▨▨▨ 서울특별시 강남구 테헤란로 419, 20층 (삼성동)
	신탁			신탁원부 제2020-374호
10	소유권이전	2023년11월14일 제126534호	2023년10월18일 매매	소유자 김 회 620316-****** 경기도 김포시 봉화로29번길 16-2, 24동 호 (사우동, 거래가액 금237,100,000원
	9번신탁등기말소		신탁재산의처분	

낙찰 결과

공매 낙찰가격 : 237,100,000원(공매 감정가 360,000,000원, 2022년 3억 3,000만 원 수준에서 매매되었고, 현재 전세가 1억 8,000만 원 정도여서 갭 6,000만 원이면 매수가 가능함), 실수요로 적정가격에 매수한 것으로 사료됨.

나. 구상권 행사 등 사후관리 사항

위탁자가 체납한 재산세, 종합부동산세를 공매 낙찰자가 대납한 경우 위탁자를 상대로 구상권을 행사할 수 있음.

3

수탁자의 동의로 불완전 대항력 있는 임차인이 있는 낙찰 사례

- 공매 대상 : 경기도 남양주시 다산동 6053 외 1필지 케이비 ○○타워 제9층 제9x1호, 제9x2호, 제9x3호, 제9x4호(일괄 매각)

- 근린생활시설, 전유건물 61㎡, 임차인(이○섭)이 4건 일괄로 낙찰받음

- 공매 참가 조건

자. 임대차 관련 특이사항
1) 상가임대차현황서는 첨부와 같으며, 대항력 있는 임차인을 완전히 표시하는 수단이 아니며, 매수인이 현지조사 및 사업자등록증 확인 등 매수인이 직접 대항력 있는 임차인 유무를 판별하는 조건입니다.
2) 신탁 이후 임대차동의한 건은 아래 표와 같으며, 이에 대한 판단 및 확인 책임은 매수자에게 있으며, 매수자가 직접 현장에 방문 등 확인하시기 바랍니다.

호실	임대인	임차인	임대차기간	임대차보증금
9 2호, 9 3호	이 규	이 섭	2022.08.03 ~ 2027.08.02.	10,000,000원

3) 명도책임은 매수인에게 있으며, 임대차보증금은 매수인이 (승계하여)책임지는 조건입니다. 매수인은 공매부동산을 현존상태로 매수하기로 하며, 목적물을 직접 확인 후 입찰 및 계약하여야 합니다.
4) 매수인은 매매부동산에 대항력 있는 임차인이 있을 경우, 그 임대차보증금에 대하여 임차인이 매도인(당사)에게 청구하는 경우 포함, 그 임대차보증금과 소송으로 진행되는 경우 소송비용 등 포함하여 그 지급을 전적으로 매수인이 책임지고 당사를 면책시키기로 한다.

가. 공매 낙찰 후 사후 처리 사항

(1) 입찰참가자는 낙찰가격 산정 시 건물분 부가세 10% + 대항력 있는 임차보증금 10,000,000원 차감 후 최종 낙찰가를 산정할 필요가 있음.

(2) 본 물건은 부가가치세 납부 대상으로 건물가격의 10%를 낙찰자가 잔금 납부일에 추가로 부가세로서 납부 의무가 있는바, 부가가치세는 낙찰가에서 아래 토지 건물 비율로 '건물가를 계산한 금액(낙찰가의 70%)'의 10%임[토지 : 건물 비율은 306,900,000(30%) : 716,100,000(70%)].

(3) 수탁자가 동의한 임차보증금 10,000,000원은 위탁자인 임대인이 임대차 기간 만기에 반환하지 아니하면 임차인은 적법한 점유권을 가지고 있어 수탁자 및 낙찰자에게 명도를 거부할 수 있어(수탁자 등은 임차보증금 반환 의무는 없으나 임대차 동의로 명도 거부의 항변은 받게 됨) 상기 1번 사례처럼 제3취득자인 공매 낙찰자가 임대차계약 동의를 얻은 임차인에게 임차보증금 10,000,000원을 임대인(위탁자) 대신 법정 대위변제(공탁 포함)하고 명도시킬 수 있다.

(4) 이에 이 건은 **건물분 예상 낙찰가에서 부가가치세 부담분 10% 차감 및 대항력 있는 임차보증금 10,000,000원을 차감한 다음 최종적인 낙찰가를 결정해야 한다.** 이때 임차인은 신탁관계에서 아무런 수익권을 가지고 있지 않아 공매 대금에 대한 배당(정산) 요구권이 없고, 다만 위탁자가 받을 잉여 배당금에 대한 가압류는 할 수 있다.

(5) 공매 낙찰자가 임대인(위탁자)을 대신해서 보증금 10,000,000원을 임차인에게 법정 대위변제하고 만기에 명도시킬 것이므로, 공매 낙찰자 겸 대위변제자는 임차인에게 보증금 지급 후 **임대인(위탁자)를 상대로 10,000,000원의 구상권을 행사할 수 있다.** 제3취득자인 공매 낙찰자는 대항력 있는 임차인의 존재로 건물의 점유권 및 사용권 상실의 위험이 있어 임차보증금에 대한 법정 대위변제권이 있다고 할 것이다.

(6) 그런데 이 건은 기존 임차인이 4건 합계 731,000,000원(공매 감정가 1,227,600,000원 대비 약 60%에 낙찰, 2019년 분양 시 4건 합계 약 10억 원 정도이므로 분양가 대비 약 70% 수준으로 공매 취득)에 낙찰받음으로써 임차인과 낙찰자가 동일하여 임차보증금 10,000,000원의 대위변제 문제는 발생하지 아니한다. 이 경우 임차인은 여전히 기존 임대인(위탁자)에게 임차보증금반환 청구 채권을 가지고 반환을 청구할 수 있다.

나. 공매 낙찰 및 소유권이전등기(기존 임차인이 4건 일괄낙찰 받음)

8	소유권이전	2020년1월22일 제10647호	2020년1월22일 신탁	수탁자 ○○자산신탁주식회사 110111-○○○○○○ 서울특별시 강남구 테헤란로 419, 20층(삼성동)
	신탁			신탁원부 제2020-369호
9	소유권이전	2024년3월25일 제32206호	2024년3월4일 매매	소유자 이 섭 840210-******* 경기도 남양주시 다산중앙로146번길 7, 2204동 호 (다산동,다산롯데캐슬) 매매목록 제2024-272호
	8번신탁등기말소		신탁재산의 처분	

【 매 매 목 록 】

목록번호	2024-272
거래가액	금731,000,000원

일련번호	부동산의 표시	순위번호	예 비 란	
			등기원인	경정원인
1	[건물] 경기도 남양주시 다산동 6053 외 1필지 케이비○○○○○)1호	9	2024년3월4일 매매	
2	[건물] 경기도 남양주시 다산동 6053 외 1필지 케이비○○○○○)2호	9	2024년3월4일 매매	
3	[건물] 경기도 남양주시 다산동 6053 외 1필지 케이비○○○○○ 03호	9	2024년3월4일 매매	
4	[건물] 경기도 남양주시 다산동 6053 외 1필지 케이비○○○○○ 04호	9	2024년3월4일 매매	

4

수의계약 매수 후 재매각으로
약 1억 원의 차익실현 사례

- 물건지 : 경기도 남양주시 화도읍 마석우리 5xx ○○플러스원 아파트 제110동 제10x호(수의계약 가격 153,000,000원, 재매각 가격 255,000,000원)

- 이 건은 6차에 걸쳐 유찰되어 6차 가격인 153,000,000원에 수의계약으로 취득한 사례로서, 이후 255,000,000원에 재매각해 1억 원 정도의 차익을 실현함

2. 차수별 입찰일시 및 최저 입찰가격

[단위 : 원]

회 차	공매일시(응찰가능일시)	온비드 개찰일시	최저 입찰가격
1차	2019. 4. 1. 10:00 ~ 12:00	2019. 4. 2. 14:00	243,000,000
2차	2019. 4. 1. 14:00 ~ 16:00	2019. 4. 2. 14:00	219,000,000
3차	2019. 4. 3. 10:00 ~ 12:00	2019. 4. 4. 14:00	198,000,000
4차	2019. 4. 3. 14:00 ~ 16:00	2019. 4. 4. 14:00	179,000,000
5차	2019. 4. 5. 10:00 ~ 12:00	2019. 4. 8. 14:00	165,000,000
6차	2019. 4. 5. 14:00 ~ 16:00	2019. 4. 8. 14:00	153,000,000

10	소유권이전	2016년5월13일	2016년5월13일	수탁자 ▨▨▨자산신탁주식회사 110111-200▨▨▨
12	소유권이전	2019년4월24일 제38701호	2019년4월11일 매매	소유자 이 석 860101-******* 서울특별시 송파구 오금로38길 12-4, 호 (가락동) 거래가액 금153,000,000원
	10번 신탁등기말소		신탁재산의 처분	
13	11번압류등기말소	2019년4월26일 제40161호	2019년4월26일 배제	
14	소유권이전	2024년5월24일 제58950호	2024년4월8일 매매	공유자 지분 2분의 1 황 현 830701-******* 서울특별시 동대문구 이문로46길 (이문동) 지분 2분의 1 차 선 841023-******* 경기도 남양주시 화도읍 묵현로25번길 23-15, 101동 호(선경빌라) 거래가액 금255,000,000원

열 람

5

수의계약 매수 후 재매각으로 약 2억 원의 차익실현 사례

- **물건지 : 경기도 성남시 분당구 서현동 8x ○○아파트 109동 1xxx호**
  (수의계약 가격 760,266,000원, 재매각 가격 1,050,000,000원)

- 이 건은 5차에 걸쳐 유찰되어 5차 가격인 760,266,000원에 수의계약으로 취득한 사례로서, 이후 1,050,000,000원에 재매각해 2억 원 정도의 차익을 실현함

2. 입찰일시 및 최저 입찰가격

(단위:원, VAT별도)

	입찰일시				
	1차 2014년10월28일 9:00	2차 2014년10월28일 10:00	3차 2014년10월28일 11:00	4차 2014년10월28일 14:00	5차 2014년11월11일 14:00
최저 입찰가	1,040,000,000	936,000,000	842,400,000	800,280,000	760,266,000

12	소유권이전	2012년6월8일 제33729호	2012년6월7일 신탁	수탁자 ███신탁주식회사 110111-200████ 서울특별시 강남구 삼성동 142-43 20층
	신탁			신탁원부 제2012-1005호
15	소유권이전	2015년1월2일 제183호	2014년12월16일 매매	소유자 주식회사 인베스트 110111-C 03571 서울특별시 종로 F 새문안로5가길 28, 호 (적선동,광화문플래티넘) 거래가액 금760,266,000원
	12번 신탁등기말소		신탁재산의 처분	
16	소유권이전	2016년12월30일 제72442호	2016년12월7일 매매	소유자 고 ^ 730512-******* 경기도 성남시 분당구 중앙공원로 53, 109동 호 (서현동,삼성아파트) 거래가액 금1,050,000,000원

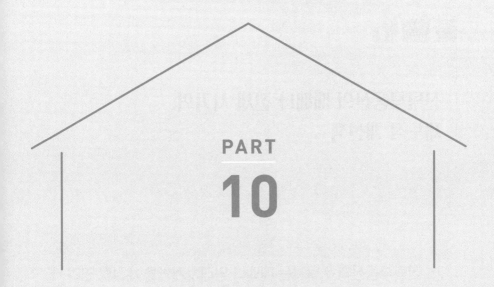

PART

10

신탁부동산의
이슈들

1

신탁부동산의 매매나 전세 사기의 제도적 개선책

가. 신탁부동산의 위탁자는 매매나 임대차계약을 체결할 권리가 없고, 관리 및 처분 권한은 소유자인 수탁자에게 있음

부동산담보신탁대출을 받으면서 수탁자에게 소유권이 이전등기되면 부동산 등기부상 소유자는 수탁자가 되고 위탁자는 소유자가 아니므로, 전 소유자인 위탁자와 신탁부동산에 대해 매매계약을 체결하거나 임대차계약을 체결하면 무권리자와 체결함으로써 분양 사기나 전세 사기의 피해를 본다. 신탁부동산에 대해 수탁자와 매매계약(공매에 따른 매매계약 등) 또는 임대차계약을 체결해야 매수인 또는 임차인이 보호를 받게 된다.

> **신탁법 제4조**(신탁이 공시와 대항)
> ① 등기 또는 등록할 수 있는 재산권에 관하여는 신탁의 등기 또는 등록을 함으로써 그 재산이 신탁재산에 속한 것임을 제3자에게 대항할 수 있다.

한편 분양업자 등 위탁자는 부동산담보신탁대출로 부동산 가격의 최고 90%(수탁자에게 소유권이 이전됨으로써 임차인의 최우선 변제 소액 보증금을 미차감하는 방법으로 대출을 최고한도까지 받을 수 있음)까지도 대출받아 소비한다.

이후 소유권이 수탁자로 넘겨진 상태여서 처분 권한이 없음에도 수탁자의 동의 없이 위탁자 단독으로 신탁등기 된 건물을 제3자에게 매매나 임대함으로써 위탁자는 부동산 가격의 100%를 현저하게 초과한 금액을 회수하는 수법으로 사기를 쳐서 제3자에게 손해를 주고 부당이득을 취하는 사례가 많이 발생하고 있다.

일반인들은 신탁 제도를 잘 알지 못할 뿐만 아니라 신탁원부 발급 시 등기소를 방문해야 하는 번거로움도 있어, 이를 확인하지 않거나 위탁자를 실질적 소유자로 오해함으로써 사기 사건이 계속 반복적으로 발생하고 있다.

나. 피해 사례

고양시 소재의 이 사건 402호 빌라(경기도 고양시 덕양구 고양대로 XX번길 XX, 제4층 제402호)는 2021년 4월 5일 우리자산신탁(주)에 신탁에 의한 소유권이전등기와 동시에 새마을금고로부터 부동산담보신탁대출을 받고, 1개월 후인 2021년 5월 16일 위탁자와 수분양자 간에 분양계약(매매계약)이 체결됨으로써 신탁등기 이후에 매매(분양)계약이 체결되어 사해신탁은 아닌 것으로 보인다.

그렇다면 이제는 신탁 후에 소유자가 아닌 위탁자와 수분양자와 이루어진 매매(분양)계약이 사기에 해당되는지 여부가 문제 된다.

위탁자가 부동산담보신탁으로 받은 새마을금고의 대출채무를 완제할 능력이 안 되어 신탁해지 및 신탁 이전등기를 말소하고, 매수인(수분양자)에게 소유권이전등기가 불가능한 것을 알았거나 처음부터 소유권이전을 해줄 의사 없이 이를 이전등기 해줄 것처럼 수분양자를 속여 매매계약을 체결했다면, 이는 위탁자에게 사기의 의사가 있다고 볼 수 있다.

그러나 수분양자는 매매계약 체결 1개월 전인 2021년 4월 5일 부동산담보신탁으로 소유권이 우리자산신탁으로 이전된 사실을 공시된 부동산등기부등본으로 확인이 가능했으므로 신탁등기 사실을 인지하고 매매계약을 체결했다고 볼 수 있다. 이 경우 새마을금고 대출채무가 완제되지 않으면 신탁해지에 의한 매도인에게로의 소유권 귀속이 어렵다는 것을 알고도 402호 매매계약을 체결했다면 이는 매수인의 과실로 계약을 체결한 것일 뿐이지 매도인에게 사기의 의사가 있다고 보기 어려울 수 있다.

한편 매도인이 매매계약 체결 시 신탁등기를 잔금 지급 시까지 아무런 문제없이 말소해준다고 하면서 계약을 체결하고, 이후 신탁관계 해소를 미이행했다면 이는 적극적인 기망 의사로 볼 수 있을 것이다.

다. 매매나 전세 사기의 제도적 개선책

(1) 등기부 표시란 또는 갑구에 등기하는 방법

매매나 전세 사기의 제도적 개선책으로는 '이 부동산은 수탁자의 소유로서 위탁자는 매매나 임대 권한이 없고 수탁자의 동의를 얻어야 임대할 수 있다'라고 등기부의 표시란 또는 소유권을 기재하는 갑구에 등기하는 방법이 있다. 이는 신탁법 제4조 제1항(이미 신탁원부인 부동산담보신탁계약서로 공시된 사항)을 중복 공시하는 것으로 제도를 보완해서 신탁부동산의 매매나 전세 사기를 예방할 수 있을 것이다.

(2) 제도 개선 필요

신탁원부인 부동산담보신탁계약서도 일반 부동산등기사항전부증명서(부동산등기부 등본)처럼 인터넷으로 바로 열람·발급받아 그 내용을 바로 확인할 수 있도록 하는 제도 개선이 필요하다.

라. 수탁자 미동의 임차인의 공제(보험)금 청구 등 손해 회복 방법

(1) 공인중개사의 중개 대상 물건의 확인·설명 의무 및 의무 위반 시 피해자들의 공제(보험)금 청구

무권리자(전 소유자)인 위탁자와 공인중개사의 중개로 임대차계약을 체결한 임차인은 수탁자(현 소유자)로부터 임대차계약 동의 거절의 의사표시를 수령한 날(공제 손해사고의 발생을 알았거나 알 수 있었던 때)에서 공제금 청구권의 소멸시효 기간인 2년 이내에 수탁자의 미동의 시 임차권 상실 위험에 대한 공인중개사의 다음과 같은 주의 사항의 설명 부족을 이유로 한국공인중개사협회에 공제(보험)금 청구를 해야 한다.

📖 관련 법률

공인중개사법 제25조(중개대상물의 확인·설명)

① 개업공인중개사는 중개를 의뢰받은 경우에는 중개가 완성되기 전에 다음 각 호의 사항을 확인하여 이를 해당 중개대상물에 관한 권리를 취득하고자 하는 중개의뢰인에게 성실·정확하게 설명하고, 토지대장 등본 또는 부동산종합증명

서, 등기사항증명서 등 설명의 근거자료를 제시하여야 한다. 〈개정 2011.4.12, 2013.7.17, 2014.1.28, 2020.6.9〉

1. 해당 중개대상물의 상태·입지 및 권리관계
2. 법령의 규정에 의한 거래 또는 이용제한사항
3. 그 밖에 대통령령으로 정하는 사항

② 개업공인중개사는 제1항에 따른 확인·설명을 위하여 필요한 경우에는 중개대상물의 매도의뢰인·임대의뢰인 등에게 해당 중개대상물의 상태에 관한 자료를 요구할 수 있다. 〈개정 2014.1.28, 2020.6.9〉

③ 개업공인중개사는 중개가 완성되어 거래계약서를 작성하는 때에는 제1항에 따른 확인·설명사항을 대통령령으로 정하는 바에 따라 서면으로 작성하여 거래당사자에게 교부하고 대통령령으로 정하는 기간 동안 그 원본, 사본 또는 전자문서를 보존하여야 한다. 다만, 확인·설명사항이 '전자문서 및 전자거래 기본법' 제2조 제9호에 따른 공인전자문서센터(이하 "공인전자문서센터"라 한다)에 보관된 경우에는 그러하지 아니하다. 〈개정 2014.1.28, 2018.8.14, 2020.6.9〉

④ 제3항에 따른 확인·설명서에는 개업공인중개사(법인인 경우에는 대표자를 말하며, 법인에 분사무소가 설치되어 있는 경우에는 분사무소의 책임자를 말한다)가 서명 및 날인하되, 해당 중개행위를 한 소속공인중개사가 있는 경우에는 소속공인중개사가 함께 서명 및 날인하여야 한다. 〈개정 2009.4.1, 2014.1.28, 2020.6.9〉

📖 신탁등기된 부동산 임대차계약 중개 시 주의 사항

신탁등기된 부동산 임대차계약 중개 시 신탁관계 설정사실 및 그 법적인 의미와 효과를 중개의뢰인에게 충분히 확인하고 설명하지 않으면 법적 책임이 발생할 수 있습니다. 이에 신탁등기된 부동산 임대차계약은 각별한 주의가 필요하오니 아래와 같은 위험요소를 반드시 숙지하여 중개 실무에 참고해주시기 바랍니다.

1. 신탁등기된 부동산의 경우 신탁원부 발급은 필수사항으로 등기사항증명서를 통해 신탁원부 번호를 확인 후 관할 등기소에서 신탁원부를 발급받고, 신탁원부에서 임차인보다 우선 순위에 있는 선순위 채권금액을 확인해야 합니다.

2. 신탁원부에서 임대차 관련 조항을 확인 후 수탁자(신탁회사) 및 우선수익자의

사전동의가 필요하다고 기재된 경우 임대차계약서 작성 전에 임대차 동의서를 받아야 하고, 신탁원부상의 금지행위를 확인해야 합니다.

3. 임대차 동의서에 기재된 내용 중에서 '수탁자(신탁회사)는 임차보증금 반환에 대한 책임이 없다'라는 항목이 있을 시 임차인에게 반드시 설명해야 합니다.

4. 신탁등기된 부동산의 임대차계약 체결 전에 수탁자(신탁회사)에 문의하여 승낙 여부를 확인하여야 하고 임대차계약은 수탁자와 체결해야 함이 원칙입니다(단 수탁자의 동의서를 받은 경우 위탁자와 임대차계약을 체결할 수 있음).

5. 임차보증금은 반드시 수탁자 명의로 입금해야하고 임대인은 수탁자로 특정하여야 합니다(단 임대차 동의서에 위탁자(건물주)가 보증금, 차임을 지급 받는다는 내용이 있을 시 위탁자 명의로 입금 가능).

6. 수탁자의 동의 없이 체결된 임대차계약은 우선변제권, 대항력, 최우선변제권 행사가 불가함을 임차인에게 반드시 설명해야 합니다.

7. 수탁자가 동의한 임대차계약임에도 불구하고 소액 임차인으로서 최우선변제권 행사는 불가함을 임차인에게 설명하여야 하고, 신탁등기된 부동산의 임대차계약 갱신 시 반드시 수탁자의 동의 및 협의가 필요합니다.

8. 임대차계약서 특약사항에 '임차인은 신탁등기 및 신탁원부를 확인했음' 등의 문구와 함께 채권금액을 작성하고 수탁자의 임대차 동의서 사본을 첨부해야 합니다.

※ 신탁등기된 부동산은 명의만 건물주에게 있지 관리·처분권이 이미 수탁자에게 양도된 것으로 간주하시고 보다 더 신중한 주의를 기울여서 계약을 진행하셔야 합니다.

출처 : 한국공인중개사협회

임차인이 임대차계약 시 수탁자의 사전 동의가 없으면 임대차로 수탁자에게 대항할 수 없다고 신탁원부 속의 부동산담보신탁계약서 형태로 공시되어 있고, 임대차계약 체결 당시 임차인은 공시된 신탁원부를 발급받아 사전 동의 조항의 확인이 가능하다. 따라서 공제 협회는 계약체결 시 동의가 없었음을 주장하며, 계약 체결 당시부터 임차인이 손해를 알 수 있었다고 주장해 소멸시효 완성을 주장할 수도 있다.

이에 임차 후 점유 2년이 안 된 미동의 임차인은 수탁자를 상대로 임대차계약의 동의를 지금이라도 요구하고, 거절 시 임차보증금 상당 손해액이 확정되므로 거절 시점부터 2년 이내에 한국공인중개사협회(이하 '협회'라 칭한다)에 공제금 청구의 소를 제기해서 손해를 회복해야 한다. 물론 과실 있는 중개사 개인의 발견 재산에 대해 가압류 신청 후 강제집행을 통해 손해금을 회수할 수도 있다.

(2) 공제(보험) 의무가입 한도는?

현행 임대차계약 체결 시 공인중개사는 의무적으로 2억 원 내지 4억 원의 공제에 가입해야 한다. 기존의 공제가입 금액은 법인인 중개업자 2억 원, 개인 중개업자 1억 원이었는데 이를 2021년 12월 31일 개정을 통해 2023년 1월 1일부터 법인인 중개업자 4억 원, 개인인 중개업자는 2억 원으로 증액 시행했고, 기존 중개업자는 법에 맞게 의무적으로 2023년 1월 1일까지 증액 변경해야 했다.

공제(보험) 의무가입 규정(공인중개사법 시행령)

제24조(손해배상책임의 보장)

① 개업공인중개사는 법 제30조 제3항에 따라 다음 각 호의 구분에 따른 금액을 보장하는 보증보험 또는 공제에 가입하거나 공탁을 해야 한다. 〈개정 2008. 9. 10, 2014. 7. 28, 2021. 12. 31〉

  1. 법인인 개업공인중개사 : 4억 원 이상. 다만, 분사무소를 두는 경우에는 분사무소마다 2억 원 이상을 추가로 설정해야 한다.

  2. 법인이 아닌 개업공인중개사 : 2억 원 이상

② 개업공인중개사는 중개사무소 개설등록을 한 때에는 업무를 시작하기 전에 제1항의 규정에 따른 손해배상책임을 보장하기 위한 조치(이하 이 조 및 제25조에서 "보증"이라 한다)를 한 후 그 증명서류를 갖추어 등록관청에 신고하여야 한다. 다만, 보증보험회사 · 공제사업자 또는 공탁기관(이하 "보증기관"이라 한다)이 보증사실을 등록관청에 직접 통보한 경우에는 신고를 생략할 수 있다. 〈개정 2014. 7. 28〉

③ 다른 법률에 따라 부동산중개업을 할 수 있는 자가 부동산중개업을 하려는 경우에는 중개업무를 개시하기 전에 보장금액 2천만 원 이상의 보증을 보증기관에 설정하고 그 증명서류를 갖추어 등록관청에 신고해야 한다. 〈개정 2021. 12. 31〉

부 칙〈대통령령 제32306호, 2021. 12. 31. 공포〉

제1조(시행일) 이 영은 공포한 날부터 시행한다. 다만, 제24조 제1항 및 제3항의 개정규정은 2023년 1월 1일부터 시행한다.

제2조(보증보험 등의 보장금액 변경에 따른 경과조치) 이 영 시행 전에 종전의 제24조 제1항 및 제3항에 따라 보증보험 또는 공제에 가입하거나 공탁한 개업공인중개사는 부칙 제1조 단서에 따른 시행일 전까지 제24조 제1항 및 제3항의 개정 규정에 적합하도록 보증보험 또는 공제 계약을 변경하거나 추가로 공탁하는 등의 조치를 해야 한다.

(3) 공제(보험) 지급 한도는?

임차인 등의 총 손해에 대해 협회는 공제가입 금액(2023. 1. 1. 중개 계약 부터 개인 중개사 2억 원, 법인 중개업자는 4억 원)을 한도로 배상한다. 예를 들어 공제에 2억 원을 가입한 1명의 중개사가 동시에 여러 건의 중개 사고를 발생시킨 경우, 이 중 피해자 1인이 1차로 먼저 공제금 1억 5,000만 원을 청구해서 지급한 경우 2차로 1억 원을 청구한 피해자에게는 잔존 한도 5,000만 원(가입 한도 2억 원 - 기피해지급액 1억 5,000만 원)만 지급한다.

이들이 동시에 지급 신청 시 공제금 2억 원을 피해액 1억 5,000만 원 및 1억 원으로 안분해서 지급한다. 따라서 피해자는 공제사고 발생 시 협회에 신속하게 공제금 청구를 해야만 다른 사람이 청구하기 전에 우선적으로 피해보상 공제금을 상대적으로 많이 받을 수 있다. 만약 다른 피해자들이 먼저 공제금을 지급받아 가입 한도 2억 원이 전부 소진된 경우 공제금을 받을 수 없다.

한편 예를 들어 임차보증금 3억 원의 임대차계약에 2명의 개인인 공동중개 공인중개사의 과실이 개입되어 있고, 각 중개사의 공제가입 금액이 각 2억 원인 경우 2명 합계 4억 원의 한도에서 손해액 3억 원 상당의 공제금을 지급받을 수 있다. 이에 1명보다는 2명의 중개사가 중개한 임대차 사고가 공제금을 더 받을 수 있다.

그리고 대법원은 2008년 당시 약관 해석의 원칙에 따라 협회(피고)의 공제약관 제2조 제1항은 이를 '공제사고 1건당 보상한도'를 정한 것으로 해석함이 상당하다고 할 것이다(대법원 2008. 4. 10. 선고 2007다39949 판결 참조)라고 판시함을 통해 기존에는 공제사고 1건당 가입한도 전액으로 보상했으나, 이후 협회가 공제약관을 2008년 6월 11일 개정 후 2009년 1월 1일부터는 피해자들의 총 손해액을 가입 금액의 한도에서 동시 청구 시 안분 보상 등을 하고 있다.

📖 공제약관 및 공인중개사법 일부

공제약관을 2008. 6. 11.개정으로 2009. 1. 1.부터 총 손해액을 가입한도 내에서 보상 시행

제6조(보상하는 손해) 협회 공제의 보상책임은 공제가입자가 공인중개사법(이하 "법"이라 합니다) 제30조 규정에 따라 공제가입자가 중개행위를 하는 경우 고의 또는 과실로 인하여 거래당사자에게 재산상의 손해를 발생하게 하거나, 자기의 중개사무소를 다른 사람의 중개행위의 장소로 제공함으로써 거래당사자에게 재산상의 손해를 발생하게 한 때에는 그로 인한 손해배상책임 중 제8조의 규정에서 정하는 보상한도 내에서 공제증서에 기재된 사항과 이 약관에 따라 보상하여 드립니다.

제7조(보상하지 아니하는 손해) 협회는 아래의 사유로 인한 손해는 보상하여 드리지 아니합니다.
1. 전쟁, 혁명, 내란, 사변, 테러, 폭동, 천재지변 등 기타 이와 유사한 사태로 생긴 손해에 대한 배상책임
2. 법 제14조 제1항 제1호의 규정에 의한 상업용 건축물 및 주택의 임대 관리 등 부동산의 관리대행 업무로 인한 손해
3. 법 제3조에서 정하고 있는 중개대상물이 아닌 물건이나 권리 등을 거래함으로써 발생한 손해(동, 호수가 특정되지 않은 분양권 등)
4. 법 제25조의 규정에서 정하는 개업공인중개사의 중개대상물확인·설명 의무사항 이외의 업무범위를 벗어난 설명 및 개업공인중개사의 책임특약에 의한 손해
5. 법 제33조의 규정에 의거 개업공인중개사의 금지행위로 정하고 있는 중개행위 등으로 발생한 손해

제8조(공제의 손해배상책임 한도 및 범위)
① 협회 공제의 손해배상책임은 법 제30조 규정에 의한 공제가입자의 손해배상책임 중 법 시행령 제24조 제1항에 의거 협회와 공제가입자 간의 계약에 따라 공제가입자가 가입한 공제기간 중 발생한 모든 중개사고로 인하여 손해를 입은 **중개의뢰인들의 수 또는 중개계약의 건수나 그 손해액에 관계없이 손해를 입은 각 중개의뢰인들이 협회로부터 보상받을 수 있는 손해배상액의 총 합계액은 공제**

증서에 기재된 공제금액 한도 내에서 배상책임이 있습니다.

② 협회가 보상하는 손해의 범위는 공제가입자가 부동산중개행위를 함에 있어서 거래당사자에게 재산상의 손해를 발생하게 한 금액 중 과실비율에 해당하는 금액으로 합니다.

③ 협회는 공제가입자가 가입한 해당 증서의 공제기간 중 중개행위의 시점인 계약일자가 포함되어 있는 중개사고에 한하여 배상책임이 있습니다.

④ 공제계약 실효기간에 발생한 중개사고에 대하여는 배상하지 아니합니다.

공인중개사법 제30조(손해배상책임의 보장)

① 개업공인중개사는 중개행위를 하는 경우 고의 또는 과실로 인하여 거래당사자에게 재산상의 손해를 발생하게 한 때에는 그 손해를 배상할 책임이 있다. [개정 2014. 1. 28, 2020. 6. 9 제17453호(법률용어 정비를 위한 국토교통위원회 소관 78개 법률 일부개정을 위한 법률)]

② 개업공인중개사는 자기의 중개사무소를 다른 사람의 중개행위의 장소로 제공함으로써 거래당사자에게 재산상의 손해를 발생하게 한 때에는 그 손해를 배상할 책임이 있다. [개정 2014. 1. 28] [[시행일 2014.7.29]]

③ 개업공인중개사는 업무를 개시하기 전에 제1항 및 제2항에 따른 손해배상책임을 보장하기 위하여 대통령령으로 정하는 바에 따라 보증보험 또는 제42조에 따른 공제에 가입하거나 공탁을 하여야 한다. [개정 2014. 1. 28, 2020. 6. 9 제17453호(법률용어 정비를 위한 국토교통위원회 소관 78개 법률 일부개정을 위한 법률)]

④ 제3항에 따라 공탁한 공탁금은 개업공인중개사가 폐업 또는 사망한 날부터 3년 이내에는 이를 회수할 수 없다. [개정 2014. 1. 28, 2020. 6. 9 제17453호(법률용어 정비를 위한 국토교통위원회 소관 78개 법률 일부개정을 위한 법률)]

⑤ 개업공인중개사는 중개가 완성된 때에는 거래당사자에게 손해배상책임의 보장에 관한 다음 각 호의 사항을 설명하고 관계 증서의 사본을 교부하거나 관계 증서에 관한 전자문서를 제공하여야 한다. [개정 2014. 1. 28] [[시행일 2014. 7. 29]]

   1. 보장금액

   2. 보증보험회사, 공제사업을 행하는 자, 공탁기관 및 그 소재지

   3. 보장기간

(4) 공인중개사에게 면책이 인정되는 경우

한편 신탁부동산에 대해 공인중개사의 중개로 무권리자인 위탁자와 매매계약 또는 임대차계약을 체결하면서 임차인의 보증금 반환 불능 위험 또는 매수인의 소유권이전 불능의 위험을 중개사로부터 충분히 설명 및 고지를 받고도 계약을 체결한 경우, 중개사 면책이 인정되어 협회에 공제금 청구도 불가하다.

그리고 중개사로부터 이러한 설명 및 고지 없이 신탁된 부동산을 계약하면서 임차인 또는 매수인이 향후 중개사를 상대로 어떠한 민·형사상 이의제기도 하지 않겠다는 부제소 특약을 계약서에 명시한 경우에도 판례상 공인중개사에게 면책을 인정한 사례도 있다.

⚖ 관련 판례

공제(보험)금 청구의 소멸시효 기산점을 임대차계약에 대한 수탁자의 동의 거절 시점으로 본 판례

대법원 2012. 6. 28. 선고 2011다53249 판결 [공제금 지급]

1. 공인중개사의 업무 및 부동산 거래신고에 관한 법률 제42조에 의하여 피고가 운영하는 공제사업은 중개업자가 그의 불법행위 또는 채무불이행으로 인하여 거래당사자에게 부담하게 되는 손해배상책임을 보증하는 보증보험적 성격을 가진 제도이므로, 공제금청구권자가 공제사고의 발생을 알았거나 알 수 있었던 때로부터 공제금청구권의 소멸시효가 진행한다 (대법원 2007. 12. 13. 선고 2007다58339 판결, 대법원 2010. 11. 11. 선고 2010다69209 판결 참조).

2. 원심판결과 제1심 및 원심이 적법하게 채택한 증거들에 의하면, ① 주식회사 에이○○유엔터프라이즈(이하 '에이○○유엔터프라이즈'라 한다)와 케이○부동산신탁 주식회사(이하 '케이○부동산신탁'이라 한다)가 체결한 신탁계약의 신탁원

부 제10조 제2항에 의하면 신탁계약 체결 후 신규 임대차계약은 케이○부동산신탁의 사전승낙을 조건으로 체결하여야 한다고 규정되어 있고, 앞의 신탁원부는 이 사건 아파트 등기부에 첨부되어 공시되어 있는 사실, ② 원고와 에이○○유엔터프라이즈는 2006. 12. 8. 이 사건 임대차계약을 체결하였는데, 이 사건 임대차계약서 특약사항에 이 사건 아파트가 케이○부동산신탁에 신탁되어 있고 임대인인 에이○○유엔터프라이즈가 원고로부터 잔금을 받은 후 케이○부동산신탁의 동의서를 발부받아 원고에게 14일 내에 전달한다고 기재되어 있는 사실, ③ 케이○부동산신탁은 에이○○유엔터프라이즈가 이 사건 임대차계약 체결 후인 2007년 4월경 부도나자 그 무렵 원고에게 이 사건 아파트에 관한 원고의 임차권을 인정할 수 없다고 통보하였고, 에이○○유엔터프라이즈는 케이○부동산으로부터 동의서를 받지 못한 사실을 알 수 있다.

이러한 사실관계를 앞서 본 법리에 비추어 보면, 케이○부동산신탁이 원고에게 임차권을 인정할 수 없다고 통보한 시점인 2007년 4월경에 공제사고가 발생하였고, 케이○부동산신탁의 동의서가 없으면 이 사건 임대차계약의 효력이 없다는 사실을 이미 알고 있었던 것으로 보이는 원고는 2007년 4월경에 위와 같은 통보를 받음으로써 공제사고의 발생사실을 알았거나 알 수 있었다고 봄이 상당하다. 따라서 2007년 4월경부터 공제금청구권의 소멸시효가 진행한다. 기록에 의하면, 이 사건 소는 2007년 4월경으로부터 공제금청구권의 소멸시효기간 2년이 경과하여 시효가 완성된 후인 2010. 2. 12.에야 제기되었음을 알 수 있다.

3. 그럼에도 불구하고 원심이 그 판시와 같은 이유로 원고가 케이○부동산신탁을 상대로 제기한 임차권존재확인청구소송의 패소판결이 확정된 시점인 2010. 3. 16.을 소멸시효 기산점으로 보아 소멸시효가 완성되었다는 피고의 항변을 배척한 것은 공제금 청구권의 소멸시효 기산점에 관한 법리를 오해하여 판단을 그르친 것이다. 상고이유로 이 점을 지적하는 피고의 주장은 이유 있다.

마. 무권리자인 위탁자를 임대인으로 중개한 공인중개사에게 손해배상책임 인정 판례

(1) 무권리자인 위탁자와 임대차계약 체결로 대량의 손해 발생

아직도 부동산담보신탁 등기된 부동산에 대해서 무권리자인 위탁자를 임대인으로 해서 부동산 임대차계약을 중개하는 공인중개사들이 있어, 피해 임차인들이 이들을 상대로 민사상 손해배상 청구 및 사기죄로 형사 고소한 사건의 판결들이 지속적으로 발생하고 있다. 이처럼 부동산담보신탁대출을 받아 소유자가 수탁자로 넘어간 상태에서 무권리자인 위탁자를 임대인으로 해, 신축 오피스텔이나 원룸 등을 중개함으로써 사기당한 피해 임차인들이 대량으로 발생하고 있다.

신축 부동산 분양업자 등은 부동산담보신탁대출로 부동산 가격의 최고 90%정도까지 대출을 받아 활용하고도, 소유자가 아닌 무권리자(위탁자)의 지위에서 부동산을 임대해 추가로 거액의 임대차보증금을 수령할 경우 신탁부동산 가격을 현저하게 초과한 금액을 부당하게 수취하게 된다. 이 경우 피해 임차인들은 중개 대상 물건 확인·설명의무를 제대로 이행하지 않은 공인중개사 및 그 중개사를 보증한 협회에게 공제(보험) 가입 한도(개인중개사 2억 원, 중개법인 4억 원)에서 임차보증금의 손해를 배상받을 수 있다.

그러나 방의 호실이 많은 오피스텔이나 원룸의 피해 임차인이 동시에 대량으로 발생한 경우가 많아서 공제가입 금액 2억 원 내지 4억 원을 안분해서 보상받을 수 있을 뿐만 아니라, 피해 임차인도 수탁된 부동산등기사항전부증명서를 제대로 확인하지 않은 과실이 보통 50% 정도 인정되어 피해액의 전액 회수는 어렵다.

따라서 임차인들은 신탁 등기된 부동산의 수탁자와 임대차계약을 체결하거나 위탁자와 체결하면서 수탁자의 동의를 받아야 한다. 한편 수탁자와 임대차계약을 체결하거나 수탁자의 동의를 받아 위탁자와 체결한 임대차계약의 보증금은 원칙적으로 신탁원본(재산)이 되어 우선수익자의 대출채권에 변제 충당할 재원으로 사용되어야 한다. 다만 위탁자가 기존 신탁대출금 중 일부를 임차보증금 이상으로 상환한 경우, 신규 임차보증금을 위탁자가 수령하는 조건으로 수탁자가 임대차에 동의를 해주어도 우선수익자의 채권 보전에는 지장이 없을 것이다.

부산지방법원 2021. 3. 31. 선고 2020나59710 판결 [손해배상(기)]

원고,피항소인　A
소송대리인 법무법인 정○
담당변호사 김○범

피고,항소인
1. B
2. C협회
소송대리인 법무법인 세○
담당변호사 권○철

제1심판결　　　부산지방법원 2020. 8. 19. 선고 2020가소523450 판결
변론종결　　　2021. 3. 3.
판결선고　　　2021. 3. 31.

주문
1. 제1심판결 중 아래에서 지급을 명하는 금액을 초과하는 피고들 패소 부분을 취소하고, 그 취소 부분에 해당하는 원고의 피고들에 대한 청구를 각 기각한다.
   피고들은 공동하여 원고에게 18,000,000원 및 이에 대하여 피고 B는 2020. 4. 23.부터, 피고 C협회는 2020. 6. 2.부터 각 2021. 3. 31.까지는 연 5%, 그 다음 날부터 다 갚는 날까지는 연 12%의 각 비율로 계산한 돈을 지급하라.

---

2. 피고들의 나머지 항소를 각 기각한다.

3. 소송 총비용 중 40%는 원고가, 나머지는 피고들이 각 부담한다.

청구취지 및 항소취지

1. 청구취지

   피고들은 공동하여 원고에게 30,000,000원 및 이에 대하여 이 사건 소장 송달 다음 날부터 다 갚는 날까지 연 12%의 비율로 계산한 돈을 지급하라.

2. 항소취지

   가. 피고 B

      제1심판결 중 피고 B에 대한 부분을 취소하고, 원고의 피고 B에 대한 청구를 기각한다.

   나. 피고 C협회

      제1심판결 중 피고 C협회 패소 부분을 취소하고, 그 취소 부분에 해당하는 원고의 피고 C협회에 대한 청구를 기각한다.

이유

1. 인정 사실

가. 피고 B는 D공인중개사사무소(이하 '이 사건 중개사무소'라고 한다)를 운영하는 공인중개사이고, 피고 C협회(이하 '피고 협회'라고 한다)는 피고 B가 중개행위 과정에서 고의 또는 과실로 거래당사자에게 재산상의 손해를 입힌 경우 그 손해를 보상해주는 내용의 공제계약을 체결한 공제사업자이다.

나. 원고는 2017. 8. 25. 이 사건 중개사무소에서 주식회사 E(이하 '소외 회사'라고 한다)와의 사이에 부산 부산진구 F 지상 제5층 G호(이하 '이 사건 건물'이라고 한다)에 관하여 보증금 3,000만 원, 차임 월 49만 원, 임대차기간 2017. 9. 4.부터 2018. 9. 3.까지로 정하여 임대차계약(이하 '이 사건 임대차계약'이라고 한다)을 체결하고, 소외 회사에게 보증금 3,000만 원을 지급하였다.

다. 한편 소외 회사는 이 사건 임대차계약을 체결하기 전인 2017. 6. 13. 이 사건 건물에 관하여 H조합을 1순위 우선수익자로 하고, 수탁자를 I 주식회사(이하 'I'이라고 한다)로 하는 부동산담보신탁계약(이하 '이 사건 신탁계약'이라고 한다)을 체결하고, 2017. 6. 19. 위 신탁계약을 원인으로 I 앞으로 소유권이전등기를 마쳐 주었는데, 위 신탁계약의 주요내용은 다음과 같다.

제1조[신탁목적]

이 신탁은 소외 회사가 부담하는 채무 내지 책임의 이행을 보장하기 위하여 I을 통해 신탁 부동산의 소유권 및 담보가치를 보전하고 소외 회사의 채무불이행시 환가 정산하는데 그 목적이 있다.

제9조[신탁부동산의 보전관리 등]

② 소외 회사는 I의 사전 승낙이 없는 경우에는 신탁부동산에 대하여 임대차 등 권리의 설정 또는 그 현상을 변경하는 등의 방법으로 가치를 저감하는 행위를 하여서는 아니 된다.

제10조[임대차 등]

① 이 신탁계약 이전에 소외 회사와 임차인 간에 체결한 임대차계약이 있을 경우 그 임대차계약은 그 상태로 유효하며 임대차보증금의 반환의무 기타 임대인으로서의 책임 및 권리 등 소외 회사가 임대인의 지위를 계속하여 유지하는 것으로 한다. 단, 임대차계약상의 임대인의 명의를 I으로 갱신하고 임대차보증금을 소외 회사와 I 간에 인수·인계하는 경우에는 임대인의 지위를 I이 승계하는 것으로 한다.

③ 신탁기간 중 임대차계약기간의 만료 또는 임대차계약의 해지 등으로 인하여 임대인 명의를 소외 회사로 하는 새로운 임대차계약을 체결하는 경우 제9조 제2항의 규정에 따라 I의 사전승낙을 얻어야 한다. 이 경우 I은 임대차계약과 관련하여 권리의무를 부담하지 않는다.

④ 제3항의 규정에 불구하고 소외 회사가 임의로 체결한 임대차계약은 이로써 I에게 그 효력을 주장할 수 없으며, 그로 인하여 발생하는 일체의 손해를 소외 회사는 I에게 배상하여야 한다.

제22조[처분대금 정산방법]

① I은 처분대금에서 환가절차에 따른 정산순서는 다음과 같이 한다.

  1. 신탁계약과 관련된 비용 및 보수 등
  2. 신탁등기 전 소액임대차보증금(주택임대차보호법 제8조)
  3. 신탁등기 전 임대차보증금(주택임대차보호법 제3조의2), 근저당권(채권최고액 범위내), 전세권, 등기된 임차권 등의 피담보채권. 단, 이들 간의 순위는 민법의 규정에 의한다.
  4. I에게 반환의무 있는 임대차보증금 중 제2호 및 제3호에 해당하지 않는 것
  5. 우선수익자의 채권
  6. 순차 변제하고 잔여액이 있을 경우 그 잔여분을 수익자(수익자가 없으면 소외 회사)에게 지급

라. 중개보조원인 J는 이 사건 임대차계약의 중개대상물 확인·설명서에 다음과 같이 권리관계를 기재하였다.

마. 그 후 이 사건 임대차계약이 기간 만료로 종료되었으나, 원고는 현재까지 소외 회사로부터 보증금을 반환받지 못하였고, 이 사건 건물은 I가 이 사건 신탁계약에 따라 공매 절차를 진행하는 중이다.

[인정근거] 다툼 없는 사실, 갑 제1 내지 7호증의 각 기재, 변론 전체의 취지

2. 손해배상책임의 발생과 범위

가. 피고 B의 손해배상책임 발생

1) 공인중개사와 중개의뢰인의 법률관계는 민법상의 위임관계와 같으므로 공인중개사는 중개의뢰의 본지에 따라 선량한 관리자의 주의로써 의뢰받은 중개업을 처리하여야 할 의무가 있다.

뿐만 아니라, 구 공인중개사법(2020. 6. 9. 법률 제17453호로 개정되기 전의 것, 이하 '공인중개사법'이라고 한다) 제29조 제1항에서 공인중개사는 신의와 성실로써 공정하게 중개 관련 업무를 수행하여야 한다고 규정하고 있고, 같은 법 제25조 제1항에서 공인중개사는 중개의뢰를 받은 경우 중개대상물의 권리관계, 법령의 규정에 의한 거래 또는 이용제한 사항 등을 확인하여 중개의뢰인에게 성실·정확하게 설명하여야 한다고 규정하고 있는데, 위 권리관계 중에는 중개대상물의 권리자에 관한 사항도 포함되어 있다(대법원 1993. 5. 11. 선고 92다55350 판결 등 참조).

또한 공인중개사법 제30조 제1항에서 공인중개사는 중개행위를 함에 있어서 고의 또는 과실로 인하여 거래당사자에게 재산상의 손해를 발생하게 한 때에는 그 손해를 배상할 책임이 있다고 규정하고 있다.

2) 위 법리와 법령을 토대로 이 사건에서 보건대, **피고 B는 이 사건 중개사무소를 운영하는 공인중개사이므로, 이 사건 임대차계약의 중개 당시 원고에게 이 사건 건물이 I에 신탁되어 있는 사실은 물론, 나아가 신탁에 따른 일반적인 권리관계, 즉 이 사건 건물의 소유권이 대내외적으로 I에 귀속한다는 사실, 그리고 이 사건 신탁계약의 구체적 내용, 즉 I의 승낙 없이 체결된 임대차계약은 I에 대하여 효력이 없다는 사실, 이 사건 건물이 환가·처분될 경우 그 처분대금으로부터 임대차보증금을 지급받을 수 없다는 사실 등을 확인하여 이를 설명하여야 할 주의의무가 있다고 할 것이다.**

그런데 앞서 본 바와 같이 이 사건 임대차계약의 중개대상물 확인·설명서 중 '소유권 외의 권리사항'란에 '수탁자 I'가 기재되어 있으므로, 중개보조인 J는 이 사건 건물이 I에 신탁되어 있는 사실은 원고에게 알려준 것으로 보인다.

그러나 앞서 든 증거와 을 제1호증의 기재에 변론 전체의 취지를 더하여 알 수 있는 다음과 같은 사정들, 즉 위 중개대상물 확인·설명서에 소외 회사는 소유권에 관한 사항에 기재되어 있는 반면, **I는 소유권 외의 권리사항으로 기재되어 있는 점,** 이 사건 임대차계약 무렵 소외 회사의 대표자 M은 '소외 회사에게 이 사건 건물의 임대 권한이 있다. 나중에 무슨 일이 생겨도 100% 보장된다'는 내용으로 원고를 기망하였고, **피고 B나 J는 이 사건 건물의 신탁등기에 관하여 별다른 설명을 하지 않았던 것으로 보이는 점** 등에 비추어 보면, 피고 B나 J는 이 사건 임대차계약의 중개 무렵 신탁에 따른 법률관계를 제대로 이해하지 못하고 있었음은 물론 이 사건 신탁계약의 구체적 내용도 알지 못하고 있었던 것으로 보인다.

따라서 **피고 B는 이 사건 중개사무소를 운영하는 공인중개사로서 이 사건 건물의 신탁에 따른 권리관계에 관하여 확인·설명의무를 충실하게 이행하지 아니한 과실이 있다고 봄이 타당하다.**

나. 원고의 손해 및 인과관계

앞서 인정한 사실에 비추어 보면, 피고 B나 중개보조원인 J가 위와 같은 확인·설명의무를 충실하게 이행하였더라면 원고가 이 사건 임대차계약을 체결하지 아니하였거나, 이 사건 임대차계약을 체결하더라도 소외 회사와 I가 임대인 란에 공동 날인하도록 요구하는 등의 방법으로 임대차보증금의 반환을 담보할 수단을 강구할 수 있었을 것으로 보인다.

그런데 이러한 확인·설명의무의 위반으로 인하여 원고가 아무런 담보 장치 없이 이 사건 건물의 소유자가 아닌 소외 회사와 이 사건 임대차계약을 체결하였고 그 후 이 사건 임대차계약이 종료되었음에도 임대차보증금을 반환받지 못하게 되었으므로, 이 사건 중개사무소를 운영한 공인중개사 피고 B는 원고가 입은 임대차보증금 상당의 손해를 배상할 책임이 있으며, 피고 협회는 이 사건 공제계약에 따라 피고 B와 공동하여 원고에게 그 손해를 배상할 책임이 있다.

다. 손해배상책임의 범위

1) 부동산 거래당사자가 공인중개사에게 부동산거래의 중개를 위임한 경우, 공인중개사는 위임 취지에 따라 중개대상물의 권리관계를 조사·확인할 의무가 있고 그 주의의무를 위반할 경우 그로 인한 손해를 배상할 책임을 부담하게 되지만, 그로써 중개를 위임한 거래당사자 본인이 본래 부담하는 거래관

계에 대한 조사·확인 책임이 공인중개사에게 전적으로 귀속되고 거래당사자는 그 책임에서 벗어난다고 볼 것은 아니다.

따라서 공인중개사가 부동산거래를 중개하면서 진정한 권리자인지 여부 등을 조사·확인할 의무를 다하지 못함으로써 중개의뢰인에게 발생한 손해에 대한 배상의 범위를 정하는 경우, 중개의뢰인에게 거래관계를 조사·확인할 책임을 게을리한 부주의가 인정되고 그것이 손해의 발생 및 확대의 원인이 되었다면, 피해자인 중개의뢰인에게 과실이 있는 것으로 보아 과실상계를 할 수 있다고 보아야 하고, 이것이 손해의 공평 부담이라는 손해배상제도의 기본원리에 비추어 볼 때에도 타당하다(대법원 2012. 11. 29. 선고 2012다69654 판결 참조).

2) 위 인정사실 및 앞서 든 증거들에 의하면, **원고는 중개보조원인 J의 설명만을 듣고 이 사건 임대차계약을 체결할 것이 아니라 이 사건 건물의 등기사항전부증명서 등의 내용을 확인하고, 공인중개사인 피고 B에게 신탁의 정확한 의미나 효과, 이 사건 신탁계약의 내용에 대하여 설명 및 자료를 요구하고, 그 위험성을 주의 깊게 살펴 임대차보증금의 반환 가능성에 대하여 판단한 후 이를 기초로 임대차계약 체결 여부를 결정하였어야 할 것임에도 불구하고, 이를 게을리한 채 이 사건 임대차계약을 체결한 과실이 있으므로 이러한 사정과 피고 B의 주의의무 위반의 정도 등을 참작하여 피고들이 배상하여야 할 손해액을 60%로 제한한다.**

라. 소결

따라서 피고들은 공동하여 원고에게 이 사건 임대차계약의 보증금 3,000만 원 중 1,800만 원(3,000만 원 × 60%) 및 이에 대하여 피고 B는 원고가 구하는 바에 따라 이 사건 소장이 송달된 다음 날인 2020. 4. 23.부터, 피고 협회는 이 사건 소장이 송달된 날인 2020. 4. 2.로부터 피고 협회의 공제규정에서 정한 60일이 경과한 2020. 6. 2.부터 각 피고들이 그 이행의무의 존부 및 범위에 관하여 항쟁함이 상당하다고 인정되는 이 판결 선고일인 2021. 3. 31.까지는 민법이 정한 연 5%, 그 다음 날 부터 다 갚는 날까지는 소송촉진 등에 관한 특례법이 정한 연 12%의 각 비율로 계산한 지연손해금을 지급할 의무가 있다.

3. 피고 협회의 주장에 관한 판단

가. 주장

피고 협회는, 피고 B가 '당해 중개대상물의 거래상의 중요사항에 관하여 거짓된 언행 그 밖의 방법으로 중개의뢰인의 판단을 그르치게 하는 행위'를 하였거나(공인중개사법 제33조 제1항 제4호), 피고 B가 중개보조원에 불과한 J에게 이 사건 중개사무소의 상호 및 공인중개사 명의를 이용하여 이 사건 임대차계약을 중개하는 업무를 하게 하였고(공인중개사법 제33조 제1항 제2호), 그로 인해 원고가 손해를 입었는바, 이는 공제약관이 정한 보상하지 아니하는 손해에 해당한다고 주장한다.

나. 판단

1) 우선 첫 번째 주장에 관하여 살피건대, 피고 B나 J가 이 사건 임대차계약 체결 당시 이 사건 건물의 거래상의 중요사항에 관하여 거짓된 언행이나 그 밖의 방법으로 중개의뢰인인 원고의 판단을 그르치게 하는 행위를 하였다고 인정할 만한 증거가 없다.

2) 다음으로 두 번째 주장에 관하여 살피건대, 을나 제1호증의 기재에 의하면, 피고 협회의 공제약관 제7조(보상하지 아니하는 손해) 제5호에서 '공인중개사법 제33조의 규정에 의거 개업공인중개사의 금지행위로 정하고 있는 중개행위 등으로 발생한 손해'는 보상하지 않는다고 정한 사실을 인정할 수 있고, 한편 공인중개사법 제33조 제1항 제2호에서 개업공인중개사 등은 '중개사무소의 개설등록을 하지 아니하고 중개업을 영위하는 자인 사실을 알면서 그에게 자기의 명의를 이용하게 하는 행위'를 하여서는 아니 된다고 정하고 있다.

그러나 앞서 본 바와 같이, 원고는 이 사건 중개사무소를 운영하는 피고 B가 이 사건 건물의 신탁에 따른 권리관계에 대한 확인·설명의무를 충실하게 이행하지 아니한 과실로 말미암아 손해를 입은 것일 뿐, 위 피고가 J에게 이 사건 중개사무소의 상호 및 공인중개사 명의를 이용하게 한 행위로 인하여 손해를 입었다고 단정할 수 없다.

나아가 설령 그렇다고 하더라도, 피고 협회가 공인중개사 등과 체결하는 공제계약은 형식적으로는 공인중개사의 불법행위 또는 채무불이행을 보험사고로 히는 상호보험계약과 유사하시만 실질적으로는 보증의 성격을 가지고 보증계약과 같은 효과를 목적으로 하고, 거래당사자는 공제계약을 신뢰하여 공인중개사의 중개행위에 따라 부동산 거래를 하는 경우가 보통이므로, 거래 당사자가 위 공제계약에 의하여 손해배상책임이 보장될 것이라는 신뢰 아래 공인중개사 또는 공인중개사의 명의를 사용하는 자에게 중개를 의뢰하면서 금원을 교부하는 등으로 공제계약의 채권담보적 기능을 신뢰하여 새로운 이해관계를 가지게 되었다면, 그와 같은 거래당사자의 신뢰를 보호할 필요가 있다(대법원 2012. 9. 27. 선고 2010다101776 판결 등 참조).

위 법리에 비추어 피고 B가 J에게 이 사건 중개사무소의 상호 및 공인중개사 명의를 이용하게 하였다는 사정 등을 알지 못한 채 이 사건 임대차계약을 체결하고 소외 회사에게 금원을 교부한 원고에 대하여 위 공제약관이 정한 면책사유가 적용된다고 보기는 어렵다.

3) 따라서 피고 협회의 주장은 받아들이기 어렵다.

4. 결론

그렇다면 원고의 피고들에 대한 청구는 위 인정 범위 내에서 이유 있어 인용하고, 나머지 청구는 이유 없어 기각하여야 한다. 이와 결론을 일부 달리한 제1심판결 중 위 인정 금액을 초과하여 지급을 명한 피고들 패소 부분은 부당하므로 이를 취소하고, 그 취소 부분에 해당하는 원고의 피고들에 대한 청구를 각 기각하며, 피고들의 나머지 항소는 이유 없어 각 기각한다.

판사 오○두(재판장) 김○현 이○명

바. 신탁부동산의 매매대금이나 전세보증금은 우선수익자인 금융기관 계좌로 입금해야 안전하다

(1) 담보신탁 부동산에 대한 위탁자와의 매매 또는 전세 사기의 예방 대책으로서 매매나 임대차계약서에 다음의 '위탁자(매도인 또는 임대인)의 이행사항'을 특약으로 명시한다

📖 **위탁자**(매도인 또는 임대인)**의 이행사항**

> ① 매수인 또는 임차인은 우선수익자 겸 대출채권자인 금융기관의 법인 계좌로 임차보증금 또는 매매대금 입금 조건 및 그 입금된 돈으로 위탁자 측의 대출채무 변제 조건
> ② 위탁자는 전세보증금 또는 매매대금 잔금 지급 전까지 신탁등기 말소 조건
> ③ 위탁자는 신탁등기 말소 후 우선적 권리 설정금지 조건
> ④ 위탁자는 신탁등기 말소 후 부동산에 하자가 없도록 하고, 현재 등기부등본(등기사항전부증명서) 상태 유지 조건 등

한편 매수인 또는 임차인이 수탁자의 계좌로 대금을 입금해도 이는 결국 신탁 원본으로서 우선수익자의 대출채무 변제 충당에 사용할 재원이 되므로, 입금한 금액 상당의 위탁자 측의 채무가 변제된다. 다만 위탁자가 부담할 미지급 수익증권 발행 보수 및 기타 관리비 등 미지급 비용이 존재 시, 신탁 원본은 이에 우선적으로 충당되므로 수탁자보다는 우선수익자의 법인 계좌로 직접 대금을 입금함으로써, 위탁자 측의 대출채무에 전액이 변제 충당되도록 해서 위탁자 측의 채무를 감축시키는 것이 안전하다.

(2) 위탁자 등이 사기죄로 처벌받은 사례

신탁부동산에 대한 무권리자인 위탁자가 위탁된 부동산을 다른 사람에게 매매나 임대 시 이는 사기로 처벌받을 수 있으며, 이 내용을 제대로 설명하지 않고 부동산을 중개한 중개사도 사기죄로 처벌받을 수 있다.

또한 피해자는 이들을 상대로 공동불법행위에 대한 손해배상책임을 물을 수 있고, 공인중개사의 중개사고를 보증한 협회에 보증보험 성격인 공제(보험)금도 청구할 수 있다.

신탁부동산의 매매나 전세 사기 처벌 판례는 다음과 같다.

(가) 신탁부동산에 대한 위탁자의 전세 사기 처벌 판례

의정부지방법원 고양지원 2021. 1. 21. 선고 2020고단2542 판결 [사기]

범죄사실
피고인은 고양시 일산동구 B의 건축주로서 2019년 1월경 주식회사 C와 사이에 위 B건물 D호 및 E호에 관하여 부동산담보신탁계약을 체결하고, 2019. 1. 25. 주식회사 C로 하는 수탁자로 하는 소유권이전등기를 마쳤으며, 위 **부동산담보신탁계약에 따르면 위탁자는 신탁기간 중 수탁자와 우선수익자의 사전 동의 없이 임대차 등의 행위를 할 수 없고 위탁자가 임의로 체결한 임대차계약은 수탁자에게 효력을 주장할 수 없다.**

1. 피해자 F에 대한 사기

   피고인은 2019. 4. 16.경 고양시 일산동구 B건물 분양 사무실에서 피해자 F와 B건물 D호에 관하여 **수탁자 및 우선수익자의 동의 없이 임대차계약을 체결하면서 위와 같은 부동산담보신탁계약의 내용을 설명하지 않은 채 임대차계약이 존속하는 동안에는 임차 목적물의 사용 수익에 아무런 지장을 주지 않고, 임대차계약 종료 시 임차 보증금 전액을 확보해줄 수 있는 것처럼 피해자를 기망**하여 '임차 보증금 3,000만 원, 월 임료 50만 원, 임대기간 2년'으로 하는 임대차계약을 체결한 후 이에 속은 피해자로부터 임차 보증금 명목으로 2019. 4. 16.경 1,000만 원을, 2019. 6. 11.경 2,000만 원을 피고인 명의의 G는행 계좌(H)로 각 송금받아 합계 3,000만 원을 편취하였다.

(나) 신탁부동산의 전세 사기 처벌 판결

부산지방법원 2021. 11. 18. 선고 2020고단907, 2020고단1921, 2020초기419, 2020고단3642, 2020초기557, 2020초기418, 2020고단1890 판결 [사기·배상명령신청]

범죄사실
피고인은 주식회사 F의 대표이사이다.
[2020고단907]

1. 피해자 C에 대한 사기

피고인은 2017. 8. 11.경 부산 부산진구 G 오피스텔 지하1층에 있는 피고인의 사무실에서, 피해자와 앞선 오피스텔 H호에 대한 임대차계약을 체결하면서 피해자에게 "F가 위 H호의 임대 권한이 있다. 임대차보증금을 주면 임대차 기간이 만료될 때 정상적으로 임대차보증금을 지급하여 주겠다. I 주식회사에 신탁이 되어 있는데 J에 내 돈이 많이 들어가 있다. 나중에 무슨 일이 생겨도 100% 보장된다"라고 거짓말을 하였다.

그러나 사실은 위 F는 위 오피스텔을 신축하면서 2017. 6. 13.경 I 주식회사와 위 오피스텔에 대하여 부동산담보신탁계약을 체결하고 위 오피스텔의 소유권을 위 I로 이전하였으므로, **임대차계약을 체결하려면 사전에 수탁자인 위 I의 승낙을 받아야 하고, 승낙을 받지 아니한 임대차계약의 임차인은 위 I에 대하여 임대차계약의 효력을 주장할 수 없으므로, 이 사실을 피해자에게 고지할 의무가 있음에도 이를 고지하지 아니하였고,** 위 F는 당시 별다른 수입과 자산 없이 위 오피스텔 신축자금 대부분을 대출받아 충당하였을 뿐만 아니라 합계 17억 원 상당의 채무를 부담하고 있었으므로, 피해자로부터 임대차보증금을 받더라도 이를 정상적으로 돌려줄 의사나 능력이 없었다.

피고인은 위와 같이 피해자를 기망하여 이에 속은 피해자로부터 그 자리에서 임대차보증금 명목으로 5,000만 원을 위 F 명의 기업은행(계좌번호 1 생략)으로 교부받아 이를 편취하였다.

(다) 신탁부동산의 매매 사기 처벌 판례

대구지방법원 2021. 11. 16. 선고 2021고단1011 판결 [사기]

범죄사실

피고인은 주식회사 B를 운영하는 사람인바, 위 회사에서 대구 수성구 C빌라를 건축하기는 하였으나 금융기관에서 대출을 받아 건축하면서 **부동산담보신탁계약에 따라 금융기관을 수익자로 하여 신탁회사에 위 주택을 신탁하였기 때문에 피해자로부터 위 다세대주택 1세대의 대금을 받고 소유권 이전하여 주기로 계약하더라도 대출금을 상환하지 않는 이상 피해자에게 소유권을 이전해줄 수 없는 상황이었고, 즉시 현금화할 수 있는 다른 재산이나 뚜렷한 수입이 없어 스스로 대출금을 상환하기 어려워 피해자에게 단기간 내에 소유권 이전을 해주기 어려운 상황이었다.**

그럼에도 피고인은 2017. 봄경 장소 불상지에서 피해자 D에게 **"그동안 돈을 빌리고 갚지 못하였는데, 주택을 분양가보다 저렴하게 구입하게 해주겠다"**라고 말하여 피해자의 환심을 산 다음 2017. 9. 30.경 대구 수성구 C빌라 관리사무실에서 위와 같은 사정을 숨긴 채, **피해자에게 "다세대주택 C빌라 1세대를 매도하겠다. 다만, 그 대금은 내가 자금이 필요하여 요청하는 시기와 금액에 따라 지급해주면 매매대금으로 전환해서 빌라를 정상적으로 소유권 이전해주겠다"**라고 거짓말하여 이에 속은 피해자로부터 2017. 9. 30.경 금 5,000,000원을 송금받은 것을 비롯하여 그 무렵부터 2018. 5. 16.경까지 별지 범죄일람표 기재와 같이 6회에 걸쳐 합계 **148,000,000원을 위 다세대주택 매매대금으로 받아 편취하였다.**

사. 신탁부동산으로 매매나 전세 사기를 친 위탁자에 대한 채권 보전 방법

(1) 신탁재산 귀속 등에 따른 소유권이전등기 청구권에 대한 가압류 (압류) 신청을 한다

위탁자로부터 신탁부동산의 매매나 전세 사기를 당해서 손해배상 채권을 가지는 자는 신탁계약 해지 및 종료, 신탁재산 귀속 등으로 인한 위탁자로의 소유권이전등기 청구권에 대한 가압류(압류) 신청이 필요하다.

부동산담보신탁의 위탁자가 손해배상 등의 채무자일 경우 장래의 신탁재산 귀속 및 신탁해지를 원인으로 한 소유권이전등기 청구권을 신속하게 가압류 신청해야 한다. 소유권이전 청구권을 가압류하지 않으면, 위탁자 앞으로 소유권이전 회복 후 타에 매각을 통해 채무를 면탈하는 사례가 많다.

(2) 공매 등에 따른 위탁자의 잉여 수익금 채권에 대한 가압류 신청을 한다

추가로 신탁부동산의 공매처분 또는 수의계약 등에 따라 위탁자가 받을 잉여 수익금 지급 청구권에 대한 가압류(압류) 신청이 필요하다. 신탁재산 귀속 및 신탁해지에 의한 소유권이전등기 청구권만 가압류 시, 이후 공매 등 처분 시에 위탁자가 잉여 수익금 지급 청구권으로 잉여 수익금을 배당받아 가면 소유권이전등기 청구권의 가압류는 아무 의미가 없어진다.

판례에 따르면, 부동산담보신탁에 기해 신탁부동산을 매각할 경우 위탁자가 신탁회사에 대해 가지는 배당정산금 교부 채권에 대한 압류 및 전부 명령에 관한 사안에서, 위 배당금 교부 채권은 장래 불확정 채권으로 권면액이 없기는 하나, 채권 발생의 기초인 신탁계약이 확정되어 있어 특정이 가능하고, 그 부동산에 관해 공매 절차가 진행 중이어서 가까운 장래에 채권이 발생할 것이 상당한 정도로 기대되는 금전채권이므로, 전부 명령의 대상이 됨을 전제로 판단해서 일반채권으로서의 집행 적격을 인정한 바 있다(대판 2010. 5. 13. 2009다98980 참조).

(3) 위탁자가 소유권 상실 시 제3자인 채무자에게 가지는 구상권 및 대위권을 가압류(압류) 한다

위탁자와 부동산 담보신탁대출의 채무자가 다른 경우 이는 위탁자가 사실상 물상보증을 한 경우이므로, 채무자의 채무불이행으로 공매로 부동산의 소유권을 상실한 경우 위탁자는 채무자를 상대로 구상권을 행사할 수 있다. 사기 피해자 등은 이 구상권을 가압류할 수 있다.

2

신탁부동산 NPL 투자자, 신탁보수 감액 청구권 행사 이유

가. 수탁자의 신탁보수 산정

부동산담보신탁에서 수탁자가 위탁자 등으로부터 수취하는 신탁보수는 수익증권 발급 수수료 및 공매처분 수수료 등이 있는데, 보수를 정하는 하나의 사례를 다음과 같이 살펴본다. 보수는 위탁된 신탁재산(신탁 원본 및 임대료 등 신탁수익)에서 받는데, 이는 위탁자의 재산에서 받으므로 결국 위탁자의 부담이며, 부족 시 (우선)수익자에게 그가 얻은 이익의 범위에서 그 보수를 청구할 수 있다. 이때 보수는 크게 3가지 경우로 나눠볼 수 있다.

첫 번째는 '재산관리 보수(수익권증서 발급 수수료)'로 '수익권증서 발급 금액 × 1,000분의 5.5 이내'에서 정하게 되어 있다. 이때 보수는 수익권증서 신규 발급 시마다 별개로 산정하고, 신탁 기간의 증감(기간 연장, 중도 해지)에 관계없이 일시납 정액으로 한다.

두 번째는 공매 시 '재산처분 보수'로 공매처분 가격(1억 원 이하 ~ 500

억 원 초과)에 보수 요율(1000분의 8 ~ 1000분의 2)을 곱하고, 여기에 보전액 (10만 원 ~ 6,660만 원)을 합산한 금액으로 정하게 되어 있다. 따라서 공매처분 가격이 높아야 수탁자도 처분보수 수수료를 많이 받을 수 있다.

여기서 신탁 보전액 보수는 신탁보수의 최소 보장액으로 수탁자가 처분재산으로부터 처분가격의 보수율과 별도의 고정액으로 최우선 순위로 수취할 수 있는 보수다.

공매처분 시 신탁보수는 계약보증금 수령 시 보수의 50%를, 처분잔대금 수령 시 나머지 보수 50%를 수령하기로 약정할 수 있다. 다만 수탁자는 공매가 해약이 된 경우에도 계약보증금 수령 시에 받은 보수를 위탁자에게 환급하지 않는다.

세 번째는 수탁자가 입주자를 알선한 때에, 수익권증서 발급 수수료 및 공매처분 수수료와 별도로, 부동산 임대차 중개수수료 상당액을 받을 수 있도록 약정하는 경우가 있다.

나. 과다한 보수 발생 시 상호 협의를 통해 보수 조정 및 보전액 할인이 필요

우선수익권부 NPL을 양수한 자는 공매처분 후 처분대금 배당 시 수탁자가 우선순위로 처분 수수료로 배당받는 금액만금 배낭액이 감소되므로, 약정 보수액이 부당하게 과다할 경우 이를 수탁자에게 감액 요청할 필요가 있다.

한편 신탁부동산 및 신탁이익에 대한 제세공과금, 유지 관리비 및 금융비용 등 기타 신탁사무의 처리에 필요한 제 비용 및 신탁사무 처리에 있어 수탁자의 책임 없는 사유로 발생한 손해는 위탁자의 부담으로 약정하고 있다. 이러한 제 비용, 미지급 재산관리 보수 및 그 밖의 중개 보수 등도 신탁채권으로서 수탁자가 공매처분대금에서 우선배당을 받으므로 제 비용 등으로 많은 배당을 받아가면 우선수익자의 배당금이 그만큼 줄어든다.

이에 NPL 양수인은 이러한 제 비용, 미지급 재산관리 보수 및 기타 보수 등도 정산서(계산서)의 항목별로 따져서, 과다 청구된 비용 및 보수는 감액 요청을 통해 NPL 투자자의 수익배당금을 증가시킬 수 있다. 그러나 협의 조정이 안 될 경우 NPL 양수인인 우선수익자는 법원에 보수 감액 신청을 할 수 있고, 이미 보수를 수령했을 시에는 부당이득반환 청구를 할 수 있다.

신탁보수가 사정의 변경으로 신탁사무의 성질 및 내용에 비추어 적당하지 아니하게 된 경우 법원은 위탁자, 수익자 또는 수탁자의 청구에 따라 수탁자의 보수를 증액하거나 감액할 수 있기 때문이다(신탁법 제47조 제3항).

다. 신탁채권은 수익채권에 우선함

수탁자의 신탁보수는 신탁사무에서 발생하는 신탁채권인데 (우선)수익자가 신탁 원본 및 신탁수익에서 가지는 수익채권보다 공매 처분대금에서 우선순위로 배당을 받도록 약정해서 신탁원부(부동산담보신탁계약서)로 공시하고 있다.

그리고 수탁자는 신탁재산을 매각해서 신탁법 제47조에 따른 보수 청구권에 기한 채권의 변제에 충당할 수 있다. 다만, 그 신탁재산의 매각으로 신탁의 목적을 달성할 수 없게 되거나 그 밖의 상당한 이유가 있는 경우에는 그러하지 아니한다(신탁법 제48조 제2항).

라. 관련 규정

■ 신탁법
제47조(보수청구권)
① 수탁자는 신탁행위에 정함이 있는 경우에만 보수를 받을 수 있다. 다만, 신탁을 영업으로 하는 수탁자의 경우에는 신탁행위에 정함이 없는 경우에도 보수를 받을 수 있다.
② 보수의 금액 또는 산정방법을 정하지 아니한 경우 수탁자는 신탁사무의 성질과 내용에 비추어 적당한 금액의 보수를 지급받을 수 있다.
③ 제1항의 보수가 사정의 변경으로 신탁사무의 성질 및 내용에 비추어 적당하지 아니하게 된 경우 법원은 위탁자, 수익자 또는 수탁자의 청구에 의하여 수탁자의 보수를 증액하거나 감액할 수 있다.
④ 수탁자의 보수에 관하여는 제46조 제4항을 준용한다. 다만, 신탁행위로 달리 정한 사항이 있으면 그에 따른다.

■ 부동산 담보신탁계약서 안(신탁원부)
제17조(신탁보수)
① 신탁보수는 "별지3"의 1에 의하여 산출된 금액으로 한다.
② 제1항의 신탁보수는 수익권증서를 발급함으로써 지급의무가 발생한다(수익권양도 등에 따른 원부변경 보수는 보수 관련 특약에 기재할 것).
③ 신탁부동산 처분에 따른 신탁보수는 제1항에서 정한 보수 외에 별도로 신탁재산의 처분금액을 기준으로 "별지3"의 2 기준을 적용하여 산출한다.
④ 제3항에서 정한 신탁보수는 계약보증금 수령 시 보수의 50%를, 처분잔대금 수령 시 나머지 보수 50%를 지급하기로 한다. 단, 乙은 해약이 된 경우에도 계약보증금 수령 시 받은 보수를 甲에게 환급하지 않는다.
⑤ 乙이 입주자의 알선을 행한 때에는 제1항 및 제3항에서 정한 신탁보수와 별도로 부동산 임대차 중개수수료 상당액을 받을 수 있다.

마. 신탁보수 감액신청 법원 인용 결정 사례

■ 서울중앙지방법원 2019. 2. 22.자 2018비단30016 결정
[신탁보수 감액신청]
(대법원 2019마6855 결정도 1심과 동일하게 판단함)

신청인 I 주식회사 A
〈주소〉 대표이사 B
소송대리인 법무법인 ○○ 담당변호사 노○호

피신청인 I 주식회사
〈주소〉 대표이사 D
소송대리인 법무법인 □□ 담당변호사 E, F

주문
신청인과 피신청인 사이에 2013. 8. 12. 체결된 〈주소〉 주상복합 신축사업과 관련한 분양형 **토지 신탁계약에 따른 피신청인의 신탁보수를 2016. 6. 12.부터 월 5,000만 원에서 월 3,000만 원으로 감액한다.**

이유
1. 신탁보수 감액 재판을 비송사건절차법에 따라 심리할 수 있는지 여부

    신탁법 제47조 제3항은 '수탁자의 보수가 사정의 변경으로 신탁사무의 성질 및 내용에 비추어 적당하지 아니하게 된 경우 법원은 위탁자, 수익자 또는 수탁자의 청구에 의하여 수탁자의 보수를 증액하거나 감액할 수 있다'고 규정하고 있는데, 비송사건절차법은 위 신탁보수 증감 재판에 관하여 아무런 규정도 두고 있지 않다. 그러나 신탁재산관리인의 보수 결정 재판(비송사건절차법 제44조의2), 신수탁자의 보수 결정 재판(같은 법 제44조의6), 신탁관리인의 보수 결정 재판(같은 법 제44조의10) 등 신탁보수 증감 재판과 유사한 성격의 재판이 모두 비송사건절차법에 규정되어 있는 점, 신탁 변경의 재판〈각주1〉도 비송사건절차법이 규정하고 있는데(제44조의14), 신탁보수 증감 재판은 위 신탁 변경의 재판과 실질적으로 같은 내용의 것이라고 볼 수 있는 점 등에 비추어 보면, 신탁보수 증감 재판에 관하여는, 비록 비송사건절차법이 명시적으로 규정하고 있지는 않다 하더라도 비송사건절차법에 따라 그 심리를 할 수 있다고 봄이 상당하다.

2. 신탁보수의 감액 여부

신탁보수 약정을 한 경우에 신탁사무를 완료한 수탁자는 위탁자에게 그 약정된 보수액을 전부 청구할 수 있는 것이 원칙이다. 그러나 신탁사무처리의 내용 및 경과, 신탁기간, 신탁사무로 인한 위탁자의 손실 규모 및 발생 경위, 그 밖에 변론에 나타난 제반 사정을 고려하여 약정된 보수액이 부당하게 과다하여 신의성실의 원칙이나 형평의 원칙에 반한다고 볼 만한 특별한 사정이 있는 경우에는 상당하다고 인정되는 범위로 보수액을 제한할 수 있다(대법원 2018. 2. 28. 선고 2013다26425 판결 등 참조).

■ 대법원 2018. 2. 28. 선고 2013다26425 판결 [예탁금반환]

가. 신탁보수에 관하여

신탁보수 약정을 한 경우에 신탁사무를 완료한 **수탁자는 위탁자에게 그 약정된 보수액을 전부 청구할 수 있는 것이 원칙이다. 그러나 신탁사무처리의 내용 및 경과, 신탁기간, 신탁사무로 인한 위탁자의 손실 규모 및 발생 경위, 그 밖에 변론에 나타난 제반 사정을 고려하여 약정된 보수액이 부당하게 과다하여 신의성실의 원칙이나 형평의 원칙에 반한다고 볼 만한 특별한 사정이 있는 경우에는 상당하다고 인정되는 범위로 보수액을 제한할 수 있다(대법원 2006. 6. 9. 선고 2004다24557 판결 참조).**

원심은 신탁보수 전액에 관하여 피고의 보수 청구권을 인정하는 것은 그 보수액이 부당하게 과다하여 신의성실의 원칙이나 형평의 원칙에 반한다는 이유로 피고가 구할 수 있는 신탁보수를 이 사건 특정금전신탁계약에서 약정한 신탁보수의 70%로 정함이 상당하다고 보았다. 원심이 든 그 판시와 같은 사정을 고려하면 원심의 판단에 신탁보수의 부당이득반환에 관한 법리를 오해한 잘못이 없다.

나. 법률비용에 관하여

수탁자가 신탁의 본지에 따라 신탁사업을 수행하면서 징딩하게 지출하거나 부담한 신탁비용 등에 관하여는 신탁자에게 보상을 청구할 수 있다. 그러나 수탁자가 선량한 관리자의 주의의무를 위반하여 신탁비용을 지출한 경우에는 이러한 과실로 인하여 확대된 비용은 신탁 비용의 지출 또는 부담에 정당한 사유가 없는 경우에 해당하여 수탁자는 비용상환 청구를 할 수 없다(대법원 2006. 6.

9. 선고 2004다24557 판결 등 참조).

원심이 든 그 판시와 같은 사정을 고려하면, 피고가 케○에스피의 관리인을 상대로 소송을 제기하면서 지출한 법률비용은 그 지출에 정당한 사유가 없다. 따라서 원고에게 그 비용상환을 청구할 수 없다는 이유로 피고가 받은 법률비용을 원고에게 반환할 것을 명한 원심의 판단에 법률비용의 부당이득반환에 관한 법리를 오해한 잘못이 없다.

3

신탁부동산 NPL로 유입취득 시 월세 연체 임차인의 특별명도 방법

신탁부동산의 유입취득은 신탁부동산의 NPL채권자가 해당 신탁부동산의 공매 참가로 이를 직접 낙찰받는 것을 말하며, 이 낙찰자를 신탁부동산의 유입취득 투자자라고 한다.

이러한 유입취득 투자자 등 공매 낙찰자는 취득한 부동산을 다시 매각하거나 다른 사람에게 임대해서 수익을 취할 수 있는데, 이를 위해 낙찰부동산에 대한 기존의 임차인 등을 상대로 부동산을 인도(명도)받아야 한다.

인도(명도)는 부동산에 대한 직접적 지배를 채무자로부터 이전시키는 보통의 인도가 있고, 특히 점유자가 살림을 가지고 거주하거나 물건을 놓아두면서 점유하는 때에 그로 하여금 물건을 제거하고, 퇴거하도록 해 채권자에게 완전한 지배를 이전하는 형태의 명도가 있다(명도도 인도의 일종이다).

이 중 신탁부동산의 낙찰로 공매 낙찰자가 기존 임대차계약을 수탁자로부터 승계 후 월세 연체 임차인에게 임대차계약 해지 및 임차보증금 반환과 소유권에 기한 명도 청구의 특별 방법을 살펴본다.

가. 공매 낙찰자가 공매 낙찰 전 월세 연체채권을 수탁자로부터 양수해 임대차계약 해지 통보 및 명도 청구

(1) 월세 연체채권 매입 후 명도 청구

신탁부동산을 공매로 낙찰받으면 전 임대인인 수탁자의 임대인으로서의 지위를 낙찰자가 승계하게 된다. 이때 낙찰 전 수탁자인 임대인이 가지는 월세 연체채권은 낙찰자에게 승계되지 않는다.

이 경우 신탁부동산의 낙찰자는 전 임대인인 수탁자로부터 임차인에 대한 월세 연체채권을 별도로 채권양수도 계약 및 채권양도 절차를 밟아 매입 후, 공매 낙찰 전의 임차인에게 임대차계약 해지를 통보해서 점유권원을 없애고, 임차보증금 반환과 동시에 소유권에 기한 소유물 반환청구권(민법 제213조)의 행사를 통해 명도 청구를 할 수 있다.

> **(가) 민법 제213조(소유물반환청구권)**
> 소유자는 그 소유에 속한 물건을 점유한 자에 대하여 반환을 청구할 수 있다. 그러나 점유자가 그 물건을 점유할 권리가 있는 때에는 반환을 거부할 수 있다.
>
> **(나) 대법원 2008. 10. 9. 선고 2008다3022 판결 [건물명도 등]**
> 원심의 이러한 판단은 임대인의 지위가 승계되는 경우 승계 이전에 이미 3기 이상(약정은 2개월 이상 연체 시 명도의무를 명시함)의 차임이 연체된 것을 이유로 임대인 지위를 양수한 승계인이 임대차계약을 해지할 수 있다는 것이나, **임대인 지위가 양수인에게 승계된 경우 이미 발생한 연체차임채권은 따로 채권양도의 요건을 갖추지 않는 한 승계되지 않고,** 따라서 양수인이 연체차임채권을 양수받지 않은 이상 승계 이후의 연체차임액이 3기 이상의 차임액에 달하여야만 비로소 임대차계약

을 해지할 수 있는 것이므로, 원심의 이와 같은 판단은 임대인 지위의 승계와 차임 연체로 인한 해제권에 관한 법리 오해의 위법이 있다.

앞의 공매 낙찰자는 임차인을 명도하기 위해서 수탁자에게 임대차보증금에서 연체 월세를 차감하지 않은 채로 기존의 임차보증금 반환 채무 전액을 승계받은 후 월세 연체채권을 매입해야 임차인에 대한 임대차계약 해지권 및 명도 청구권의 확보가 가능하다. 수탁자로부터 임차인의 임차보증금에서 연체 중인 월세를 차감해서 계약을 승계하면, 연체가 해소되어 계약 해지 및 명도 청구를 할 수 없기 때문이다.

(2) 적용 법률

상가건물 임대차보호법 제10조의8(차임 연체와 해지)
임차인의 **차임 연체액이 3기**의 차임액에 달하는 때에는 임대인은 계약을 **해지**할 수 있다.

민법 제640조 (차임 연체와 해지)
건물 기타 공작물의 임대차에는 임차인의 **차임 연체액이 2기**의 차임액에 달하는 때에는 임대인은 계약을 **해지**할 수 있다.

나. 공매 낙찰자가 공매 낙찰 전 월세 연체 사실(연체 이력)을 이유로 계약 갱신 거절함에 따라 계약 종료 및 명도 청구

(1) 공매 낙찰자의 계약 갱신 거절권의 행사

임대인이 임대차계약의 갱신을 거절할 수 있는 사유로 상가건물 임대차보호법 제10조 제1항 제1호는 연체 3회 사실, 주택임대차보호법 제6조의3 제1항 제1호는 연체 2회 사실을 각 규정하고 있다. 이는 월세를 연체한 후 다 갚아도, 연체 사실(연체 이력)에 해당된다.

공매 낙찰자가 부동산을 낙찰로 양수 전 임차인이 수탁자와의 약정 상 월세를 2회 내지 3회 연체 후 연체금을 전액 갚아도 신뢰 상실이 되기 때문에 양수 후에 양수인이 양수 전 임차인의 월세 연체 2회(주택) 또는 3회(상가) 사실을 문제 삼아 임대차계약 갱신을 거절함으로써 임대차 관계를 종료시키고 임차인에게 명도를 요구할 수 있다. 이 경우 낙찰자는 전 임대인인 수탁자에게 임차인의 월세 연체 사실(이력)을 문의해 파악해야 할 것이다.

(2) 관련 판례

수원지방법원 안양지원 2019. 11. 27. 선고 2019가단110481 판결
[건물명도(인도)]

〈이 사건 임대차계약의 종료〉
이 사건 임대차계약은 다음과 같이 피고의 임대차계약갱신 요구를 원고가 2018. 4. 20. 거절함으로써 2018. 7. 25. 그 기간 만료로 종료되었다.
1) 상가건물 임대차보호법(이하 '상임법'이라 한다) 제10조 제1항 제1호에 의하면, 임대인은 임차인이 임대차 기간이 만료되기 6개월 전부터 1개월 전까지 사이에 계약갱신을 요구할 경우 정당한 사유 없이 거절하지 못한다. 다만, 임차인이 3기의 차임액에 해당하는 금액에 이르도록 차임을 연체한 사실이 있는 경우에는 그러하지 아니하다.
위 인정 사실에 의하면, **피고는 원고가 이 사건 임대차계약의 임대인 지위를 승계하기 전에 3기 이상의 차임을 연체한 사실이 있고, 원고는 2018. 4. 20. 피고에 대하여 위와 같은 3기 이상의 차임 연체를 이유로 이 사건 임대차계약의 갱신을 거절하였으므로 원고의 갱신 거절의 의사표시는 정당한 사유가 있다.**
임대인이 임차인의 일방적인 계약갱신 요구를 거절하기 위하여는 임차인이 3기의 차임액에 해당하는 금액에 이르도록 차임을 연체한 사실이 있기만 하면 되고, 임대인이 갱신 거절의 의사를 표시할 당시 임대인이 연체 차임채권을 계속 보유하고 있을 것을 요건으로 하지 아니한다.
즉, 임차인이 임대차 기간의 어느 시점에 **3기 이상의 차임을 연체한 사실이 있었다면 그 후 연체차임을 지급하였다 하더라도 임대인은 임차인과의 계약갱신을 거절할 수 있는 것이다.** 상임법 제10조 제1항은 임차인의 일방적인 갱신 요구권을 인정하는 것으로서 임대인의 일방적인 계약 해지권을 규정한 상임법 제10조의8과는 그 취지와 내용을 서로 달리한다.

(3) 적용 법률

상가건물 임대차보호법 제10조(계약갱신 요구 등)
① 임대인은 임차인이 임대차 기간이 만료되기 6개월 전부터 1개월 전까지 사이에 계약갱신을 요구할 경우 정당한 사유 없이 거절하지 못한다. 다만, 다음 각 호의 어느 하나의 경우에는 그러하지 아니하다. 〈개정 2013. 8. 13〉
  1. 임차인이 **3기의 차임액에 해당하는 금액에 이르도록 차임을 연체한 사실**이 있는 경우

주택임대차보호법 제6조의3(계약갱신 요구 등)
① 제6조에도 불구하고 임대인은 임차인이 제6조 제1항 전단의 기간 이내에 계약갱신을 요구할 경우 정당한 사유 없이 거절하지 못한다. 다만, 다음 각 호의 어느 하나에 해당하는 경우에는 그러하지 아니하다.
  1. 임차인이 **2기의 차임액에 해당하는 금액에 이르도록 차임을 연체한 사실**이 있는 경우

다. 공매 낙찰자가 공매 낙찰 후 시작된 월세 연체를 이유로 임대차계약 해지 통보 및 명도 청구

임대차계약 해지 사유로 상가건물은 임대차보호법 제10조의 8에 따라 월세 3회 연체 중으로 주택은 민법 제640조에 따라 2회 연체 중으로 정해두고 있다. 이에 따라 상가건물 임대차계약 시 3개월 연체 중일 경우(2개월 연체 시 해지 약정도 유효) 계약 해지 약정을 하고 있고, 주택은 2개월 연체 시 해지할 수 있다는 약정을 하고 있다.

이러한 해지 규정에 따라 공매 낙찰자는 임대차계약 승계 후 새로 시작된 월세 연체(주택 2회, 상가 3회)를 이유로 임대차계약을 해지하고, 임차인에게 부동산의 명도를 요구할 수 있다.

상기 월세를 임차인이 미납해 연체 중일 경우, 연체 월세금 청구권의 보유를 전제로 임대인이 임대차계약의 해지권을 행사하는 것은 상가건물 임대차보호법 등의 강행법규에 반하지 않는다.

상가 임대인이 임차인에게 연체 사실 3회(주택은 2회)의 전력을 이유로 계약 갱신 거절로 임대차계약 종료를 하는 것과 현재도 해소되지 않은 월세 연체(상가 임대차 약정상 2회 내지 3회 또는 상가 임대차에 약정이 없는 경우 3회, 주택 임대차에 약정이 없는 경우 민법 제640조에 따른 2회)를 이유로 계약 해지권을 행사해서 계약을 종료하는 규정 간에는 서로 규정 취지가 다르다는 특징이 있고, 이 둘은 각각 독립적으로 유효하다.

4

신탁부동산 NPL의 함정, 숨은 대항력 있는 증액보증금의 인수 여부

가. 대항력 있는 임차권 개요

신탁부동산의 우선수익권과 부동산의 근저당권은 모두 우선순위로 배당을 받는 점에서 공통점이 있다. 우선수익권은 신탁계약 당사자 간 합의로 대출채권자에게 채권계약에 기한 우선배당권을 인정한 것이고, 근저당권은 대출채권자에게 근저당권 설정이라는 물권적 합의에 기한 우선배당권을 인정한 것이다.

이처럼 신탁의 우선수익자의 지위와 근저당권자의 지위는 매우 유사하다. NPL 회수를 위한 부동산 환가 시, 우선배당권에 중점을 두고 담보대출에 이들 제도를 활용하고 있다.

대출 금융기관은 부동산에 대한 임대차계약 만기 연장 주기인 1년 또는 2년이 경과한 임차인이 존재하는 부동산을 담보로 대출하면서 1순위 근저당권을 설정하거나 담보신탁 등기로 우선수익권을 설정할 경우, 그 설정등기 또는 신탁등기 전에 임차보증금이 증액되어 담보권자 등에게 대항력이 있는지를 파악해서 대출 회수에 대한 위험을 줄여야한다.

여기서 대항력 있는 임차보증금이란 경매 시 말소기준등기 일자보다 앞선 일자에 전입 신고한 임차인의 임차보증금을 말한다. 즉 임차보증금 반환을 침해할 임차인에 우선하는 권리 없이 부동산등기부가 깨끗한 상태에서 임차인이 최초로 전입 시 대항력(제3자에게 임차 부동산의 명도 거부권, 사용수익권을 주장할 수 있는 권리)을 인정하는 것이다. 대항력 있는 임차인의 미배당 잔존 보증금은 낙찰자가 인수함으로써 낙찰가 하락으로 후순위 근저당권부 NPL채권자 등은 배당손실을 입게 된다.

이에 부동산담보신탁 또는 근저당권 설정으로 담보대출을 하는 금융기관은 이들 대항력 있는 임차보증금을 인지 시, 담보대출 여력에서 보증금 전액을 차감하고 대출을 실행한다. 이와 관련해서 부동산의 소유자인 임대인이 임차보증금 증액 사실을 은행에 미고지한 채 신규 근저당권설정으로 증액 보증금 상당의 담보가치를 차감하지 않고, 과다 평가된 담보물로 과다 대출 시 이는 은행에게 증액 보증금 미고지 방법이 되어 대출금 사기가 될 수 있다.

한편 상가건물 또는 주택의 임대차에 이해관계가 있는 자는 관할 세무서장 또는 확정일자 부여기관(주민센터)에게 해당 상가건물이나 주택의 확정일자 부여일, 차임 및 보증금 등 임대차 정보의 제공을 요청할 수 있다(주택임대차보호법 제3조의6(확정일자 부여 및 임대차 정보제공 등) 제3항, 상가건물 임대차보호법 제4조(확정일자 부여 및 임대차 정보의 제공 등) 제3항).

이때 임대차의 이해관계인은 다음과 같으며, 근저당권자 및 수탁자(소유자)도 이해관계인으로서 임대차 정보제공 요청으로 주택 확정일자부 발급 또는 상가건물 임대차 현황서 등을 발급받을 수 있다. 그러나 가압류 채권자는 이해관계인이 아니므로 임대차 정보제공을 요청할 수 없다.

상가 임대차의 이해관계인(주택의 이해관계인도 거의 같음 : 주택임대차보호법 시행령 제5조(주택의 임대차에 이해관계가 있는 자의 범위)
1. 해당 상가건물의 임대인
2. 해당 상가건물의 임차인
3. 해당 상가건물의 소유자
4. 해당 상가건물 또는 그 대지의 등기부에 기록된 권리자
    (환매권자, 지상권자, 전세권자, 질권자, 저당권자, 근저당권자, 임차권자, 신탁등기의 수탁자, 가등기권리자, 압류채권자 및 경매개시결정의 채권자)
    – 근거 : 상가건물 임대차계약서상의 확정일자 부여 및 임대차 정보제공에 관한 규칙 제4조(이해관계인의 범위 등)①,
    – 주택 임대차계약증서상의 확정일자 부여 및 임대차 정보제공에 관한 규칙 제6조(등기 기록에 기록된 이해관계인의 범위)와 같음
5. '상가건물 임대차보호법' 제5조 제7항에 따라 우선변제권을 승계한 금융기관
6. 임대차 정보의 제공에 관하여 법원의 판결을 받은 자

NPL 투자자는 부동산이 경매 진행 중일 경우 경매 참여자로서 발급받을 수 있는 전입세대 확인서(주민등록법 제29조의 2) 및 집행관의 임대차 현황 조사서 등으로 대항력 있는 증액 보증금을 조사한다. 임차인이 증액 보증금 약정 후 추가로 확정일자를 받지 않아서 확정일자부가 없는 경우 임차인, 임대인, 소유자 또는 위탁자 등에게 물어서 근저당권설정 전 또는 신탁등기 전에 증액 보증금이 얼마나 있었는지를 확인해야 한다.

이와 같이 주택의 전입신고 또는 상가 임대차의 사업자 등록 후 2년 이상 점유하는 대항력 있는 임차인이 있는 근저당권부 NPL의 취득 시에는 반드시 근저당권 설정 전의 증액 보증금의 존재 여부를 소유자 및 임차인 등에게 현장 조사 및 탐문으로 확인 후 NPL을 취득(매입, 대위변

제)해야 한다. 이러한 대항력 있는 증액 보증금의 조사 누락 시 낙찰가 하락으로 취득한 NPL에서 배당손실이 발생할 수 있다.

특히 경매가 진행되면 집행관의 임대차 현황 조사로 대항력 있는 증액 보증금의 규모가 외부로 드러나게 된다. 그러나 경매 신청 전 연체 상태에서 후순위 담보부 NPL을 미리 취득할 경우에는 NPL 매도인도 모르는 숨은 대항력 있는 증액 보증금이 존재해서 승계취득 후 경매 신청 시 집행관의 조사로 대항력 있는 증액 보증금이 공시됨으로써 낙찰가 하락으로 NPL 투자자가 배당손실을 입을 수 있다.

한편 근저당권 설정 후 증액 합의한 증액 보증금은 대항력이 없다. 그러나 부동산담보신탁 등기 후 수탁자와 증액 합의한 증액 보증금은 우선수익자인 NPL채권자보다 선순위로 배당되도록 신탁원부(부동산담보 신탁계약서)로 공시하고 있어, 신탁등기 후에 증액을 합의했어도 우선수익자인 NPL채권자나 공매 낙찰자 등에게 대항력이 있다. 이 경우는 수탁자가 수령한 증액 보증금으로 우선수익자의 NPL에 변제 충당을 하게 되므로, 우선수익권부 NPL채권자가 배당손실을 입을 여지는 거의 없다.

문제가 되는 것은 수탁자도 모르는 신탁등기 전의 숨은 대항력 있는 증액보증금이 존재하는 경우 담보가치보다 과다하게 대출을 실행한 우선수익권부 NPL이 신탁부동산 공매 시 저가 낙찰로 인한 배당손실을 입을 수 있다는 점이다. 따라서 이러한 NPL의 취득 시 주의해야 한다. 이와 같이 대항력 있는 증액 보증금이 신탁등기 전에 존재할 여지도 있어 신탁부동산의 NPL을 취득 시에 신탁등기 전의 증액보증금을 반드시 탐문 등으로 확인 후 취득해야 우선수익권부 NPL의 배당손실을 방지할 수 있다.

이에 NPL 투자자는 투자 전에 수탁자로 하여금 부동산의 소유자의 지위에서 주민센터에 전입세대 확인서의 열람·교부를 신청토록 하거나(주민등록법 제29조의2 제2항 제1호), 수탁자로 하여금 주민센터 또는 세무서에 임대차 정보제공 요청으로 주택 임대차 정보 내역이나 상가건물 임대차 현황서 및 확정일자부를 발급받도록 한다. 이를 통해 신탁등기 전 대항력 있는 임차인을 확인한 다음 수탁자도 모르는 숨은 대항력 있는 증액 보증금이 얼마나 존재하는지를 별도로 탐문 조사해야 한다.

물론 공매 낙찰자가 승계되는 대항력 있는 증액 보증금을 제대로 파악하지 않고, 증액보증금이 없는 것으로 안 채 낙찰받을 경우 우선수익권부 NPL채권자는 우연히 배당손실을 면할 수도 있을 것이다.

> **주민등록법 제29조의2(전입세대 확인서의 열람 또는 교부)**
> ② 제1항에 따른 전입세대 확인서의 열람 또는 교부 신청을 할 수 있는 자는 다음 각 호와 같다.
> 　1. 해당 건물 또는 시설의 **소유자 본인**이나 그 세대원, **임차인 본인**이나 그 세대원, **매매계약자 또는 임대차계약자 본인**

나. 대항력 있는 증액 보증금 낙찰자 인수 기준(판례)

(1) 숨은 대항력 있는 증액보증금 낙찰자 인수 판례

> **전주지방법원 2019. 3. 7.자 2018라231 결정 [부동산인도명령]**
>
> 주택에 관하여 임대차계약을 체결한 임차인이 주민등록과 주택의 인도를 마친 때에는 그다음 날부터 제3자에 대하여 대항력이 생기고, 담보권실행을 위한 경매 절차에서 임차인의 대항력 발생 후에 저당권설정등기가 마쳐진 경우, 임차인은 저당

권설정 전의 임대차보증금액에 한하여 경매 절차에서의 매수인에게 대항할 수 있다. 대항력과 우선변제권을 겸유하고 있는 임차인은 경매 절차에서 배당받지 못한 보증금에 관하여 매수인에게 대항할 수 있다.

기록에 의하면 이 사건 아파트에 관하여 **D조합 명의의 근저당권 설정등기가 마쳐진 2013. 3. 6. 이전인 2012. 5. 29. 이미 피항고인과 임대인 사이에 임대차보증금을 64,000,000원으로 증액하는 임대차계약이 체결되었고**, 피항고인이 2009년경부터 위 아파트에 전입신고를 마치고 계속해서 거주해오고 있었으므로, 피항고인은 이 사건 경매 절차에서 위 근저당권 설정 전의 임대차보증금액 64,000,000원 전부에 관하여 대항력을 갖추었다고 판단된다.

(2) 근저당권 설정 후 증액보증금은 대항력이 없음

대법원 1990. 8. 14. 선고 90다카11377[건물명도]

대항력을 갖춘 임차인이 저당권설정등기 이후에 임대인과 보증금을 증액하기로 합의하고 초과부분을 지급한 경우 임차인이 저당권설정등기 이전에 취득하고 있던 임차권으로 선순위로서 저당권자에게 대항할 수 있음은 물론이나 **저당권설정등기 후에 건물주와의 사이에 임차보증금을 증액하기로 한 합의는 건물주가 저당권자를 해치는 법률행위를 할 수 없게 된 결과 그 합의 당사자 사이에서만 효력이 있는 것이고 저당권자에게는 대항할 수 없다**고 할 수밖에 없으므로 임차인은 위 저당권에 기하여 건물을 경락받은 소유자의 건물명도 청구에 대하여 증액 전 임차보증금을 상환받을 때까지 그 건물을 명도할 수 없다고 주장할 수 있을 뿐이고 **저당권설정등기 이후에 증액한 임차보증금으로써는 소유자에게 대항할 수 없는 것이다.**

다. 대항력 있는 증액 보증금 인수 낙찰 사례 분석

(서울서부지방법원 2022타경56066 임의경매)

(1) 매각 물건 명세서 공시

부동산 및 감정평가액 최저매각가격의 표시	별지기재와 같음	최선순위 설정	2021.4.27.근저당		배당요구종기	2023.01.05

부동산의 점유자와 점유의 권원, 점유할 수 있는 기간, 차임 또는 보증금에 관한 관계인의 진술 및 임차인이 있는 경우 배당요구 여부와 그 일자, 전입신고일자 또는 사업자등록신청일자와 확정일자의 유무와 그 일자

점유자 성 명	점유 부분	정보출처 구 분	점유의 권 원	임대차기간 (점유기간)	보 증 금	차 임	전입신고 일자·외국인 등록(체류지 변경신고)일 자·사업자등 록신청일자	확정일자	배당 요구여부 (배당요구일자)
정		현황조사	주거 임차인					2020.01.03	
	904호 전부	권리신고	주거 임차인	2019.6.30.-	(1차)200,000,000원 (2차)600,000,000원	(1차)600,000원 (2차)없음	2020.01.03	(1차)2019.6.27. (2차)2022.3.28.	2022.11.18

〈비고〉
임차인 2차 임대차계약: 계약일자 2020.6.24., 임대차기간 2020.6.24.~2022.6.23., 임차보증금 600,000,000원(보증금 200,000,000원에서 400,000,000원을 증액하여 2차 계약함), 증액한 임차보증금 400,000,000원의 확정일자는 최선순위 근저당설정일(2021.4.27.)보다 후순위이나, 전입일과 계약일이 최선순위 근저당설정일보다 빠른 대항력 있는 임차인이므로 배당에서 전액 변제받지 못한 부분에 대해서는 매수인이 이를 인수함

이와 같이 임차인은 2차로 임대차보증금 4억 원을 증액하면서 증액 계약 일자는 2020.6.24., 임대차 기간 2020.6.24.~2022.6.23., 임차보증금 600,000,000원(보증금 200,000,000원에서 400,000,000원을 증액하여 2차 계약함), 증액한 임차보증금 400,000,000원의 확정일자는 최선순위 근저당설정일(2021. 4. 27.)보다 후순위이나, 전입일과 증액 계약일(2020. 6. 24.)이 1순위 근저당권 설정일(2021. 4. 27.) 및 2순위 근저당설정일(2022. 2. 11.)보다 빠른 대항력 있는 증액 임차인이므로 배당에서 전액 변제받지 못한 부분에 대해서는 매수인이 이를 인수함이라는 취지로 공시함.

(2) 상기 경매 사건 임대차계약 후 근저당권 설정 내역

거래 일자	계약 내용	순위에 따른 예상 배당금
1차 2019. 6. 27. 임대차계약 2020. 1. 3. 전입신고	1차 최초 임대차계약 체결, 대항력 보증금 2억 원 + 월세 80만 원	**낙찰가 488,500,000원** **1순위로 2억 원 배당** 1차 확정일자 2019. 6. 27.
2차 2020. 6. 24. 증액 합의	2차 임대차보증금 증액 약정, 대항력 있는 증액 보증금 4억 원 (월세 80만 원 대체, 합계 보증금 6억 원)	2차 확정일자 2022. 3. 28. 배당요구종기(2023.1.5.) 이내인 2022. 11. 18. 적법하게 합계 6억 원을 배당 요구했으나 증액 보증금 4억 원은 2순위 키○저축은행보다 최후순위로서, **4순위로 배당 대상인데 몰수보증금에서 28,340,000원을 배당받아 미회수 증액 보증금은 최종 371,660,000원이 남고 이를 낙찰자가 인수함**
1순위 2021. 4. 27. 근저당권 설정	1순위 근저당권 새○○금고가 설정(대출원금 1억 5,000만 원, 근저당권 설정 최고액은 원금의 120%인 1억 8,000만 원)	**2순위로 1억 5,000만 원 배당** 288,500,000원 - 150,000,000원 = 잔여 138,500,000원
2순위 2022. 2. 11. 근저당권 설정	2순위 근저당권 키○이 설정(대출원금 190,800,000원, 채권최고액은 원금의 120%인 381,600,000원) - 2022년 1월 당시 동일크기 **실거래가 12억 2,000만 원** - 당시 이 건 포함 4건의 **채권 총액은 940,000,000원으로서 실거래가 12억 2,000만 원의 담보여력 130%의 범위 내에서 증액 보증금 4억 원의 존재를 알고, 정당하게 190,800,000원의 대출이 실행된 것으로 보임**	**3순위로 채권 190,800,000원 중 위 잔여 138,500,000원 배당** 예상, - 가격 급등기에 대출 후 가격급락으로 낙찰가로만 배당 시 배당손실로 52,300,000원이 예상되었으나, 몰수보증금 80,640,000원을 배당 재원에 편입시켜 키○저축은행은 52,300,000원의 잔존채권까지 전액 배당받고, **28,340,000원의 잔여 배당재원은 임차인의 증액 보증금 4억 원에 배당됨으로써 잔존 증액 보증금은 371,660,000원이 남음** - 경매 비용 반영 없이 이를 설명함

(3) 대항력 있는 증액보증금 4억 원으로 후순위 근저당권자 키○저축은행은 52,300,000원의 배당손실이 예상되었으나, 배당재단으로 편입된 몰수보증금 80,640,000원으로 전액 배당받음

① 2순위 키○저축은행은 담보여력 470,000,000원 내에서 190,800,000원 정당 대출실행(2순위 설정 당시 실거래가 12억 2,000만 원 – 1차 대항력 보증금 2억 원 – 2차 대항력 증액 보증금 4억 원 – 1순위 근저당채권 1억 5,000만 원)

키○저축은행이 증액 보증금 4억 원의 존재를 알고 담보여력 130% 이내에서 정당하게 대출 실행을 한 것이다.

② 최초 낙찰자의 대금 미납 후 대항력 있는 증액 보증금 4억 원을 계속 공시해서 경매 진행

대항력 있는 증액 보증금 4억 원의 인수 여지를 매각물건 명세서에 공시해서 경매 진행을 했음에도 1차 낙찰자는 850,910,285원(경매감정가 1,260,000,000원의 68%)으로 입찰했다. 이는 대항력 있는 증액 임차보증금 4억 원을 인수하지 않는 것으로 착각하고, 고가 낙찰 후 대금 미납으로 입찰보증금 80,640,000원을 몰수당하는 손해를 입은 것으로 보인다.

③ 2순위 키○저축은행의 예상 배당손실 52,300,000원은 몰수보증금 때문에 우연하게 전액 배당받음

NPL 투자자가 증액보증금 4억 원의 존재를 모르고 이 건 NPL을 대출원금 전액인 190,800,000원을 주고 매입했다면 52,300,000원의 배당손실이 예상되었으나(몰수보증금이 없었을 경우) NPL 매입은 발생하지 않았고, 매수인이 NPL 매입 협상을 하더라도 키○저축은행은 자신들이 이미 인

지한 대항력 있는 4억 원의 존재를 매수인에게 고지했을 것으로 보인다.

회차	매각기일	최저매각금액	결과
신건	2023-05-02	1,260,000,000원	유찰
2차	2023-06-13	1,008,000,000원	유찰
3차	2023-07-18	806,400,000원	매각
최OO/입찰2명/낙찰850,910,285원(68%)			
	2023-07-25	매각결정기일	허가
	2023-09-01	대금지급기한	미납
3차	2023-09-26	806,400,000원	유찰
4차	2023-10-31	645,120,000원	유찰
5차	2023-12-05	516,096,000원	유찰
6차	2024-01-30	412,877,000원	매각
손OO/입찰7명/낙찰488,500,000원(39%)			
	2024-02-06	매각결정기일	허가
	2024-03-15	대금지급기한	

기일현황 ☑간략보기

이 건 부동산의 최종 낙찰금액 488,500,000원(39%)으로 대항력 있는 1차 보증금 2억 원은 전액 배당 및 증액보증금 4억 원은 몰수보증금으로 일부 배당받고, 잔존 보증금 371,660,000원은 낙찰자가 인수함으로써 낙찰자는 인수보증금을 포함 시 합계 860,160,000원(감정가의 약 68%로 1차 미납자의 낙찰가율 68%(낙찰금액 850,910,285원)와 9,249,715원만 차이 발생)에 적정하게 낙찰받은 것이다.

④ 신탁부동산 공매 시에는 집행관의 임대차 조사 절차가 없어 우선수익권부 NPL 투자자 및 공매 입찰 참가자는 신탁등기 전에 숨어 있는 대항력 있는 증액 임차보증금을 더욱 철저하게 조사해서 찾아내야 할인된 가격으로 우선수익권부 NPL 매입 후 배당손실을 피할 수 있음

특히 대항력 있는 임차인이 경매 법원에 배당요구 및 권리 신고를 전혀 하지 않고 집행관 조사 시 폐문부재로 그 대항력 있는 임차보증금 및 증액보증금이 외부에 공시되지 않은 경우, 담보부 NPL 또는 신탁부동산의 우선수익권부 NPL 투자자는 철저하게 증액 임차보증금 등을 조사하고, 이를 반영한 적정한 가격으로 NPL을 취득해야 손실을 방지할 수 있다.

5

수탁자가 정산내역을 작성해서 통지한 것만으로는 신탁사무에 관한 최종 계산이 아님

⚖️ 관련 판례

> **서울고등법원 2020. 11. 5. 선고 2019나2037142 판결 [손해배상(기)]**
>
> 나) 이에 대하여 원고승계참가인들은, 이 사건 신탁계약 제3조 제2항〈각주1〉에 따라 이 사건 부동산에 관하여 매수인에게 소유권이전등기가 마쳐진 때에 이 사건 신탁계약이 종료하였고, 우선수익자들은 피고의 배당에 관한 통지 후 1개월이 경과하도록 아무런 이의를 제기하지 아니하였으므로 신탁법 제103조〈각주2〉에 따라 우선수익자들에 대한 배당은 정산표에 의한 계산의 승인에 따라 계산이 완료되었는바, 피고가 D에 추가 배당을 할 권한이나 의무가 없다는 취지로 주장한다.
>
> 그러나 ① 이 사건 신탁계약 제28조 제3항에 의하면, 신탁계약이 종료되는 경우 수탁자는 지체 없이 최종계산서에 관하여 수익자의 동의를 받아야 하는데, 신탁부동산이 처분되었다고 하여 신탁계약의 종료로써 피고가 이 사건 부동산의 매각대금을 추가로 배당할 권한이 없다고 보기 어렵고, ② 신탁법 제103조는 신탁이 종료한 경우 수탁자의 신탁사무 계산에 관한 수익자와 귀속권리자의 승인에 관한 규정인바, 이 사건 부동산의 매각만으로 신탁이 종료되었다고 보기 어려울 뿐만 아니라, ③ 이 사건 **부동산의 매각 후 피고가 정산내역을 작성하여 통지한 것만으로는 신탁사무에 관한 최종계산이라고 보기 어려운바**, D가 이 사건 부동산의 매각대금 배당에 이의를 제기하지 않았다고 하더라도 이를 신탁사무의 최종계산에 대한 승인으로 볼 수는 없다고 할 것이다. 따라서 원고승계 참가인들의 위 주장은 이유 없다.

6

신탁부동산 우선수익권의 소멸시효 기산점

가. 수익채권의 소멸시효

수익채권의 소멸시효는 채권의 예에 따른다. 다만, 수익채권의 소멸시효는 수익자가 된 사실을 알게 된 때부터 진행하며, 신탁이 종료한 때부터 6개월 내에는 수익채권의 소멸시효가 완성되지 않는다(신탁법 제63조). 수익채권의 소멸시효는 소멸시효 기산점으로부터 그 시효기간이 진행한 날과 신탁이 종료한 때부터 신탁법 제63조 제3항이 정하는 6개월의 소멸시효 정지 기간이 진행한 날 중 뒤의 시점에 완성된다고 봐야 한다.

한편 수익권은 피담보채권에 대한 부종성이 없어 수익권의 피담보채권이 전부명령 또는 질권실행으로 타에 양도, 일반 양도되거나 대여금채권의 5년, 공사대금 채권의 3년의 시효가 완성되어도 신탁계약이 유지되거나 신탁계약 종료 시부터 6개월 내에는 수익권은 시효가 정지된다. 이에 피담보채권이 소멸되어도 신탁계약에 따른 우선수익권은 소멸이 안 되어 행사할 수 있는 경우가 있다.

나. 적용 법률 및 판례

(1) 신탁법 제63조(수익채권의 소멸시효)

① 수익채권의 소멸시효는 채권의 예에 따른다.

② 제1항에도 불구하고 수익채권의 소멸시효는 수익자가 수익자로 된 사실을 알게 된 때부터 진행한다.

③ 제1항에도 불구하고 **신탁이 종료한 때부터 6개월 내에는 수익채권의 소멸시효가 완성되지 아니한다.**

(2) 대법원 2023. 4. 13. 2022다295070 우선수익권 부존재 확인 청구 등 판결

【판시사항】

[1] 신탁법 제63조 제3항의 규정 취지

[2] 신탁자인 甲이 우선수익자인 乙 주식회사 등을 상대로 乙 회사 등의 수익채권이 담보신탁계약 종료 전에 이미 시효완성으로 소멸하였다고 주장하며 우선수익권의 부존재확인 등을 구한 사안에서, 신탁법 제63조 제3항을 이유로 수익채권의 소멸시효가 완성되지 않았다고 본 원심 판단이 정당하다고 한 사례

【판결요지】

[1] 신탁법 제63조는 '수익채권의 소멸시효'라는 표제 아래 제1항에서 "수익채권의 소멸시효는 채권의 예에 따른다"라고 규정하면서 제3항에서 "제1항에도 불구하고 신탁이 종료한 때부터 6개월 내에는 수익채권의 소멸시효가 완성되지 아니한다"라고 하고 있다. 위 제3항은 수탁자가 수익자에게 충실의무를 부담하는 신탁의 특성을 반영하여(신탁법 제33조) 신탁이 종료하고 6개월이 지날 때까지는 수익채권의 시효가 정지되도록 함으로써 **수익자가 신탁이 종료한 때부터 6개월이 지날 때까지는 언제든지 수익채권을 행사**할 수 있게 하여 수익자를 보호하려는 취지의 규정이다.

[2] 신탁자인 甲이 우선수익자인 乙 주식회사 등을 상대로 乙 회사 등의 수익채권이 담보신탁계약 종료 전에 이미 시효완성으로 소멸하였다고 주장하며 우선수익권의 부존재확인 등을 구한 사안에서, 신탁법 제63조 제3항은 신탁이 종료하고 6개월이 지날 때까지는 수익채권의 시효가 정지되도록 함으로써 **수익자가 신탁이 종료한 때부터 6개월이 지날 때까지는 언제든지 수익채권을 행사할 수**

있게 하여 수익자를 보호하려는 취지의 규정이라는 이유로, 수익채권의 소멸시효가 완성되지 않았다고 본 원심 판단이 정당하다고 한 사례

(3) (상기 원심) 서울고등법원 2022. 9. 23. 선고 2022나2003408 판결 [우선수익권부존재확인청구등]

이 사건 **수익채권의 소멸시효는 소멸시효 기산점으로부터 그 시효기간이 진행한 날과 신탁이 종료한 때부터 신탁법 제63조 제3항이 정하는 6개월의 소멸시효 정지 기간이 진행한 날 중 뒤의 시점에 완성된다고 보아야 한다.** 또한 그 당연한 논리적 귀결로 신탁법 제63조 제3항이 정하는 '종료한 때'에는 수익채권이 시효완성으로 소멸한 경우는 제외된다고 봄이 타당하다. 그런데 원고가 주위적으로 주장하는 신탁종료 사유는 모두 이 사건 수익채권의 소멸시효 완성으로 인한 것임은 주장 자체로 명백하고, 달리 이 사건 담보신탁계약이 그 외의 사유로 종료하였다고 볼 만한 자료가 없으므로, 이 사건 수익채권의 소멸시효는 완성되었다고 볼 수 없다.

나. 판단
1) 제1예비적 주장에 관하여
가) 이 사건 담보신탁계약 제25조 제1항 제2호는 **신탁계약의 종료사유로 '신탁기간 종료 및 위탁자와 우선수익자 간의 거래관계의 종료에 따른 수익권증서의 반환'을** 규정하고 있는 사실은 앞서 본 바와 같다. 그런데 원고도 자인하는 바와 같이 **피고 파산관재인들이 수익권증서를 반환하지 않은 이상, 위 규정의 문언상 종료사유가 발생하였다고 볼 수 없다.**
나) 또한 수익권의 구체적인 내용은 특별한 사정이 없는 한 계약자유의 원칙에 따라 신탁계약에서 다양한 내용으로 정할 수 있는 점, **우선수익권은 금전채권에 대한 담보로 기능하나 금전채권과는 독립한 신탁계약상의 별개의 권리인 점**에 비추어 보면, 이 사건 회생계획인가결정이 2015. 11. 27. 확정되었고, 원고가 2016. 3. 21. 피고 파산관재인들에게 회생계획에 따른 **채무를 모두 변제하였다는 사정만으로** 이 사건 담보신탁계약 제25조 제1항 제2호의 **종료사유가 발생하였다고 보기도 어렵다.**
다) 따라서 원고의 이 부분 주장은 받아들이지 않는다.

2) 제2예비적 주장에 관하여
이 부분 주장은 이 사건 수익채권이 시효완성으로 소멸하였고, 이는 이 사건 담보

신탁계약의 종료사유에 해당함을 전제로 하는 것인바, 앞서 본 바와 같이 **이 사건 담보신탁계약이 소멸시효 완성 이외의 사유로 종료하였다고 볼 만한 자료가 없으므로, 이 사건 수익채권은 그 소멸시효가 완성되었다고 볼 수 없다.** 따라서 이와 다른 전제에 있는 원고의 이 부분 주장도 이유 없다.

(4) 서울고등법원 2022. 9. 22. 선고 2021나2039929 판결 [부당이득금]
나. 이 사건 우선수익권의 행사 가부

1) 이 사건 담보신탁계약은 신탁기간의 만료로 종료하고(제24조), 이 사건 우선수익권의 유효기간은 이 사건 담보신탁계약에 의한 우선수익자의 채권발생일로부터 신탁계약 종료일까지인 사실(제7조 제4항)은 앞서 본 바와 같고, 갑 제16호증의 기재 및 변론 전체의 취지에 의하면 이 사건 담보신탁계약의 신탁기간은 2005. 11. 15.부터 2006. 6. 30.까지인 사실은 인정된다.

   그러나 이 사건 **담보신탁계약의 특약사항 제3조는 신탁기간 만료에도 불구하고 채무자와 우선수익자 간의 여신거래계약에 따른 채무미상환 등으로 수익권증서의 회수가 지연될 경우에는 동 수익권증서가 회수될 때까지 신탁은 종료되지 아니하는 것으로 규정하고 있는 사실**, 특약사항 제1조는 '특약사항은 본 계약에 우선한다'고 규정하고 있는 사실은 앞서 본 바와 같고, **이 사건 우선수익권자인 피고에게 채무상환 등으로 수익권증서가 회수되지 아니하였음은 원고도 다투지 않으며, 별다른 주장·입증도 하지 않고 있으므로, 이 사건 우선수익권은 이 사건 담보신탁계약의 신탁 기간이 연장됨에 따라 여전히 유효하다고 할 것이다.**

2) 위와 같이 이 사건 우선수익권이 여전히 유효하게 존재하고, 한편 부동산담보신탁계약상 우선수익권은 신탁계약에서 달리 정하지 않는 한 경제적으로 금전채권에 대한 담보로 기능할 뿐 금전채권과는 독립한 신탁계약상의 별개의 권리가 되므로(대법원 2017. 6. 22. 선고 2014다225809 전원합의체 판결 등 참조), **이 사건 채권이 시효로 소멸되었다고 하더라도, 이 사건 우선수익권이 함께 소멸하는 것은 아니므로, 피고로서는 이 사건 우선수익권을 유효하게 행사할 수 있다.**

3) 한편 이 사건 담보신탁계약이 이 사건 우선수익권의 행사범위에 관하여 수익권증서에 기재된 해당 금액을 최고한도로 하여 담보대상이 되는 우선수익자의 본래 채권의 범위로 한정된다고 규정한 사실(제7조 제1항, 제2항), 신탁부동산 처분정산시 선순위 우선수익자의 채권이 소멸한 경우 차순위 우선수익자의 순위가 승진한다고 규정한 사실(제7조 제7항)은 앞서 본 바와 같다.

   그러나, 이 사건 담보신탁계약 제7조 제1항, 제2항은 이 사건 우선수익권의 행사범위 및 한도를 규정하고 있을 뿐이고, 제7조 제7항도 선순위 우선수익자 및 차순위 우선수익자의 순위에 관한 규정일 뿐이므로, 위 규정을 근거로 **이 사건 채권 소멸시 이 사건 우선수익권까지 소멸한다거나 이 사건 우선수익권을 행사할 수 없다고 볼 수는 없다**[실제로도 을 제12, 13호증의 각 기재에 의하면, 피고가 2021. 1. 5. 이 사건 우선수익권에 기하여 H에 이 사건 건물 중 일부의 공매처분을 요청하자 H는 이 사건 건물 중 일부를 공매를 통해 매각한 다음 공매 비용을 제외한 886,374,390원(= 2층 40,000,000원 + 3층 486,374,390원)을 2022. 4.경 피고에게 지급한 사실이 인정된다].

4) 따라서 이 사건 우선수익권을 행사할 수 없음을 전제로 하는 원고의 이 부분 주장은 이유 없다.

7

수탁자의 신탁사무, 계산 장부 및 그 밖의 서류에 대한 이해관계인 등의 열람·복사 청구의 범위

가. 위탁자 및 수익자가 열람·복사할 수 있는 신탁 관련 장부 및 서류

위탁자나 수익자는 수탁자나 신탁재산관리인에게 '신탁사무의 처리와 계산에 관한 장부 및 그 밖의 서류의 열람 또는 복사를 청구'하거나 '신탁사무의 처리와 계산에 관하여 설명을 요구'할 수 있다(신탁법 제40조 제1항). 제40조 제1항에 따른 설명 요구를 정당한 사유 없이 거부한 수탁자 또는 그 대표자에게는 500만 원 이하의 과태료를 부과한다(신탁법 제146조 제1항).

이와 같이 신탁법에서 정하고 있는 신탁사무에 관한 서류의 열람청구권 등은 신탁계약상 각종 권리 의무의 귀속 주체 혹은 이해관계인에게 신탁사무의 처리에 관한 감독권을 보장해주어 정당한 권리의 확보 및 의무 부담의 적정을 도모하기 위한 것으로, 특히 수익자의 이러한 감독권의 행사는 신탁계약의 목적인 수익권의 본질에 속하는 것이어서 합리적 이유 없이 이를 제한할 수 없다(대법원 2008. 9. 25.자 2006마459 결정 참조).

나. 이해관계인이 열람·복사할 수 있는 신탁 관련 장부 및 서류

위탁자와 수익자를 제외한 이해관계인은 수탁자나 신탁재산관리인에게 신탁의 재산목록 등 신탁사무의 '계산에 관한 장부 및 그 밖의 서류의 열람 또는 복사를 청구'할 수 있다(신탁법 제40조 제2항).

위 '신탁사무의 계산에 관한 장부 및 그 밖의 서류'는 '신탁의 재산목록'에 준하는 서류라고 제한적으로 해석하는 것이 타당하고, 이해관계인의 열람 및 복사 청구권의 대상에는 '신탁재산 명세서, 대차대조표, 손익계산서, 운용내역서나 수지계산서(최종계산서)' 등이 해당된다(서울고등법원 2022. 11. 4. 선고 2022나2008243 추심금 판결 참조).

따라서 신탁부동산의 공매 낙찰자는 신탁관계의 이해관계인에 해당된다고 볼 수 있는데 낙찰 후 낙찰 잔금 대출(수탁자 비동의 임차인으로서 명도 대상이 되어야 대출이 가능함)을 받기 위해 신탁부동산에 전입 신고된 점유자에 대한 임대차 동의서 발급 여부를 확인하기 위해서 수탁자에게 임대차 동의서의 열람·복사를 요청 시 이는 신탁사무의 '계산에 관한 장부'라고 볼 수 없어 수탁자에게 요청할 수 없다고 생각된다.

이 경우에는 신탁사무(임대차 동의서 등) 처리 장부를 열람·복사할 수 있는
① 우선수익자의 협조를 얻어 우선수익자가 수탁자에게 청구토록 하여 이를 입수하여야 할 것이다.

② 또는 수탁자가 위탁자와 임차인 간 임대차 동의 시 부동산담보신탁 계약(위탁자는 수탁자 및 우선수익자의 사전 동의 없이는 신탁부동산을 임대

할 수 없다는 약정)에 따라 우선수익자의 사전 허락도 받아야 하므로 공매 낙찰자는 우선수익자에게 직접 임대차 동의 여부를 확인할 수도 있을 것이다.

③ 다른 방법은 공매 낙찰자가 부동산담보신탁대출로 경락잔금 대출을 금융기관에 신청하면서 수탁기관을 기존 수탁자로 지정을 요청할 경우 기존 수탁자와 동일한 신규 수탁자가 신탁등기 전 기존 임대차 내역을 조사해서 신탁원부에 적시하게 되므로 이때 자연스럽게 기존 임대차에 대한 수탁자의 동의 여부가 확인될 것이다.

한편 '신탁부동산의 처분(분양, 매매, 소유권이전등기 등)을 위하여 작성된 서류 일체'는 그 내용이나 성격에 비추어 위탁자와 수익자가 열람할 수 있는 신탁사무의 처리에 관한 서류에 해당하고, 이해관계인이 열람할 수 있는 '신탁사무의 계산에 관한 장부 및 그 밖의 서류'에 해당한다고 볼 수 없다.

또한 신탁 계좌의 송금, 출금, 비용처리에 관한 일체의 서류 및 증빙자료나 신탁 계좌의 입출금 내역(계좌개설일부터 정보제공일까지) 및 신탁 회계원장 내역 일체(계좌개설일부터 정보제공일까지)는 신탁사무의 '계산에 관한 장부' 및 그 밖의 서류를 작성하기 위해 필요한 근거자료에 해당될 뿐 그 자체로 계산에 관한 장부나 그에 준하는 서류라고 보기 어려워 이해관계인은 열람할 수 없다(서울고등법원 2022. 11. 4. 선고 2022나2008243 추심금 판결 참조).

그리고 신탁법을 위반해서 정당한 사유 없이 장부 등 서류, 재무제표 등의 열람·복사를 거부한 수탁자 또는 그 대표자에게는 500만 원 이하의 과태료를 부과한다(신탁법 제146조 제1항).

다. 근거 법령

신탁법 제39조(장부 등 서류의 작성 · 보존 및 비치 의무)
① 수탁자는 신탁사무와 관련된 장부 및 그 밖의 서류를 갖추어 두고 각 신탁에 관하여 그 사무의 처리와 계산을 명백히 하여야 한다.
② 수탁자는 신탁을 인수한 때와 매년 1회 일정한 시기에 각 신탁의 재산목록을 작성하여야 한다. 다만, 재산목록의 작성 시기에 관하여 신탁행위로 달리 정한 경우에는 그에 따른다.
③ 수탁자는 제1항 및 제2항의 장부, 재산목록 및 그 밖의 서류를 대통령령으로 정하는 기간 동안 보존하여야 한다.
④ 제3항에 따라 장부, 재산목록 및 그 밖의 서류를 보존하는 경우 그 보존 방법과 그 밖에 필요한 사항은 대통령령으로 정한다.

신탁법 시행령 제3조(신탁사무와 관련된 서류의 보존기간 등)
① 법 제39조 제3항에서 "대통령령으로 정하는 기간"이란 다음 각 호의 구분에 따른 기간을 말한다.
  1. **신탁의 재산목록과 그 부속 명세서, 재무제표와 그 부속 명세서 및 신탁재산의 운용 내역서** : 해당 신탁이 종료된 때부터 **10년**
  2. 제1호에 규정되지 아니한 서류 : 해당 신탁이 종료된 때부터 5년

신탁법 제40조(서류의 열람 등)
① **위탁자나 수익자는** 수탁자나 신탁재산관리인에게 **신탁사무의 처리와 계산에 관한 장부 및 그 밖의 서류의 열람 또는 복사를 청구**하거나 **신탁사무의 처리와 계산에 관하여 설명을 요구**할 수 있다.
② 위탁자와 수익자를 제외한 **이해관계인은** 수탁자나 신탁재산관리인에게 신탁의 재산목록 등 신탁사무의 **계산에 관한 장부 및 그 밖의 서류의 열람 또는 복사를 청구**할 수 있다.

신탁법 제146조(과태료)
① 다음 각 호의 어느 하나에 해당하는 자 또는 그 대표자에게는 500만 원 이하의 과태료를 부과한다.
  8. 제39조에 따른 장부, 재산목록, 그 밖의 **서류의 작성 · 보존 및 비치 의무를 게을리한 수탁자**

9. 이 법을 위반하여 정당한 사유 없이 장부 등 서류, 수익자명부, 신탁사채권자 집회 의사록 또는 재무제표 등의 **열람 · 복사를 거부한 수탁자**, 수익자명부관리인 또는 신탁사채를 발행한 자

10. 제40조 제1항에 따른 **설명 요구를** 정당한 사유 없이 **거부한 수탁자**

18. 수익자명부 · 신탁사채원부 또는 그 복본, 이 법에 따라 작성하여야 하는 신탁사채권자집회 의사록, 재산목록, 대차대조표, 손익계산서, 이익잉여금처분계산서, 결손금처리계산서, 그 밖의 회계서류에 적어야 할 사항을 적지 아니하거나 또는 부실한 기재를 한 수탁자

④ 제1항부터 제3항까지의 규정에 따른 과태료(제1항 제26호에 따른 과태료는 제외한다)는 대통령령으로 정하는 바에 따라 법무부장관이 부과 · 징수한다.

라. 관련 판례

서울고등법원 2022. 11. 4. 선고 2022나2008243 판결 [추심금]
(대법원 2023. 4. 27. 선고 2022다304042호로 2심대로 확정)

2. 원고의 주장
나. 신탁서류 열람 및 복사 청구 부분
원고는 수익자인 C의 추심채권자이자 수익권에 대한 질권자이므로 신탁법 제40조에 따라 **별지 목록 기재 장부 및 서류(이하 통틀어 '이 사건 서류'라고 한다)에** 대한 **열람 및 복사를** 구하고, 피고가 임의로 이행할 가능성이 없음이 명백하므로 피고가 이를 위반하는 경우 위반일 1일당 1,000,000원의 지급을 명하는 간접강제명령을 구한다.

[별지]

목록

피고와 주식회사　　　이 2015. 12. 22.　　　을 위탁자 겸 수익자, 피고를 수탁
자, 신탁재산을 경기도 안성시　　　146㎡ 외 77필지(현재 지번 : 경기도 안성
시　　　72,117.3㎡)로 하여 체결한 '분양형 토지신탁계약'과 관련하여,

1. 신탁계좌의 입출금 내역(계좌개설일부터 정보제공일까지)

2. 신탁 회계원장 내역 일체(계좌개설일부터 정보제공일까지)

3. 신탁계좌의 송금, 출금, 비용처리에 관한 일체의 서류 및 증빙자료

4. 신탁부동산의 처분(분양, 매매, 소유권이전등기 등)을 위하여 작성된 서류
   일체

끝.

나. 이 사건 서류에 대한 **열람 및 복사 청구에 관한 판단**

1) 신탁법은 수탁자로 하여금 신탁사무와 관련된 장부 및 그 밖의 서류를 갖추어 두
고, 신탁을 인수한 때와 매년 1회 일정한 시기에 신탁의 재산목록을 작성하도록
하면서 신탁의 재산목록과 그 부속 명세서, 재무제표와 그 부속 명세서 및 신탁
재산의 운용내역서는 해당 신탁이 종료된 때부터 10년, 그 밖의 서류는 해당 신
탁이 종료된 때부터 5년 동안 보존하도록 하고(제39조 제1항 내지 제3항, 같은
법 시행령 제3조), **위탁자나 수익자는 수탁자**에게 **신탁사무의 처리와 계산에 관
한 장부 및 그 밖의 서류의 열람 및 복사를 청구**하거나 신탁사무의 처리와 계산
에 대한 **설명을 요구**할 수 있으며(제40조 제1항), 위탁자와 수익자를 제외한 **이
해관계인**은 수탁자에게 신탁의 재산목록 등 신탁사무의 **계산에 관한 장부 및 그
밖의 서류의 열람 및 복사를 청구**할 수 있다고 규정하고 있다(제40조 제2항).

위와 같이 신탁법에서 정하고 있는 신탁사무에 관한 서류의 열람청구권 등은 신
탁계약상 각종 권리의무의 귀속주체 혹은 이해관계인에게 신탁사무의 처리에
관한 감독권을 보장해주어 정당한 권리의 확보 및 의무부담의 적정을 도모하
기 위한 것으로, 특히 수익자의 이러한 감독권의 행사는 신탁계약의 목적인 수

익권의 본질에 속하는 것이어서 합리적 이유 없이 이를 제한할 수 없다(대법원 2008. 9. 25.자 2006마459 결정 참조).

2) 이 사건에서 원고는 수익자인 C의 추심채권자이자 수익권에 대한 질권자로서 신탁법 제40조 제1항 또는 제2항에 따라 이 사건 서류에 대한 열람 및 복사를 구하고 있다.

　가) 먼저 신탁법 제40조 제1항에 따른 열람 및 복사 주장에 관하여 보건대, 앞서 본 바와 같이 **원고는 수익자인 C의 추심채권자이자 수익권에 대한 질권자에 불과하므로, 위탁자나 수익자에게 적용되는 신탁법 제40조 제1항에 따른 열람 및 복사를 청구할 수 없다.** 따라서 원고의 위 주장은 더 나아가 살필 필요 없이 이유 없다.

　나) 다음으로 신탁법 제40조 제2항에 따른 열람 및 복사 주장에 관하여 보건대, **수익자인 C의 추심채권자이자 수익권에 대한 질권자인 원고는** 신탁법 제40조 제2항에서 정한 **'이해관계인'에 해당한다**고 봄이 상당하므로, 위 조항에서 정한 바와 같이 수탁자인 피고에게 '신탁의 재산목록 등 신탁사무의 **계산에 관한 장부 및 그 밖의 서류**'에 대한 열람 및 복사를 청구할 수 있다. 그러나 **원고가 열람 및 복사를 청구하는 이 사건 서류는** 다음과 같은 이유에서 위 조항에서 정한 **이해관계인의 열람 및 복사청구권의 대상이라고 볼 수 없으므로**, 원고의 위 주장 또한 이유 없다.

　① 신탁법이 위탁자나 수익자에게는 '신탁사무의 처리와 계산에 관한 장부 및 그 밖의 서류'에 대한 열람 및 복사 청구 권한을 부여하는 반면, 위탁자나 수익자를 제외한 이해관계인에게는 '신탁사무의 계산에 관한 장부 및 그 밖의 서류'에 대한 열람 및 복사 청구 권한만을 부여하고 있는데, 위탁자나 수익자와 동등한 권리를 인정할 이유가 없는 이해관계인에 대해서는 열람 및 복사의 대상을 한정함으로써 신탁사무에 대한 권한을 제한하려는 것으로 보인다.

　② 신탁법 제40조 제2항에서 정하고 있는 '신탁사무의 계산에 관한 장부 및 그 밖의 서류'에 대하여 신탁법이나 동법 시행령 등 관련 법령에서 그 내용을 구체적으로 정하고 있지 않다. 다만, **신탁법 제39조 및 동법 시행령 제3조는 수탁자의 서류 작성 · 보존 및 비치 의무와 관련하여 그 대상으로 신탁의 재산목록과 그 부속 명세서, 재무제표와 그 부속 명세서 및 신탁재산의 운용내역서 등을 열거하고 있다.** 신탁법 제40조의 신탁서류 열람 및 복사청구권이 신탁법 제39조의 수탁자의 서류 작성 · 보존 및 비치

의무에 대응하는 권리이고 **수탁자에게 작성·보존 및 비치 의무가 인정되지 않는 서류에 대하여 이해관계인에게 그 열람 및 복사청구권을 허용하기 어려운 점을** 고려하면, **신탁법 제39조 및 동법 시행령에서 열거한 위 서류들은 최소한 이해관계인에게 열람 및 복사가 허용되는 서류라고 보인다.**

③ 신탁법 제40조 제2항은 열람 및 복사의 대상을 '신탁의 재산목록 등 신탁사무의 계산에 관한 장부 및 그 밖의 서류'라고 정하고 있다. 위 조항의 문언 내용 및 신탁자나 수익자의 이익을 위하여 이해관계인에게 열람 및 복사를 허용하는 서류의 범위를 제한하고 있는 위 조항의 취지 등에 비추어 보면, **'신탁사무의 계산에 관한 장부 및 그 밖의 서류'는 '신탁의 재산목록'에 준하는 서류라고 제한적으로 해석하는 것이 타당하다. 나아가 신탁법 제39조의 내용까지 고려하여 보면, 신탁법 제40조 제2항에서 정한 이해관계인의 열람 및 복사청구권의 대상에는 신탁재산 명세서, 대차대조표, 손익계산서, 운용내역서나 수지계산서 〈각주1.** 이 사건 신탁계약 제21조 제1항, 특약사항 제1조 제17호는 신탁재산에 대한 계산기일은 신탁종시로 하며, 피고는 신탁종료일을 기준으로 한 수지계산서(최종계산서)를 작성하여 C에게 제출하도록 정하고 있다.〉 **등이 해당된다고 봄이 상당하다.**

④ 이 사건 서류 중 **'신탁부동산의 처분(분양, 매매, 소유권이전등기 등)을 위하여 작성된 서류 일체'는 그 내용이나 성격에 비추어 신탁사무의 처리에 관한 서류에 해당하는 것으로 보인다. 따라서 위 서류들은 신탁법 제40조 제2항에서 정하는 '신탁사무의 계산에 관한 장부 및 그 밖의 서류'에 해당한다고 볼 수 없다.**

⑤ 이 사건 서류 중 **'신탁계좌의 송금, 출금, 비용처리에 관한 일체의 서류 및 증빙자료'나 '신탁계좌의 입출금 내역(계좌개설일부터 정보제공일까지)' 및 '신탁 회계원장 내역 일체(계좌개설일부터 정보제공일까지)'는** 신탁사무의 계산과 관련된 서류라고 볼 여지는 있다. 그러나 위와 같은 서류는 수탁자가 **'신탁사무의 계산에 관한 장부 및 그 밖의 서류'를 작성하기 위하여 필요한 근거자료라고 할 것이지, 그 자체로 장부나 그에 준하는 서류라고 보기 어렵다.** 나아가 위와 같은 서류는 수탁자의 신탁사무 처리와도 관련이 있어 수탁자의 회계 처리와 관련된 세부적인 자료를 이해관계인에게 열람하게 하는 것은 신탁자나 수익자의 이익에 반할 수 있어 그 열람 및 복사를 제한할 필요도 있다.

8

직접 공매 신청권이 없는
2순위 우선수익자의 공매 진행 방법

일부 신탁대출채무자들은 공매 신청권이 있는 1순위 우선수익권 부대출이자는 편파적으로 제때 납부해 공매를 방지하면서, 공매 신청권이 없는 2순위 우선수익자의 대출이자만 장기간 연체하는 경우가 있고 이를 악용하는 사례가 있다. 이 같은 곤경에 처한 2순위 우선수익자는 아래와 같은 방법을 구사해서 담보로 잡은 신탁부동산의 공매를 진행시켜 배당 정산을 받을 필요가 있다.

가. 위탁자의 임차보증금 미반환에 따른 공매 신청권의
직권 발동 촉구로 공매 진행

적법한 임차인(신탁등기 전 임차인 또는 신탁등기 후 수탁자의 동의를 얻은 임차인)이 임대차 만기에 위탁자로부터 임차보증금을 반환받지 못한 경우 임차인은 수탁자를 상대로 임대차 보증금 반환청구 소 제기, 청구 또는 민원 제기를 할 수 있는데, 이때 수탁자는 부동산담보신탁의 특약 등에 따라 단독으로 공매 신청을 할 수 있도록 약정한 경우가 있다.

이에 공매 신청권이 없는 2순위 우선수익자는 임대차 만기 후 임차보증금 미회수 임차인을 조사 후 그로 하여금 수탁자에게 보증금 반환청구 등을 하도록 해 수탁자 자신의 공매 신청 요건을 만든 후 2순위 우선수익자가 수탁자에게 공매 신청권을 직권 발동하도록 요청해 우회적으로 공매 절차를 진행 시키는 방법이 있다.

나. 미동의 불법 임대차의 신탁계약 위반에 따른 공매 신청권의 직권 발동 촉구로 공매 진행

수탁자의 사전 동의 없는 임차권 설정(모 자산신탁 주식회사의 기본계약 제10조 제3항, 특약 제13조 제1항)은 대부분 신탁계약 위반(제19조 제1항 제2호)으로 공매 신청 사유에 해당하므로 현재 수탁자 미동의 임차인의 호실을 조사 후 2순위 우선수익자는 신탁계약 위반 시 수탁자도 단독으로 공매 신청할 수 있다고 명시된 경우 수탁자에게 공매 신청을 하도록 요청할 수 있다. 이처럼 2순위 우선수익자는 직접적인 공매 신청권이 없지만 불법 임차인이 존재 시 수탁자에게 공매 신청권의 직권 발동을 촉구하는 간접적인 방법으로 공매를 진행 시킬 수도 있다(서울남부지방법원 2023가단218906호 건물 인도 판결 참조).

다. 위탁자의 월세금 청구권 등의 가압류 조치로 1순위 우선 수익권부 대출이자의 연체초래로 공매 진행

2순위 우선수익자는 대출채무자 및 위탁자인 임대인이 신탁부동산의 임차인에게 가지는 월세금 청구권 및 위탁자가 1순위 우선수익자인 금융기관으로 받은 대출의 이자 결제계좌(1순위 우선수익자인 금융기관에 개설됨)의 예금반환 채권 등을 가압류나 압류 및 추심명령으로 2순위 NPL 의 회수를 할 수 있다. 이때 집행권원을 취득해 채권을 압류하는 것이 채권 가압류 시 현금공탁을 피할 수 있다.

나아가 대출채무자는 신탁부동산의 월세를 수령해 대출이자를 납부하는 경우가 대부분인데 위 월세금 청구권의 가압류나 압류로 인해 채무자는 1순위 우선수익권부 대출이자를 납부할 수 없게 되어 1순위 우선수익자인 금융기관은 약정상 채무불이행을 이유로 공매 신청을 하게된다. 이에 공매 신청권이 없는 2순위 우선수익자는 1순위 연체로 진행되는 공매 절차에 자동 참가해 배당정산을 받을 수 있게 된다.

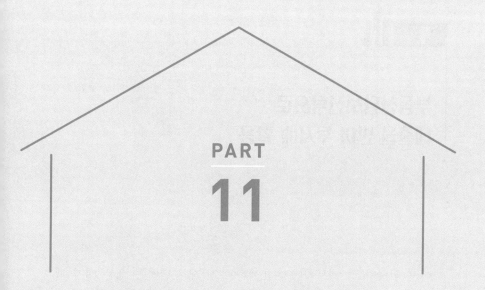

PART
11

주요 신탁 제도의
활용 방법

1

부동산담보신탁으로
대출을 받아 투자에 활용

이는 위탁자 겸 채무자(제3자인 채무자 포함)가 부담하는 채무 내지 책임의 이행을 보장하기 위해서 수탁자를 통해 신탁부동산의 소유권 및 담보가치 보전 등 담보물 관리 및 대출 회수를 위한 담보물 처분 업무를 수행하게 하고, 채권자에게 채무를 담보하는 수익권증서를 발행해 위탁자 겸 채무자(제3자인 채무자 포함)의 채무불이행 시 신탁부동산을 환가·정산하게 하는 신탁 제도다. 위탁자 등은 부동산담보신탁 제도를 활용해서 대출받아 투자 등을 할 수 있어, 가장 많이 활용되는 신탁 제도다.

2

대물변제 신탁은 시행사 및
시공사 모두에게 이익이 된다

부동산신탁은 일반적으로 담보신탁, 개발신탁, 관리신탁, 처분신탁 등 신탁목적물의 이용 방법에 따라 분류할 수 있는데, 개발 사업에서 대물변제 신탁이라는 관리 처분신탁이 활용된다.

시공사가 사업의 시행자로부터 공사대금을 대물로 변제받았을 경우, 대물변제 재산을 시공사의 명의로 소유권을 이전하지 않고 신탁사 명의로 하고, 이것을 제3자(수분양자)에게 분양하도록 하는 방식이다. 이 방식은 시공사로 명의이전을 하지 않음으로써 취득세 및 등록세를 절세하고, 소유권이전 등의 업무를 신탁사가 처리함으로써 세금의 절세 효과가 있고, 효율적인 공사대금의 회수를 가능하게 한다.

또한 시공사는 공사대금 채권을 시행사로부터 받지 못해서 유치권을 행사하기보다는 시행사로부터 부동산을 대물변제를 위한 담보신탁을 하도록 해서 안전하게 담보물을 확보한 후, 이를 일반 원매자에게 분양해서 우선수익금으로 공사대금 채권에 충당할 수 있어 공사대금 분쟁 없이 시행사 및 시공사 모두에게 이익이 된다.

그리고 시공사는 대물변제 받은 물건을 담보로 신탁사에서 발급한 수익권증서(우선수익권)를 담보로 해서 금융기관으로부터 대출을 받을 수 있는 담보신탁을 이용할 수 있다. 시공사의 공사대금 채권은 신탁수익자와 원매자(수분양자)의 매매계약 협의 완료 시, 수익자의 신탁사에 대한 소유권이전 요청과 원매자(수분양자)의 수익자에 대한 대금 납부로 회수된다.

대물변제 신탁을 위해서 시행사는 시공사를 우선수익자로 하는 관리처분 신탁계약을 맺어야 하며, 신탁사는 신탁재산에 대한 매매계약 체결 시마다 시공사의 요청을 접수해서 매수자(수분양자)에게 소유권이전 등기를 실행한다.

3

담보권 신탁 제도로 GPL 유동화를 쉽게 해서 자금을 활용 가능

가. 담보권 신탁의 정의

담보권 신탁은 채무자가 수탁자에게 자기 소유 재산에 대한 담보권을 신탁재산으로 해 신탁을 설정하고, 채권자를 수익자로 지정하면 수탁자가 채권자에게 수익권증서를 발행해주는 형태의 신탁을 말한다.

부동산등기와 관련해서는, 위탁자가 자기 또는 제3자 소유의 부동산에 채권자가 아닌 수탁자를 저당권자로 해서 설정한 저당권을 신탁재산으로 하고 채권자를 수익자로 지정한 신탁이라고 할 수 있다(부동산등기법 제87조의2).

담보권 신탁은 다음과 같이 등기한다.

【 을 　　　 구 　 】				(소유권 이외의 권리에 관한 사항)
순위 번호	등기목적	접 　 수	등 기 원 인	권 리 자 　 및 　 기 타 사 항
1	근저당설정	2012년7월30일 제12345호	2012년7월27일 신탁	채권최고액 금250,000,000원 존속기간 1년 채무자 김███ 　서울특별시 서초구 서초대로██ 60, ██ █ 　███(서초동, ████████) 수탁자 ████████████ 112601-██████ 　서울특별시 강남구 ████████ (삼성동)
				신탁 신탁원부 　제2012-38호

나. 담보신탁과의 구별

　담보권 신탁은 담보신탁과 구별되는데, 담보신탁에는 위탁자와 수익자가 동일한 자익신탁 설정 방법 또는 위탁자와 수익자를 달리하는 타익신탁 설정 방법이 있다.

　우선 자익신탁의 방법으로 채무자(위탁자 겸 수익자)가 수탁자에게 자기 소유의 부동산 등을 신탁재산으로 해서 위탁자 자신을 수익자로 하는 자익신탁을 설정한 후 수탁자(신탁회사)가 발급한 수익권을 표창하고 있는 수익권증서를 채권자에게 양도한다. 이때 수탁자는 신탁재산을 담보력이 유지되도록 관리하다가 채무 이행 시에는 신탁재산을 채무자에게 돌려주며(신탁재산의 귀속), 채무불이행 시에는 신탁재산을 공매로 처분해서 채권자에게 변제한다.

　다음으로 타익신탁의 방법으로 채무자(위탁자)는 수탁자에게 부동산의 소유권을 이전하면서 위탁자가 아닌 채권자를 수익자로 정하는 타익신탁을 설정한다. 그리고 수탁자는 채무자의 채무불이행 시에 부동산을 공매 처분해서 채무를 변제한다.

다. 담보권 신탁 근거 법률

부동산등기법 제87조의2(담보권 신탁에 관한 특례)
① 위탁자가 자기 또는 제3자 소유의 부동산에 채권자가 아닌 수탁자를 저당권자로 하여 설정한 저당권을 신탁재산으로 하고 채권자를 수익자로 지정한 신탁의 경우 등기관은 그 저당권에 의하여 담보되는 피담보채권이 여럿이고 각 피담보채권별로 제75조에 따른 등기사항이 다를 때에는 제75조에 따른 등기사항을 각 채권별로 구분하여 기록하여야 한다.
② 제1항에 따른 신탁의 신탁재산에 속하는 저당권에 의하여 담보되는 피담보채권이 이전되는 경우 수탁자는 신탁원부 기록의 변경등기를 신청하여야 한다.
③ 제1항에 따른 신탁의 신탁재산에 속하는 저당권의 이전등기를 하는 경우에는 제79조를 적용하지 아니한다[본 조 신설 2013. 5. 28., 시행일 2013. 8. 29].

제79조(채권일부의 양도 또는 대위변제로 인한 저당권 일부이전등기의 등기사항)
등기관이 채권의 일부에 대한 양도 또는 대위변제(代位辨濟)로 인한 저당권 일부이전등기를 할 때에는 제48조에서 규정한 사항 외에 양도액 또는 변제액을 기록하여야 한다.

라. 담보권 신탁등기 제도로 GPL을 신속하고 안전하게 유동화 가능

담보권 신탁 제도는 근저당권을 신탁으로 수탁자가 보유하게 하고, 실질적 채권자는 그 피담보채권 겸 수익권을 자유롭게 양도하거나 질권설정을 통해 유동화가 쉽도록 하는 신탁 제도다.

이와 같은 담보권 신탁 제도를 이용하면 채권자는 담보권의 효력을 유지한 채 별도의 이전등기 없이도 수익권을 양도하는 방법으로 사실상 담보권을 양도할 수 있어서 법률관계가 간단해지고, 자산 유동화의 수단으로 활용이 쉬워진다. 이에 이 같은 제도가 신탁법 전부 개정법률에 도입되었다.

이는 외형상 근저당권자를 수탁자 명의로 공시하고 있을 뿐 내부적으로는 피담보 채권자 겸 수익권자가 실질적인 근저당권자로서 근저당권부 채권을 숨겨둔 숨은 근저당권부 채권을 가지고 이를 양도 또는 질권설정의 방법(근저당권의 부종성은 없음)으로 자유롭게 유동화해서 자산운용을 하면서 다른 채권자들로부터 근저당권부 채권에 대한 가압류 등의 법적 조치를 방지하는 안전장치 기능도 있다.

한편 일반 근저당권부질권설정의 경우 투자자인 질권자의 교체가 이루어질 때마다 질권설정 등기 및 말소등기가 부동산 등기부에서 반복적으로 일어나 비용 및 시간이 많이 투입되는 불편이 있으나, 질권대출 금리의 갈아타기 또는 투자자의 잦은 변경으로 질권자 등이 자주 교체될 경우 담보권 신탁원부에 질권자 변경등기 등을 생략하고 질권자 등을 쉽게 변경할 수도 있다.

담보권 신탁설정 후 채무자가 채무불이행 시 근저당권의 보유자인 수탁자가 동 근저당권을 타에 매각해서 이전하거나 법원에 임의경매를 신청해서 채권자(유동화 채권자 포함)에게 수익금을 배분함으로써 수익권자는 채권을 회수할 수 있다.

마. 담보권 신탁등기 신청 방법

(1) 일괄 신청

담보권 신탁등기는 신탁을 원인으로 하는 근저당권설정 등기와 함께 1건의 신청정보로 일괄 신청한다. 등기의 목적은 '근저당권설정 및 신탁, 등기원인과 그 연월일은 xxxx년 xx월 xx일 신탁'으로 해서 신청 정보의 내용으로 제공한다.

(2) 정보 제공 방법

신탁재산에 속하는 근저당권에 의해 담보되는 피담보채권이 여럿이고, 각 피담보채권별로 부동산등기법 제75조(저당권의 등기사항)에 따른 등기사항이 다른 경우에는 같은 조에 따른 등기사항을 각 채권별로 구분해서 신청정보의 내용으로 제공해야 한다.

(3) 신탁재산에 속하는 근저당권에 의해 담보되는 피담보채권이 이전 되어도 근저당권은 이전되지 않는다

신탁재산에 속하는 근저당권에 의해서 담보되는 피담보채권이 이전되는 경우에는 수탁자는 신탁원부 기록의 변경등기를 신청해야 한다.

담보권 신탁에서는 담보권자와 채권자가 애초에 분리되어 있으므로 저당권의 부종성의 원칙이 적용되지 않고, 채권이 양도되었다고 해서 저당권이 이전되는 것은 아니다. 따라서 담보권 신탁의 신탁재산에 속하는 저당권의 이전등기를 하는 경우에는 부종성의 원칙을 전제로 하는 부동산등기법 제79조(채권 일부의 양도 또는 대위변제로 인한 저당권 일부이전 등기의 등기사항)는 적용되지 아니한다(부동산등기법 제87조의2 제3항).

4 부동산 임대 관리 신탁 제도로 전세 사기 및 역전세 방지 가능

가. 부동산 임대 관리 신탁이란?

신탁재산으로 인수한 부동산을 소유자를 대신해서 소유권을 관리하거나 임대차 관리, 시설의 유지 관리, 법률 및 세무 관리, 임대료 수익 관리 등 수탁받은 부동산 관련 업무 일체를 종합적으로 관리하는 제도다. 갑종 부동산 임대 관리 신탁은 임차인 관리, 건물 관리, 소유권 관리 등 일체의 관리업무를 수행하고, 을종 부동산 임대 관리 신탁은 등기부상의 소유권만 관리한다.

(1) 부동산 임대 관리 신탁 구조

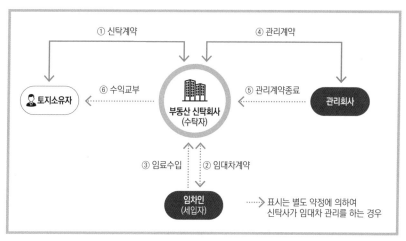

① 신탁계약   ④ 관리계약

토지소유자   ⑥ 수익교부   부동산 신탁회사 (수탁자)   ⑤ 관리계약종료   관리회사

③ 임료수입   ② 임대차계약

임차인 (세입자)

······▷ 표시는 별도 약정에 의하여 신탁사가 임대차 관리를 하는 경우

출처 : 우리자산신탁

(2) 부동산 임대 관리 신탁 제도의 장점

부동산 임대 관리 신탁 시 수탁자와 임대차계약을 체결한 임차인의 장점으로는 신탁회사가 임대인으로서 관리하므로 신탁기간 동안 임차인은 신탁법에 근거해 가압류 등 제3자의 강제집행에서 배제되어 임차권에 대한 권리 침해로부터 보호를 받는다는 점이다. 그리고 임대차계약 종료 시 임차인은 자본력이 있는 수탁자인 신탁회사로부터 임차보증금을 안전하게 돌려받을 수 있고, 역전세로 인한 보증금 미회수의 위험도 거의 없다.

부동산 임대 관리 신탁 시 위탁자의 장점으로는 신탁회사가 맡아서 부동산을 관리함으로써 소유자는 관리 부담에서 벗어날 수 있다는 점이다. 또한 신탁회사가 부동산을 효율적이고 안전하게 관리해서 임대율 제고 및 임대료 수익을 소유자에게 지급함으로써 안정적인 수익을 취할 수 있고, 신탁회사의 전문성을 활용함으로써 관리 비용이 절감된다.

나. 임차인은 부동산 임대 관리 신탁회사와 임대차계약을 체결해서 전세 사기 및 역전세 방지 가능

임차인이 임대 관리 신탁회사와 임대차계약 체결 시 대규모 자본을 보유한 수탁자인 신탁회사가 임대인이 되므로, 임차인은 역전세 및 임차보증금을 떼일 염려가 거의 없어 만기 시 임차보증금을 안전하게 돌려받을 수 있다.

전세 사기 사건이 빈번한 요즘 부동산 임대 관리 신탁 제도를 활용한 사기 임대차 방지 제도를 이용할 필요가 있고, 정부 및 신탁회사는 이처럼 공익에 좋은 제도를 적극적으로 홍보할 필요가 있다.

한편 국내에는 우리자산신탁㈜ 등 14개의 전문 신탁회사가 있는데 수탁자인 신탁회사는 보통 임대부동산의 총수익 또는 부동산 가격의 약 6%~10%를 신탁보수로 수취한다.

수탁자인 신탁회사의 신탁보수 비용 때문에 집주인들이 임대 관리 신탁 제도를 꺼릴 수 있는데, 이 보수율을 인하 또는 임차인과 분담(임차인은 보험료로 지급한다고 생각하면 될 것)하는 방법으로 집주인의 신탁보수 부담을 완화해서 부동산 임대 관리 신탁 제도를 적극적으로 활성화할 필요가 있다.

나아가 임차인의 소득, 임차보증금의 규모, 임차인의 연령 등을 기준으로 소정의 임차인에게 임대 관리 보수비용을 정부에서 지원해주는 것도 부동산 임대 관리 신탁 제도의 활성화에 도움이 될 것이다. 전세 사기를 많이 당하는 사회초년생 또는 청년층이나 서민의 공익을 위해 요즘에는 그 어느 때보다도 정부 보조의 필요성이 크다고 생각된다.

또한 기존에는 전세보증금이 연립주택·다세대주택, 단독주택·다가구주택 등의 공시가격의 140%까지도 HUG 전세보증금 반환 보증 제도에 가입할 수 있었다면, 2024년부터는 공동주택 공시가격의 126%를 충족해야 신규 가입 또는 임대차계약 갱신 시 가입이 가능하다.

이처럼 공시가격의 126%로 제한하는 임차보증금 반환 보증 또는 보험요건을 충족하지 못해서 임차보증금 보증(보험)제도를 활용하지 못하는 임대차의 경우, 부동산 임대 관리 신탁 제도는 신탁 보수율 인하 및 정부의 비용지원 등을 통해서 좋은 대안이 될 수 있을 것이다.

전세 사기 특별법을 새로 만들어 임차인을 보호하는 것도 좋지만 당장 활용이 가능한 부동산 임대 관리 신탁 제도를 정부 등에서 적극 홍보 및 지원으로 새로운 전세 사기 피해자가 나오는 것을 방지할 필요가 있다고 생각한다.

다. 기존 임차인도 부동산 임대 관리 신탁 제도로 임차보증금 보호 가능

부동산 임대 관리 신탁계약 이전의 임대차계약도 수탁자가 승계할 수 있도록 부동산 임대 관리 신탁계약에서 약정하고 있고, 수익자는 원칙적으로 위탁자가 되나 임차보증금 반환 시의 임차보증금의 수익자를 특약으로 임차인으로 정할 수 있다. 이에 기존 임대차계약에도 부동산 임대 관리 신탁계약 체결이 가능하다. 한편 위탁자는 임차인 교체로 인해서 수탁자의 승낙을 얻어 수익자인 임차인을 새로 지정하거나, 수익자인 임차인 명의를 변경할 수도 있다. 따라서 다음과 같은 형태의 부동산 임대 관리 신탁계약을 체결할 수도 있다.

기존 임대차계약(위탁자와 임차인 간 부동산 임대차계약 체결) ⇒ 수탁자에게 신탁으로 부동산 소유권이전등기 ⇒ 우선수익자를 임차인으로 지정(임대차보증금 반환채권 침해 방지 및 임차보증금 담보 목적 관리신탁) ⇒ 위탁자인 임대인의 지위를 수탁자가 법상으로 승계해서 임차보증금의 채권 보전이 이루어짐(다만 기존 임대인인 위탁자가 만기 시 임차보증금을 반환하는 조건으로 위탁자, 수탁자 및 임차인 등 3자 간 신탁계약 체결) ⇒ 기존 임대인 위탁자가 임대차보증금 미반환 시 수탁자가 신탁부동산을 공매로 매각해서 그 대금을 수익자인 임차인에게 지급함으로써 임차인은 임차보증금 반환채권 변제에 충당

이와 같은 방법으로 임대 관리 신탁 제도는 기존 임차보증금 보호 수단의 하나로도 활용할 수 있다.

한편 기존 임대차 관계에서 임차보증금 반환 보증 한도가 126%로 축소되고, 부동산 공시가격의 하락으로 임대차계약 갱신 시 임차보증금을 감액하고 일부를 반환해야 할 처지에 있는 임대인들이 많다. 이들이 임대부동산의 현상을 유지하고, 임차인을 안심시키고 임차권을 보호하기 위해서 임대 관리 신탁 제도를 활용해서 수탁자에게 소유권을 이전시키고(재력 있는 위탁자를 상대로 신탁 보수율은 다소 높을 수 있음) 수익자인 임차인에게 역월세를 지급하는 방법으로 역전세의 위험을 완화할 수도 있을 것이다.

이때 수탁자는 부동산 가격 하락으로 공매처분 후 임차보증금 반환 잔존채무를 임차인에게 부담할 수 있으므로, 수탁자는 이 경우를 대비해서 임차보증금 반환 손실보험 상품 등에 가입해 손실 위험에 대처할 수 있을 것이다.

부동산 임대 관리 신탁계약서(안)

제5조 (신탁부동산의 유지 관리)
① 수탁자인 乙은 신탁부동산의 전부 또는 일부를 적정하다고 인정하는 **임대방법 및 임대조건으로 임대를 하고** 신탁부동산의 수선, 보존 등 유지 관리 사무는 乙이 직접 하거나 乙이 선임하는 제3자에게 위탁할 수 있다.
② **본 계약 이전의 임대차계약은 수탁자인 乙이 승계한다.**
③ 신탁부동산 중 건물에 대하여는 乙이 적정하다고 인정되는 가액으로 乙의 명의로 화재보험에 가입할 수 있다.

제2조 (수익자)
① **본 계약에 있어서의 수익자는 별첨 특약에서 정한다.**
② 위탁자인 甲은 수탁자인 乙의 승낙을 얻어 **수익자를 새로 지정하거나 변경할 수 있다.**

라. 임대 관리 신탁 제도의 주요 내용
(임대 관리 신탁계약서의 주요 내용 발췌)

(甲종) 부동산 관리 신탁계약서

위탁자 (이하 "甲"이라 함)은 "별지1" 기재의 소유부동산(이하 "신탁부동산"이라 함)의 관리 및 보전을 위하여 수탁자인 우리자산신탁(주) (이하 "乙"이라 함)과 다음과 같이 부동산 관리 신탁계약(이하 "신탁계약"이라 함)을 체결하기로 한다.

제1조 (신탁등기)
① **위탁자인 甲은** 신탁계약 체결 즉시 신탁부동산을 **수탁자인 乙에게 인도**하고 乙은 이를 인수하여 신탁을 원인으로 한 소유권이전등기 및 신탁등기를 한다.

제3조 (신탁의 목적 및 업무범위)

① 乙은 신탁부동산의 소유권의 보존과 관리는 물론, **임대 등의 부동산 사업을 행하여 그 수익을 수익자에게 교부하는 것을 목적으로 한다.**

제7조 (신탁의 원본)
이 신탁의 원본은 신탁부동산과 신탁부동산에 관하여 취득한 임대보증금, 신탁 부동산의 물상대위로 취득한 재산 및 기타 이에 준하는 것으로 한다.

제8조 (신탁의 수익)
이 신탁의 수익은 **신탁부동산으로부터 발생하는 임대료** 및 신탁재산에 속하는 금전의 운용에 의한 수익, 기타 이에 준하는 것으로 한다.

제9조 (수익권 증서)
① 乙은 수익자의 청구가 있는 경우에 신탁수익권을 증명하기 위하여 수익권증서를 수익자에게 교부할 수 있으며, 수익자가 수인일 경우에는 지분비율을 표시, 분할하여 작성할 수 있다.
② 본 계약에 의한 수익권은 乙의 동의 없이는 이를 양도하거나 질권설정을 할 수 없다.

부동산관리신탁

제   호

(甲종) 부동산 관리 신탁계약서

위탁자 :

수탁자 : 우리자산신탁(주)

(甲종) 부동산 관리 신탁계약서

위탁자 _____ (이하 "甲"이라 함)은 "별지1" 기재의 소유부동산(이하 "신탁부동산"이라 함)의 관리 및 보전을 위하여 수탁자인 우리자산신탁(주) (이하 "乙"이라 함)과 다음과 같이 부동산관리신탁계약(이하 "신탁계약"이라 함)을 체결하기로 한다.

제1조 (신탁등기)

① 甲은 신탁계약 체결 즉시 신탁부동산을 乙에게 인도하고 乙은 이를 인수하여 신탁을 원인으로 한 소유권이전등기 및 신탁등기를 한다.

② 甲은 본 계약 체결과 동시에 신탁등기에 필요한 등기권리증, 인감증명서 등 제반서류를 乙에게 교부하여야 한다.

③ 제1항의 등기에 필요한 제 비용은 甲이 부담키로 한다.

제2조 (수익자)

① 본 계약에 있어서의 수익자는 별첨 특약에서 정한다.

② 甲은 乙의 승낙을 얻어 수익자를 새로 지정하거나 변경할 수 있다.

제3조 (신탁의 목적 및 업무범위)

① 乙은 신탁부동산의 소유권의 보존과 관리는 물론, 임대 등의 부동산 사업을 행하여 그 수익을 수익자에게 교부하는 것을 목적으로 한다.

② 전항의 목적을 위하여 수행하는 업무의 범위는 별첨 특약에서 정하기로 한다.

제4조 (신탁기간)

본 계약기간은   년 월 일부터   년 월 일까지로 한다.

다만, 신탁종료 전에 甲, 乙 및 수익자가 협의하여 그 기간을 연장할 수 있다.

제5조 (신탁부동산의 유지 관리)

① 乙은 신탁부동산의 전부 또는 일부를 적정하다고 인정하는 임대방법 및 임대조건으로 임대를 하고 신탁부동산의 수선, 보존 등 유지 관리 사무는 乙이 직접 하거나 乙이 선임하는 제3자에게 위탁할 수 있다.

② 본 계약 이전의 임대차계약은 乙이 승계한다.

③ 신탁부동산 중 건물에 대하여는 乙이 적정하다고 인정되는 가액으로 乙의 명의

로 화재보험에 가입할 수 있다.

제6조 (선관의무)
乙은 선량한 관리자로서의 주의의무를 다하여야 한다.

제7조 (신탁의 원본)
이 신탁의 원본은 신탁부동산과 신탁부동산에 관하여 취득한 임대보증금, 신탁 부동산의 물상대위로 취득한 재산 및 기타 이에 준하는 것으로 한다.

제8조 (신탁의 수익)
이 신탁의 수익은 신탁부동산으로부터 발생하는 임대료 및 신탁재산에 속하는 금전의 운용에 의한 수익, 기타 이에 준하는 것으로 한다.

제9조 (수익권 증서)
① 乙은 수익자의 청구가 있는 경우에 신탁수익권을 증명하기 위하여 수익권증서를 수익자에게 교부할 수 있으며, 수익자가 수인일 경우에는 지분비율을 표시, 분할하여 작성할 수 있다.
② 본 계약에 의한 수익권은 乙의 동의 없이는 이를 양도하거나 질권설정을 할 수 없다.

제10조 (신탁재산에 속하는 금전의 운용방법)
① 신탁재산에 속하는 금전은 운용 방법을 같이하는 다른 신탁재산과 합동 또는 단독으로 금융감독위원회가 정하는 방법으로 乙이 운용하기로 한다.
② 신탁부동산의 임대에 따른 임대차보증금 등은 제1항의 운용방법 외에 차입금 및 보증금 등의 변제에 충당할 수 있다.

제11조 (신탁보수)
본 계약에 대한 신탁보수는 "별지2" 기준에 의하여 별첨 특약에서 정하기로 한다.

제12조 (신탁의 계산 및 수익의 교부)
① 신탁재산에 관한 계산기일은 매년 12월 31일 및 신탁종료일로 하며, 乙이 따로 정하는 신탁수지계산방법으로 당해기의 수지계산서를 작성해서 수익자에게 통보한다.

② 계산기일이 도래하기 전에 수익자와 乙이 합의하는 경우에는, 신탁재산에 발생된 수익과 비용 및 신탁보수를 매월 또는 매분기별로 가정산할 수 있다.

제13조 (중도해지 및 책임부담)

① 甲은 별첨에서 정한 해지보수를 지급하고 기타 신탁해지로 인하여 乙에게 발생되었거나 발생될 민·형사상 모든 책임을 완료한 경우에 한하여 신탁계약 해지를 요청할 수 있으며, 乙은 이를 확인하고 이의가 없을 경우 해지에 응하여야 한다.

② 제1항의 규정에 불구하고 경제정세의 변화 기타 상당한 사유에 의하여 신탁의 목적달성 또는 신탁사무수행이 불가능하거나 현저히 곤란한 때에는, 乙은 甲과 협의하여 신탁을 해지할 수 있으며, 이 경우 乙은 그 책임을 부담하지 않는다.

제14조 (계약의 변경)

본 계약은 甲, 乙 및 수익자의 합의에 의하여 신탁계약조항을 변경할 수 있다.

제15조 (신탁의 종료 및 원본의 교부 등)

① 본 계약은 신탁기간 만료 시 또는 중도 해지에 의하여 종료하며 신탁종료 시에는 乙은 지체 없이 乙이 정한 신탁수지계산방법에 의한 최종계산서를 작성하여 甲에게 제출하기로 한다.

② 甲은 전항의 최종계산서에 이의가 없을 경우 정산을 완료하고, 乙은 신탁재산을 정산 완료일로부터 2주일 이내에 수익자에게 신탁계약서 또는 수익권증서와 상환으로 원본을 교부하기로 한다.

③ 제12조에 의하여 수익자에게 이미 통보한 사항은 수익자가 승인한 것으로 간주하여 최종계산서에서 이를 생략할 수 있다.

제16조 (신고사항)

① 甲, 수익자는 다음 각 호의 경우에는 지체 없이 그 사실을 서면에 의하여 신고하여야 한다.
  1. 신탁계약서, 수익권증서 및 신고인감의 분실
  2. 甲, 수익자 및 이들의 대리인 기타 신탁관계인의 사망 또는 주소, 성명, 행위능력 등의 변경 및 신고인감의 변경
  3. 기타 신탁계약에 관하여 변경을 인정하는 사항의 발생

② 전항의 신고가 지체됨으로서 발생한 손해에 대하여는 乙은 그 책임을 지지 아니한다.

제17조 (소송)

乙은 甲 또는 수익자로부터의 소송수속 신청을 승낙하여 이에 응하거나 그 스스로의 판단으로 소송수속을 할 수 있다. 이 경우에는 乙은 적당하다고 인정되는 변호사를 선정하여 일체의 사항을 위임할 수 있으며, 변호사의 보수 및 소송에 관련된 일체의 비용은 甲과 수익자가 연대하여 부담하기로 한다.

제18조 (관할법원)

본 계약에 관해서 다툼이 발생한 경우에는 서울중앙지방법원을 그 관할 법원으로 하기로 한다.

제19조 (계약사항 이외 사항의 처리)

본 계약에서 정하지 아니한 사항에 대해서는 甲, 乙 및 수익자가 협의하여 처리하기로 한다.

제20조 (계약서의 보관)

본 계약을 증명하기 위하여 본 계약서를 2부 작성해서 甲, 乙이 각 1부씩 보관하기로 한다.

20 년 월 일

위탁자 (甲) :

수탁자 (乙) : 우리자산신탁 주식회사
              서울시 강남구 테헤란로 419, 20층(삼성동)
              대표이사　　　　(인)

※ 첨부서류 별지1 부동산의 표시
            별지2 부동산 甲종관리신탁의 보수

<별지1>

부동산의 표시

구분	내역	비고
소재지		
건물내역		

<별지2>

부동산 甲종관리신탁의 보수

1. 보수산정의 원칙(아래 3가지 방법 중 택1)
- 총수익 기준
- 수탁재산 가격기준
- (총수익 + 수탁재산가격) × 1/2

2. 연 보수산정 방법
(1) 총수익 기준

보수요율(년)	보수요율	보전액
500만 원까지	10/100	–
2,000만 원까지	9/100	5만 원
5,000만 원까지	8/100	25만 원
1억 원까지	7/100	75만 원
1억 원 초과	6/100	175만 원

(2) 수탁재산가격 기준

수탁재산	보수요율	보전액
5,000만 원까지	연 10/1,000	–
2억 원까지	연 9/1,000	5만 원
5억 원까지	연 8/1,000	25만 원
10억 원까지	연 7/1,000	75만 원
10억 원 초과	연 6/1,000	175만 원

(3) 총수익과 수탁재산 가격의 기준
(총수익 기준보수 + 수탁재산가격 기준보수) × 1/2

3. 보수한도액

　– 최저 한도 : 연 30만 원

4. 해지보수

　(1) 위탁자 및 수익자의 사정으로 해지하는 경우

　　– 수탁재산가격의 1/1,000 (상한액 : 200만 원, 하한액 : 30만 원)

　(2) 당사의 사정으로 해지하는 경우

　　– 보수면제

출처 : 우리자산신탁

신탁부동산 NPL 실전투자 비법

제1판 1쇄 2024년 11월 26일

지은이 오수근, 박수호
펴낸이 한성주
펴낸곳 ㈜두드림미디어
책임편집 김가현, 배성분
디자인 노경녀(nkn3383@naver.com)

㈜두드림미디어
등 록 2015년 3월 25일(제2022-000009호)
주 소 서울시 강서구 공항대로 219, 620호, 621호
전 화 02)333-3577
팩 스 02)6455-3477
이메일 dodreamedia@naver.com(원고 투고 및 출판 관련 문의)
카 페 https://cafe.naver.com/dodreamedia

ISBN 979-11-94223-24-5 (03320)

**책 내용에 관한 궁금증은 표지 앞날개에 있는 저자의 이메일이나
저자의 각종 SNS 연락처로 문의해주시길 바랍니다.**

책값은 뒤표지에 있습니다.
파본은 구입하신 서점에서 교환해드립니다.